本书受到云南省哲学社会科学学术著作出版专项经费资助

本书为国家社科基金重大项目"中国旧海关内部出版物整理与研究"（11&ZD092）阶段成果

空间视角下的
近代云南口岸贸易研究
（1889-1937）

张永帅 著

中国社会科学出版社

图书在版编目（CIP）数据

空间视角下的近代云南口岸贸易研究：1889—1937 / 张永帅著 . —北京：
中国社会科学出版社，2017.4
ISBN 978 - 7 - 5203 - 0056 - 8

Ⅰ. ①空…　Ⅱ. ①张…　Ⅲ. ①通商口岸—对外贸易—贸易史—
研究—云南—1889—1937　Ⅳ. ①F752.95

中国版本图书馆 CIP 数据核字（2017）第 051016 号

出 版 人　赵剑英
责任编辑　刘　芳
责任校对　王佳玉
责任印制　李寡寡

出　　　版　中国社会科学出版社
社　　　址　北京鼓楼西大街甲 158 号
邮　　　编　100720
网　　　址　http://www.csspw.cn
发 行 部　010 - 84083685
门 市 部　010 - 84029450
经　　　销　新华书店及其他书店

印　　　刷　北京明恒达印务有限公司
装　　　订　廊坊市广阳区广增装订厂
版　　　次　2017 年 4 月第 1 版
印　　　次　2017 年 4 月第 1 次印刷

开　　　本　710×1000　1/16
印　　　张　16.5
插　　　页　2
字　　　数　279 千字
定　　　价　69.00 元

序

　　张永帅博士的著作《空间视角下的近代云南口岸贸易研究（1889—1937）将要出版，邀我为书写序。我不由地想起他在复旦随我攻读博士学位，并共同讨论近代云南经济地理研究的情景。

　　近十余年来，我本人和研究生们主要探讨中国近代经济地理，主要从沿海口岸入手，探讨港口城市与其腹地的经济变迁及其形成的区域联系和地理格局。有感于以前的研究侧重沿海口岸及其腹地，少有沿边口岸及其腹地的研究，势必影响我们对近代中国的经济变迁与经济地理得出比较全面的看法。因此，我希望永帅能够以云南作为研究对象。他接受了我的建议，努力爬梳史料，进行地域考察，阅读西南乃至近代中国、东南亚的相关学术论著，完成了博士学位论文。到云南师大历史系任教以后深化认识，拓宽视野，终于形成这本学术著作。

一

　　在指导永帅博士学位论文的过程中，我们逐渐加深了对近代边疆历史地理的理解。我以为，近代边疆历史地理之于近代中国研究，具有特别的重要性、复杂性、特殊性和紧迫性。

　　中国地域广袤，接近于一个欧洲，既是海洋大国，更是陆地大国，有着长达2.2万公里的边防线，与十多个国家和地区交界。近代以来，中国边外国家，或本身为列强，或沦为列强的殖民地，或受到列强的控制，强敌环伺，从各个方向侵入中国边疆，不仅图谋政治经济利益，甚至夺取大片国土，并从边疆进一步向内地扩张。就近代中国经济变迁而言，由于进出口贸易是外力导致近代早期经济变迁的首要途径，广泛存在于沿海沿边地区的通商口岸，使得中国近代经济变迁的空间进程，不仅存在"自东向西"，即自东部沿海口岸向位于中西部地区的腹地推进，也存在"由边向内"，即自边疆口岸向其腹地推进。总之，无论从哪一个角度而言，边疆历史地理研究都是近代历史地理研究的最重要部分之一。

中国区域众多，各区域在地理条件、区域位置、民族分布、经济文化，乃至政治方面都存在一定的差异，差异最显著的无疑又是边疆地区。这一点，便使得广大边疆地区的历史发展具有不同于中原地区的特点，而且边疆内部，甚至同一个省区内部，都有着较大的差异。云南就是这样，20 世纪 50 年代的民族调查，已表明云南省在同一个时期的不同的地方，甚至同一座高山不同高度的区域，便同时存在原始氏族社会末期、奴隶社会、封建社会、资本主义社会的社会发展阶段。

近代经济地理变迁的空间进程研究表明，"港口—腹地"状况不仅制约了区域之间经济政治文化的差异，也制约了区域之间的联系。长期以来，穿过同一块"港口—腹地"内部的巨川大河，与大致上位于河口或重要交通枢纽的口岸城市，是塑造"港口—腹地"系统的主要因素。塑造我国大部分地区的"港口—腹地"系统的河流，除了东北的河流自北向南流之外，其他的河流都自西向东流入大海，这些"港口—腹地"系统都完全位于我国境内。唯独边疆，其靠近国境线的相当大的区域，不仅口岸大多位于边境，作为人流和物流通道的大河或交通线主要自边疆通向境外国家，因此它们的"港口—腹地"系统可以说港口（或口岸）位于国外，连通腹地的河流或交通线的主要部分在国外，而位于我国境内部分只是其尾端而已。显然这是边疆状况不同于内地状况的主要因素之一，只是人们在研究近现代边疆状况时往往忽略这一点。可以说，主要是区域内部的多样性和"港口—腹地"系统的外向性，导致了边疆地区问题的复杂性和特殊性。凡要探讨历史上和今日的边疆问题及其对策，不可不重视上述两大因素。

改革开放以来，加速边疆问题全面的深入的研究，不仅是加快发展边疆经济、缩小与东部发达地区经济差距的迫切需要，也是事关中华民族统一、和谐和领土完整的迫切需要。总体而言，投入边疆研究的人员比研究其他地区的人员要少得多，导致许多重要问题有待研究。

例如，在近代进出口贸易方面，中国通过陆地沿边口岸的出口往往大于边外国家的进口，处于出超的地位。不仅与英国、法国殖民地毗邻的云南的沿边口岸如此，与俄罗斯毗邻的东北口岸，与英国殖民地印度毗邻的西藏口岸同样如此（参见拙著《中国近代经济地理》第1卷，华东师范大学出版社2015年版，第62页）。只有新疆口岸，因缺少数据，目前难以得出明确的结论。沿海口岸的进出口贸易与此大相径庭，多处于逆差的地位。为什么沿边、沿海两类口岸，在进出口方面会有如此大的差异，是经济的原因，还是其他方面的原因，颇值得研究。

在传统经济向近代经济的转型方面，广大西部显然落后于东部沿海地带，但又必须看到一些靠近口岸的地区传统经济的转型并不比沿海地区落后多少，城市及其郊区甚至也有少量现代机器工业，而城市中同样存在电灯、电话、洋货、洋楼等自西方传入、代表现代生活方式的用具。如何评价近代东西部的经济文化差异，为什么在总体差异的前提下仍有一些地方并不比沿海落后多少？如果考虑到沿边口岸对边疆区域经济文化发展的促进作用，且地理距离更为近便，国家和地方的相关部门在制订边疆地区的经济文化发展规划时，似应将通过口岸的进出口贸易、对口岸以外国家的经济联系和文化交流，视为与我国东部沿海地区的经济文化联系同等重要的大事。

显然，对边疆口岸的研究以及边疆经济的研究，不仅具有重要的历史意义，也具有重大的现实意义。

二

云南是我国边疆人口最多的省份之一，更是民族族类最多、区域内部最复杂的省份。经过学者们多年的耕耘，仍有许多领域有利用新资料和新方法进行深入研究的必要。拿本书的研究领域近代云南对外贸易的研究来讲，已经积累了相当丰厚的成果，作者却独辟蹊径，花了很大的功夫，从海量的海关资料中搜罗出丰富的贸易资料，再利用这些资料以及其他记载，从"空间"的角度对近代云南口岸贸易重新解读。

全书在描述云南三关腹地范围和外部市场特征的基础上，着力探讨外部市场、内部区域特征对三关贸易发展的塑造作用。作者认为，随着1889年蒙自的开埠，云南对外贸易从以往的对邻国的小规模的边境贸易，转为面向欧美市场的国际贸易。此后思茅、腾越相继开关，从1902年起云南口岸贸易形成三关并立发展的新局面。口岸实际上起着连接内（腹地）外（外部市场）两个扇面的节点的作用，口岸贸易特征的形成和演进无疑是内外扇面共同塑造的结果。

归结起来，该书的创新性和学术价值主要体现在以下几个方面。

一是史料的拓展。海关资料的丰富性、准确性、科学性已为学界所肯定。近年来，随着大批海关资料的整理与出版，利用海关资料对近代中国进行相关研究逐渐蔚为风气，但利用海关资料对近代云南相关问题进行系统研究还没有得到真正重视。本书是第一部系统利用海关资料对近代云南口岸贸易进行深入研究的成果，对于推动近代云南经济史研究的重要意义不言而喻。

二是"空间"的视角和学科交织的研究理念。以往有关近代中国对外贸易的研究成果基本上都属于一般的贸易史的范畴，即注重贸易在时间上的变化过程而很少关注贸易在空间上的结构与变化，云南也不例外。从"时间"的视角探讨对外贸易演变的过程与轨迹固然有其重要价值，但不做"空间"视角的考察，就难以真正理解由对外贸易而引发的近代经济变迁的空间差异与地域特征，也无法清晰描绘近代中国经济变迁的空间进程。因此，十多年前我就提倡并带领团队从深入探究"港口—腹地"这一影响近代中国经济变迁的作用机制入手，吸收、借鉴经济学、地理学的相关理论、方法和研究成果，力图描绘近代中国现代化的空间进程和中国近代经济地理的图景。永帅的这本书即属于我们这个范畴的研究，是第一部真正意义上从"空间"的视角考察近代云南口岸贸易的研究成果，有着重要的借鉴和参考的价值。

三是较强的"问题"意识。从空间的角度研究口岸贸易有不同的研究路径，采用何种研究路径取决于研究者关注的核心问题是什么。仅以"港口—腹地"的研究来说，在理论上，我们虽然强调的是"港口"与"腹地"的互动，但实际研究成果既有着重于港口对腹地辐射方面的研究，也有强调腹地对港口塑造方面的研究，当然还有全面探究港口与腹地双向互动的研究，之所以有这样的不同，就是不同的研究者关注的问题不同。永帅敏锐地意识到不同口岸何以不同，贸易差异因何而形成，这既是中国近代经济史研究领域的重要问题，又长期以来为人们所忽视。因此，他从口岸是连接外部市场与腹地区域的节点这一认识出发，认为不同口岸贸易的差异是外部市场和腹地区域共同作用的结果，从而将外部市场与腹地区域如何塑造口岸贸易作为该书研究的核心议题，进而展开论述。从学术史的角度看，这样的选择是非常恰当的，大大凸显了该研究的学术价值。

四是定量分析与历史地理信息系统（CHGIS）的利用，为该书稿在研究方法上的一大亮点。这一点，反映了近十余年来我国历史地理研究方法，在复旦大学中国历史地理研究所的影响下，随着现代科学技术的进展而有了相应的进步。在定量分析的基础上，定量与定性结合，得出的结论更加让人信服。

五是现实观照。现实是历史的延续，近代云南对外贸易的发展应该可以为当下云南对外经济的发展提供一定的借鉴和启示。本书稿有意识地将历史结合现实，对当下云南对外经济发展提出的看法，意见中肯，对现实有一定的借鉴意义，这也是值得肯定的。

除此之外，本书立足"全球史""区域史"等学术前沿，对相关理论问题的探讨，也值得肯定。

可以想见，本书的出版应该是永帅学术道路上一个重要的起点，冀望永帅以此书的出版为契机，在边疆近代经济地理，特别是在云南近代经济地理方面，拓展研究领域，拓宽研究视野，继续努力耕耘，多出成果，出好成果。是为序。

吴松弟

2016 年 6 月 25 日

于复旦光华西楼

目　　录

导　　论

一　选题缘由

通商口岸（treaty ports）是中国近代史的特殊产物。19世纪中叶西方列强以炮舰外交叩开中国闭关自守的大门，中国被迫签订南京条约，依条约开放五个对外通商商埠（广州、厦门、上海、福州、宁波），近代通商口岸历史由此发端。随着对外战争失败与不平等条约订立，中国被迫开放更多沿海港口与内陆城市作为条约口岸，即一般所称的"约开口岸"。除此之外，自19世纪70年代以来，朝廷和地方一些官员看到开埠通商带来的经济和财政的诸多好处，也看到口岸城市在外国控制下的许多利益损失，开始酝酿中国政府自行开放一些商埠即"自开商埠"。从1898年吴淞、岳州、三都澳、秦皇岛奏准开埠通商起，与1910年后"约开口岸"开放浪潮已经结束不同，全国各地纷纷自行开埠通商，直到1928年这股浪潮才告结束。总计自1840年起至1930年，在中国大地上共出现了104个商埠，4个租借地，加上香港、澳门两个外国殖民地，可供外国人贸易的口岸达到110个。我国今天的各省、自治区、直辖市，除了山西、贵州、陕西、青海、宁夏等少数省份，绝大部分都有了多个通商口岸。[①]

由于通商口岸在中西接触中扮演的重要角色以及之于中国近代历史的重要意义，关于通商口岸的研究很早就引起了人们的注意，历经

[①]　吴松弟主编：《中国百年经济拼图——港口城市及其腹地与中国现代化》，山东画报出版社2006年版，第4页。

百余年，而且直至今天仍然是一大研究热点。但是，大量关于近代中国口岸贸易的研究主要集中于对沿海、沿江口岸的考察，与之形成鲜明对比的是，边疆口岸贸易研究没有引起学术界足够的重视，从而使为数不多的研究显得形单影只。毫无疑问，沿海、沿江口岸在整个近代中国口岸体系中地位更为突出，但是，具体到各个地区，则未必一律如此。边疆口岸之于本地区的意义未必就不及沿海、沿江口岸，而对边疆口岸研究的滞后，不仅使通商口岸研究向深度和广度的推进受到一定程度的限制，而且也制约着对中国近代通商口岸的整体认知。云南地处中国西南，是典型的边疆省份，从 1889 年起云南先后开放了蒙自、思茅、腾越、昆明等数个口岸，我们选择云南口岸贸易为研究对象，即出于本省口岸在云南经济发展中的重要意义的考虑，企图通过对云南口岸贸易的考查有助于认识边疆口岸贸易的特殊内涵，从而丰富近代中国口岸贸易的研究。

2009 年 7 月，时任国家主席胡锦涛在云南视察时指出："云南要统筹对内对外开放，一方面要加强同国内其他地区的横向经济联合和协作，积极引进省外资金、技术、人才，主动承接东部产业转移；另一方面要拓展对外开放的广度和深度，推动对外贸易、利用外资、企业'走出去'，上水平，尤其要充分发挥云南作为我国通往东南亚、南亚重要陆上通道的优势，深化同东南亚、南亚和大湄公河次区域的交流合作，不断提升沿边开放的质量和水平，使云南成为我国向西南开放的重要桥头堡。"2015 年 3 月国家发布《推动共建丝绸之路经济带和 21 世纪海上丝绸之路的愿景与行动》，对云南的定位是："发挥云南区位优势，推进与周边国家的国际运输通道建设，打造大湄公河次区域经济合作新高地，建设成为面向南亚、东南亚的辐射中心。"抓住"桥头堡"战略的实施和云南参与"一带一路"建设的重大历史机遇，在沿边开放与区域经济一体化方面做大文章，做好文章，是当前云南对外经济发展的关键。以古鉴今，从历史中汲取营养，也是我们将近代云南口岸贸易作为研究对象的重要原因。

二　时间断限

我们将研究的时间上限定为 1889 年，下限为 1937 年。这是因为：

1889 年是云南第一个通商口岸——蒙自开放的时间，云南口岸贸易的历史由此开始。

1937 年全面抗战爆发，全国经济随之开始转入战时经济阶段，随着东部地区国土的沦陷以及大后方经济建设的启动与实施，中国经济地理格局发生重大变化，云南一时间成为全国对外交通的枢纽，云南口岸贸易也因之发生了重大变化，因此，对于战时云南口岸贸易的发展需另作专门研究。

1889—1937 年，随着云南口岸的渐次开放，云南对外贸易发展进入口岸贸易阶段，云南对外贸易主要经本省口岸进行，而其口岸贸易辐射区域主要局限于云南省以及云南与四川、贵州接壤的地区，反映了边疆口岸特殊的贸易内涵。这也就是说，1889—1937 年，云南口岸贸易因具有相对一致的内涵可以作为一个完整的时段进行研究。

三　学术史回顾

（一）关于近代中国口岸贸易的研究

关于近代中国口岸贸易的研究成果历一百余年的积累，硕果累累，可以汗牛充栋来形容，不过本书的回顾不意面面俱到，而是以时间为线索，择其重点，目的在于通过回顾发现近代中国通商口岸与口岸贸易研究的现状与趋势，从而为本书的研究在视角和方法上寻找可能的突破。

1. 1949 年前的资料整理与初步研究

1949 年前的成果主要是对相关资料的整理以及在此基础上进行的初步研究。关于近代中国口岸贸易的记述最早可以追溯到口岸开放之初，散见在时人的游记、考察记和商业调查当中。当然这都不能看作严格意义上的学术性研究，但却有较高的史料价值。而真正的资料整理和研究大约始于 20 世纪初，马士的《中华帝国的贸易与行政》和《中华帝国对外关系史》可以作为西方学者研究成果的代表，① 这两部著作虽不是对口岸贸易进行的专门研究，但均有关于口岸贸易的专节内容。除此之外，班思德主要利用海关资料完成的《最近百年中国对外贸易史》一书也值得注意。② 日本方面，除 1939 年米谷荣一《近世支那外国贸易史》一书考察了对外贸易的整体演进之外，主要表现为一系列商业经济调查，例如南满铁道株式会社及东亚同文会组织的一系列调查就涉及不少的口岸和口岸贸易的内容。③ 国内方面，以武堉幹《中国国际贸易概论》、④ 褚保一《工业化与中国国际贸易》、⑤ 陈重民《中国进口贸易》、⑥ 尤季华《中国出口贸易》⑦ 等为代表，主要依据海关报告分别对中国进出口贸易进行了简要的描述。除此之外，更多则是对海关资料的整理，如黄炎培、庞淞编纂《中国商战失败史》、⑧ 杨端六、侯厚培等《六十五年来中国国际贸易

---

① H. B Morse, *The trade and administration of China*, Shanghai, Hong Kong, Singapore, Yokohama & Hankou：Kelly and Walsh Limited, 1921（此书最早出版于 1908 年，1913 年、1921 年又先后出版第 2 版、第 3 版）；《中华帝国对外关系史》一书第 1 卷出版于 1910 年，第 2 卷、第 3 卷出版于 1918 年。

② 附载于《最近十年各埠海关报告 1922—1931 年（上卷）》，海关总税务司署统计科，1932 年。

③ 如，日清贸易研究所：《清国经济通商综览》，1891 年；日本参谋部编、广智书局译：《东亚各港口岸志》，上海广智书局，1902 年；东亚同文会编：《支那经济全书》，东亚同文会发行，1907—1908 年；东亚同文会调查会编：《最近支那贸易》，东亚同文会发行，1916 年；东亚同文会编：《支那省别全志》，东亚同文会发行，1917—1920 年；东亚同文会编：《新修支那省别全志》，东亚同文会发行，1941—1946 年；南满洲铁道株式会社产业部编：《北支那经济综观》，日本评论社发行，1936 年；南满洲铁道株式会社产业部编：《支那国际收支论丛》，日本评论社发行，1940 年；等等。

④ 武堉幹：《中国国际贸易概论》，商务印书馆 1932 年版。

⑤ 褚保一：《工业化与中国国际贸易》，商务印书馆 1946 年版。

⑥ 陈重民：《中国进口贸易》，商务印书馆 1930 年版。

⑦ 尤季华：《中国出口贸易》，商务印书馆 1934 年版。

⑧ 一名《中国四十年海关商务统计图表》，统计表时间上限为 1876 年，下限为 1915 年，商务印书馆 1917 年版。

统计》、① 唐有壬等编纂《最近中国对外贸易统计图解：1912—
1930》、② 实业部国际贸易局编纂《最近三十四年来中国通商口岸对
外贸易统计 1900—1933（中部）》、③ 蔡谦、郑友揆《中国各通商口
岸对各国进出口贸易统计（1919 年，1927—1931 年）》、④ 陈伯庄、
黄荫莱《中国海关铁路主要商品流通概况 1912—1936》，⑤ 等等。

　　2. 20 世纪 50—80 年代初的研究状况

　　这一时段，在西方学术界出现了一些对当时乃至以后中国通商口
岸研究产生重大影响的成果。其中最重要的当属费正清的《中国沿
海的贸易与外交》一书，该书以中国最早开放通商口岸为考察对象，
从贸易与近代外交的角度，揭示了"中华帝国"在与西方从事贸易
往来以及与此相关诸多交往过程中所发生的近代性变化。⑥ 与费正清
上述著作同年出版的罗兹·墨非的《上海：现代中国的钥匙》是这
一时段西方学界关于中国近代通商口岸研究的又一重要著作，该书就
政治、地理、交通运输、贸易、工业制造等方面，重点突出地论述了
从 1843 年对外开埠到 1949 年新中国成立这百余年间上海城市发展演
变的历程，用以说明上海的发展演变对中国适应世界潮流和走向现代
化起到了关键性作用，⑦ 被认为是西方人所写的在中国影响最大的一
部上海史著作。⑧ 除此之外，有关口岸贸易之于近代中国影响的重要

---

　　① 该统计时间上限为 1864 年，下限为 1928 年，国立中央研究院社会科学研究所，
1931 年。

　　② 唐有壬等编：《最近中国对外贸易统计图解：1912—1930》，中国银行总管理处调
查部，1931 年。

　　③ 实业部国际贸易局编：《最近三十四年来中国通商口岸对外贸易统计 1900—1933
（中部）》，商务印书馆 1935 年版。

　　④ 蔡谦、郑友揆：《中国各通商口岸对各国进出口贸易统计（1919 年，1927—1931
年）》，商务印书馆 1936 年版。

　　⑤ 陈伯庄、黄荫莱：《中国海关铁路主要商品流通概况 1912—1936》，交通大学研究
所，1937 年。

　　⑥ J. K. Fairbank, *Trade and Diplomacy on the China Coast*: *The Opening of the Treaty
Parts*, Camdridge: Harvard University Press, 1953.

　　⑦ Rhoads Murphey, *Shanghai*: *Key to Modern China*, Camdridge: Harvard University
Press, 1953.

　　⑧ 熊月之：《上海通史》第 1 卷，上海人民出版社 1999 年版，第 201 页。

成果还有刘翠溶对汉口、① 马若孟对河北、山东②等的研究。在研究范式方面，这一时期西方学界的中国通商口岸研究大致呈现出特别强调口岸与西方接触的一面的倾向，其所关注的核心是西方冲击在口岸及其贸易生成与演变中所起的重大作用问题。

台湾学术界，口岸贸易的研究在 20 世纪 70 年代后期蔚为风气，1976—1983 年先后完成多部和口岸贸易有关的作品，其中涉及的口岸包括淡水、打狗、九江、大连、汕头、烟台、天津、重庆等。③ 这些研究其具体内容虽然不同，侧重点也有差异，但强调口岸开放与贸易对区域经济变迁的影响却是其共同的特征。

大陆学术界，受革命史学的影响，对通商口岸的研究重在揭示和批判帝国主义的侵略，强调对近代中国经济社会各个方面产生的负面作用，其主要成果是整理了大量有关口岸和对外贸易的资料集，为以后从事相关的研究提供了极大的便利。

总之，正如杨天宏所指出的那样，"中外学术自来异趣，在理论上的差别更加明显，但在中国近代史研究方面，两者却呈现出若干侧面的相合"④，这一时期西方学术界和中国学术界虽然对通商口岸在中国近代经济变迁中所起作用的价值判断有着重大的歧见，但在强调西方的冲击方面却是一致的。

---

① Ts'ui-jung Liu, *Trade on the Han River and Its Impact on Economic Development*, C. 1800 - 1900, Monograph Series, No. 16, The Institute of Economics, Academia, 1980.

② Ramon H. Myers, *The Chinese Peasent Economy, Agricultural Developmet in Hopei and Shantung, 1890 - 1949*, Cambridge: Harvard University Press, 1970, pp. 13 - 24.

③ 林满红：《茶、糖、樟脑与晚清台湾之经济社会变迁》，硕士学位论文，台湾大学，1976 年；戴宝树：《清季淡水开港之研究》，硕士学位论文，台湾师范大学，1983 年；谢淑芬：《九江贸易研究》，硕士学位论文，台湾大学，1977 年；雷慧儿：《东北的豆货贸易》，硕士学位论文，台湾师范大学，1980 年；范毅军：《对外贸易与韩江流域手工业的变迁》，硕士学位论文，台湾师范大学，1981 年；刘素芬：《烟台贸易之研究》，硕士学位论文，台湾大学，1982 年；叶淑贞：《天津港的贸易对其腹地经济之影响》，硕士学位论文，台湾大学，1983 年；张淑芬：《近代四川盆地对外贸易与工商业变迁》，硕士学位论文，台湾师范大学，1982 年。详参林满红《口岸贸易与近代中国——台湾最近有关研究之回顾》，载《近代中国区域史研讨会论文集》，"中研院"近代史研究所，1986 年，第 869—926 页。

④ 杨天宏：《口岸开放与社会变革——近代中国自开商埠研究》，中华书局 2002 年版，第 6 页。

3. 20 世纪 80 年代以来的研究进展

20 世纪 80 年代以来，西方学术界关于中国研究的范式发生重大
变化，口岸贸易研究关注的重点与视角也随之发生重大改变，人们开
始将视野由西方的冲击更多地转向中国本土社会，试图寻找中国通商
口岸发展的内部动力，关注于贸易演变中内在演进逻辑和区域特点。
如罗威廉在《汉口：一个中国城市的商业和社会（1796—1889）》一
书中论及 19 世纪汉口贸易时就指出，"19 世纪的汉口是几个世纪以
来中国流通经济持续发展的产物"，"与西方的贸易带来了一些显著
的变化，比如轮船的到来和茶叶的国际贸易。可是，我们必须谨慎地
区分这些变化何者可直接归功于西方的接触，而何者则是其内在发展
过程的必然结果，尽管这一进程因受到外贸的催化而加速，但它的发
展毕竟远远早于对外贸易。在 1889 年中国开始引进蒸汽动力工业之
前，这一内在发展的结果看来要比（西方势力的到来所引起的）变
化重要得多"，"贸易方面最早的明显的变化看来并不是由于 1842 年
或 1861 年外国人的到来而引起的"①。又如林达·约翰逊关于上海的
研究、卡蒂埃·卡罗林关于宁波、福州和厦门的研究也均强调城市发
展与贸易演进的内在逻辑和中国本土因素在其中所起的塑造作用。②
日本学术界也发生了同样的变化，并且将这一研究趋向扩大至整个亚
洲历史的叙述中。其中，以滨下武志的研究最具代表性，他主张从长

---

① William T. Rowe, *Hankow: Commerce and Society in a Chinese City, 1796 – 1899*, Stanford: Stanford University Press, 1984. ［美］罗威廉：《汉口：一个中国城市的商业和社会（1796—1889）》，江溶、鲁西奇译，中国人民大学出版社 2005 年版，第 67、99、100 页。罗威廉另一部关于汉口研究的著作《汉口：一个中国城市的冲突和社区（1796—1895）》（William T. Rowe, *Hankow: Conflict and Community in a Chinese City, 1796 – 1895*, Stanford: Stanford University Press, 1989. 中译本由鲁西奇、罗杜芳译，于 2008 年由中国人民大学出版）虽然较少关注汉口的商业贸易，但事实上该书的研究主题仍更加注意讨论汉口与其紧邻腹地之间的社会、经济关系。

② Linda Cooke Johnson, *Shanghai: From Market Town to Treaty Port, 1074 – 1858*, Stanford: Stanford University Press, 1995；［美］林达·约翰逊：《上海：一个正在崛起的江南港口城市，1683—1840》，载其主编《帝国晚期的江南城市》，成一农译；上海人民出版社 2005 年版，第 191—232 页；Cartier Carolynlee: *Mercantile Cities on the South China Coast: Ningbo, Fuzhou, and Xiamen, 1840 –1930*, Berkeley: University of California, 1991。参见佳宏伟《区域分析与口岸贸易——以天津为中心（1867—1931）》，博士学位论文，厦门大学，2007 年，第 18 页。

时段研究中国和亚洲的历史，告别那种对中国和东亚融入资本主义世界经济的一维性（线性）和单向性的理解，拒绝中国和亚洲的起点相对落后而且中国和东亚是停滞的，唯一发生作用的力量是西方列强的观点，主张把口岸贸易纳入整个亚洲贸易网络的大视野中去分析，以亚洲贸易圈视野考察中西之间的复杂关系，强调亚洲历史的整体性和内在演进逻辑，认为近代以来进入亚洲的西方力量只是加入了亚洲历史的自在演进之中而已。[①]

20 世纪 80 年代以来，国内学术界受惠于改革开放国门的打开，有关近代通商口岸与贸易的研究大量出现，其中不乏上乘之作，如郑友揆《中国的对外贸易和工业发展（1840—1948）——史实的综合分析》、[②] 杨天宏《口岸开放与社会变革——近代中国自开商埠研究》、[③] 徐永志《开埠通商与津冀社会变迁》、[④] 唐凌《自开商埠与中国近代经济变迁》[⑤] 等。这些著作虽然具体研究对象不同，但其共同点是几乎都将口岸开放引起口岸城市变迁以及口岸贸易对区域（或全国）经济社会的影响作为考察的重点。

而要说 20 世纪 90 年代以来的研究，最引人注目者则非以吴松弟师、戴鞍钢先生为代表的一批学者从经济地理学角度，以港口—腹地为视角进行的一系列研究莫属。港口—腹地视角的研究"主要通过口岸贸易研究港口城市与其腹地之间的双向互动关系，并力图从贸易

① ［日］滨下武志：《亚洲价值、秩序与中国的未来——后国家时代之亚洲研究》，"中央研究院"东北亚区域研究所，2000 年；《中国近代经济史研究中一些问题的再思考》，《中国经济史研究》1991 年第 4 期；《中國近代經濟史研究：清末海關財政與開港場市場圈》，东京大学东洋文化研究所，1989 年（高淑娟、孙彬译：《中国近代经济史研究——清末海关财政与通商口岸市场圈》，江苏人民出版社 2006 年版）；《近代中国の国际契机》，东京大学出版社 1989 年版（朱荫贵、欧阳菲译：《近代中国的国际契机——朝贡贸易体系与近代亚洲经济圈》，中国社会科学出版社 1999 年版）；《中国、东亚与全球经济：区域和历史的视角》，王玉茹等译，社会科学文献出版社 2009 年版。

② 郑友揆：《中国的对外贸易和工业发展（1840—1948）——史实的综合分析》，上海社会科学院出版社 1984 年版。

③ 杨天宏：《口岸开放与社会变革——近代中国自开商埠研究》，中华书局 2002 年版。

④ 徐永志：《开埠通商与津冀社会变迁》，中央民族大学出版社 2000 年版。

⑤ 唐凌：《自开商埠与中国近代经济变迁》，广西人民出版社 2002 年版。

进入各个产业部门，在此基础上透视中国现代化的空间进程以及在各个区域的表现"，"研究内容，简单地说，是在确定腹地标准的前提下，通过对港口贸易、腹地范围、交通和运销网络、口岸城市和腹地经济的综合研究，探讨 1840 年以后近代生产力主要自东部沿海口岸向中西部腹地推进所引起的经济地理新格局及其内部的互动关系，分析中国现代化空间进程的过程和规律性，以探讨中国近代经济地理格局的形成及其对近代历史和现实的意义。因此，这既是一项基于时间层面的研究，又是一项基于空间层面的研究"[①]。目前，以此视角或与此视角相关的研究已经出版专著和论文集六部，[②] 由吴松弟师指导完成的博士、硕士学位论文已达十余部，[③] 发表论文数十篇。这些研究分别对天津、大连、营口、烟台、青岛、连云港、镇江、芜湖、汉口、重庆、上海、宁波、福州、广州等港口城市的近代进出口贸易、城市发展及与其腹地双向经济互动关系，以及上海、香港两个中国最重要的港口城市与沿海其他港口城市的埠际贸易联系，上海、宁波两个长江三角洲最重要的港口的空间关系进行了深入的探索，所涉范围几乎包括了所有沿海、沿江重要口岸，从而为中国近代的现代化在外力的推动下如何在空间上的展开和时间上的演进描绘出了一幅清晰的图景，"研究表明，近代的开埠通商，不仅使中国纳入世界经济体

① 吴松弟、方书生：《起源与趋向：中国近代经济地理研究论略》，《天津社会科学》2011 年第 1 期。

② 戴鞍钢：《港口·城市·腹地——上海与长江流域经济关系的历史考察（1843—1913）》，复旦大学出版社 1998 年版；复旦大学历史地理研究中心主编：《港口—腹地和中国现代化进程》，齐鲁书社 2005 年版；吴松弟主编：《中国百年经济拼图——港口城市及其腹地与中国现代化》，山东画报出版社 2006 年版；樊如森：《天津与北方经济现代化》，东方出版中心 2007 年版；王列辉：《驶向枢纽港：上海、宁波两港空间关系研究（1843—1941）》，浙江大学出版社 2009 年版；姚永超：《国家、企业、商人与东北港口空间的构建研究（1861—1931）》，中国海关出版社 2010 年版。

③ 除去樊如森、王列辉、姚永超博士学位论文已先后出版外，其他的博士学位论文还有姜修宪《环境·制度·政——晚清福州开埠与闽江流域经济变迁（1844—1911）》（2006）、毛立坤《晚清时期香港对中国的转口贸易（1869—1911）》（2006）、唐巧天《上海外贸埠际转运研究（1864—1930）》（2006）、张姗姗《近代汉口港与其腹地经济关系变迁（1862—1936）》（2007）、方书生《近代经济区的形成与运作——长三角与珠三角的口岸与腹地（1842—1937）》（2007）、王哲《晚清民国对外和埠际贸易的空间分析》（2010）等。以上均系复旦大学历史地理研究中心博士学位论文。

系，也使得国外的先进生产力在中国沿海沿江通商口岸登陆并壮大，从而导致港口—腹地这一先进生产力空间扩散和区域经济联系的主要途径的形成。在进出口贸易和先进生产力进入的强大推动下，在港口—腹地双向互动的作用下，沿海城市得到率先发展，广大农村的市场化、外向化的趋势得以形成，生产结构也发生了重要的改变。19世纪末20世纪初，近代工业在沿海城市逐渐发育，加之同时开始的现代交通和通信体系的出现和扩大，进一步促使近代经济地理格局最终形成。中国在生产力发生重大变化的同时，生产力的布局即经济地理同样发生了根本性的变化"①。

可以说，港口—腹地视角的研究由于其所具有的以历史地理学既重视时间上的过程的考察，又注意空间上的差异性的探讨的方法论，之于以往的口岸和口岸贸易的研究，已经超出了简单的口岸和贸易史的研究范畴。其研究进一步扩展和深入的结果，必然是进入中国近代经济地理的研究。②

另外，从研究范式看，值得注意的主要成果还有马学强、佳宏伟分别从区域角度对近代上海的成长和天津口岸贸易的分析。③

(二) 关于近代云南口岸与对外贸易的研究

20世纪三四十年代郭垣著的《云南省经济问题》、④ 万湘澄著的

---

① 吴松弟、方书生：《起源与趋向：中国近代经济地理研究论略》，《天津社会科学》2011年第1期。

② 关于"港口—腹地和中国现代化进程"研究和"中国近代经济地理"研究的关系，吴松弟师在《中国近代经济地理形成的机制与表现》（《史学月刊》2009年第8期）、《起源与趋向：中国近代经济地理研究论略》（《天津社会科学》2011年第1期）等文中有详细论述。由吴松弟师担纲主编的9卷本《中国近代经济地理》丛书，将全国划分为8大区域，分别论述各区近代经济变迁及其经济地理格局，截至目前，包括绪论和全国概况卷（吴松弟、韩茂莉等著）、东北卷（姚永超著）、华北与蒙古高原卷（樊如森著）、西北卷（张萍著）、江浙沪卷（戴鞍钢著）、西南卷（杨伟兵、张永帅、马琦著）、华南卷（方书生著）在内的7卷已陆续出版，其余两卷即华中卷、闽台卷也将很快面世。

③ 马学强：《近代上海成长中的"江南因素"》，《史林》2003年第3期；佳宏伟：《区域分析与口岸贸易——以天津为中心（1867—1931）》，博士学位论文，厦门大学，2007年；佳宏伟：《大灾荒与贸易（1867—1931年）——以天津口岸为中心》，《近代史研究》2008年第4期。

④ 郭垣：《云南省经济问题》，正中书局1941年版。

《云南对外贸易概观》、①钟崇敏著的《云南之贸易》②对开埠后云南对外贸易分别作了较为详细的记述，有较高的史料价值。

1956年，李埏先生撰文呼吁对滇越铁路及其相关问题进行研究，"可惜没有引起注意"。1979年，李先生撰文指出经济史学科的现状严重不适应经济建设对学科发展的需求，认为"以我省（云南）而论，幅员如此辽阔，民族如此众多，经济状况如此复杂多样。且不说那辽远的古代，即近百年的近代，亟待研究的课题也就不胜枚举"。因此，他倡议重视云南经济史的研究，"写出系统的、完整的云南经济史，为当前和今后的经济建设提供历史依据"③。此后，云南经济史的研究开始真正得到开展，关于近代云南口岸与对外贸易的研究也日渐增多。

吴兴南著《云南对外贸易——从传统到近代化的历程》④ 一书以云南对外贸易从传统到近代的演变历程为线索，其中对1910—1941年云南对外贸易兴盛时期的进出口商品的货值、商品种类和结构变化等作了着重考察。董孟雄、郭亚非著《云南地区对外贸易史》⑤ 一书将云南近代贸易分为自由贸易初期（1889—1911年）、自由贸易初步发展时期（1912—1931年）、自由贸易迅猛发展时期（1932—1936年）、战时统制经济时期（1937—1945年）、国家垄断资本主义垄断时期（1946—1949年）五个阶段，对云南近代贸易发展变化的过程作了详细描述。以上是两部云南对外贸易研究的专门著作。另外，在其他一些有关云南历史的研究著述中，也程度不同地对口岸和对外贸易有所涉及。如，李珪主编的《云南近代经济史》、⑥谢本书主编的

① 万湘澄：《云南对外贸易概观》，新云南丛书社1946年版。
② 钟崇敏：《云南之贸易》，中华民国资源委员会经济研究室，1939年。
③ 李埏：《重视云南经济史的研究》，《云南日报》1979年7月27日第3版。
④ 吴兴南：《云南对外贸易——从传统到近代化的历程》，云南民族出版社1997年版。另外，吴兴南还著有《云南对外贸易史》（云南大学出版社2002年版）一书，但其内容除在云南古代贸易方面增加了内容外，关于近代的部分与《云南对外贸易——从传统到近代的历程》基本相同，故不对此书再作介绍。
⑤ 董孟雄、郭亚非：《云南地区对外贸易史》，云南人民出版社1998年版。
⑥ 李珪主编：《云南近代经济史》，云南民族出版社1995年版，第148—151、346—357、516—525页。

《云南近代史》^① 就对外贸易、口岸开放过程及口岸开放后云南经济变迁均作了简单描述;陆韧在《云南对外交通史》一书中有对云南开埠通商经过与对外交通变化的较为详细的论述;^② 刘云明《清代云南市场研究》一书对开埠前后云南对外贸易的变化作了一番概括性的描述;^③ 肖良武《云贵区域市场研究（1889—1945）》一书认为云南口岸开放是云贵区域市场变迁的真正开始,强调了口岸开放以及由之而来的对外贸易的发展对近代云贵区域市场演变产生的重大影响;^④ 周智生在《商人与近代中国西南边疆社会——以滇西北为中心》一书中对开关通商后滇西北地方市场的变化作了描述;^⑤ 杨志玲《近代云南茶叶经济研究》一书专辟一章对蒙自、思茅、腾越三关茶叶出口情形即近代云南茶叶的国际贸易进行了研究。^⑥ 除此之外,杨斌的硕士学位论文《近代云南个旧锡矿地理研究（1884—1949）》主要利用海关资料对近代个旧大锡对外运销及其在云南对外贸易中的地位作了细致的研究。^⑦

论文方面,杨寿川《近代滇锡出口述略》一文以翔实的资料对滇锡大量出口的原因及出口的大致情况进行了分析阐述,突出反映了大锡在近代云南出口贸易中的重要地位。^⑧ 贺圣达和郭亚非对近代云南与周边国家经济交往及其贸易圈的形成和特点进行了研究。^⑨ 关于口岸开放与口岸格局演变的研究,重要成果有马世雯的《清末以来

---

① 谢本书主编:《云南近代史》,云南民族出版社1997年版,第132—146页。
② 陆韧:《云南对外交通史》,云南民族出版社1997年版,第340—374页。
③ 刘云明:《清代云南市场研究》,云南大学出版社1996年版,第114—118页。
④ 肖良武:《云贵区域市场研究（1889—1945）》,中国时代经济出版社2007年版,第10—11、44—47、70—75页。
⑤ 周智生:《商人与近代中国西南边疆社会——以滇西北为中心》,中国社会科学出版社2006年版,第66—69页。
⑥ 杨志玲:《近代云南茶叶经济研究》,人民出版社2009年版,第122—169页。
⑦ 杨斌:《近代云南个旧锡矿地理研究（1884—1949）》,硕士学位论文,复旦大学,2009年,第45—90页。
⑧ 杨寿川:《近代滇锡出口述略》,《思想战线》1990年第4期。
⑨ 贺圣达:《近代云南与中南半岛地区经济交往研究三题》,《思想战线》1990年第1期;郭亚非:《近代云南与周边国家区域性贸易圈》,《云南师范大学学报》2001年第2期。

云南蒙自与蛮耗口岸的兴衰》①和车辚的《晚清昆明自开商埠的地缘政治经济意义》②，前者对近代蒙自与蛮耗口岸的兴起与衰落的过程进行了研究，认为由于政治、经济和地理位置等因素，使得蒙自、蛮耗成为帝国主义掠夺云南资源，倾销商品的通商口岸，但伴随着为加快掠夺速度而修建的滇越铁路的通车以及河口县的开关，蒙自、蛮耗口岸的繁忙兴盛又成为了历史；后者的研究认为昆明的开埠强化了云南统一的区域市场格局，促进了个（旧）蒙（自）临（安）广（南）开（化）基本经济区演化成昆明—开远—蒙自（个旧）—河口经济走廊，该走廊集中了全省工商业的精华，沿线城市也成为全省近代化程度最高的城市，彻底改变了云南的经济地理格局。关于近代云南三关地位及其形成原因的研究则有郭亚非的《近代云南三关贸易地位分析》一文，该文认为：从贸易量上看，近代云南三关之中，蒙自关的贸易地位最高，腾越关次之，思茅关最低，其原因在于三关商品结构、地缘环境和交通条件、外贸辐射区域与内贸市场的联系相异。③除此之外，郭亚非等人还对近代云南外贸经营中的特点进行了研究。④马丽娟《近代云南回民对外贸易活动研究》一文认为回族是元朝以来云南对外贸易中的主角，直至近代以来，没有哪一个民族像回民那样几乎是全民参与对外贸易活动，云南回民为中国对南亚、东南亚市场的开拓和贸易联系的加强，做出了积极的贡献。⑤

相比而言，更多的成果是关于口岸开放及贸易发展引起云南对外经济关系与云南经济变化的研究，如杨煜达《试析腾越海关与近代滇缅贸易》一文着重分析了腾越关和近代滇缅贸易的特点及对滇西

①　马世雯：《清末以来云南蒙自与蛮耗口岸的兴衰》，《云南民族学院学报》（哲学社会科学版）1998年第2期。

②　车辚：《晚清昆明自开商埠的地缘政治经济意义》，《红河学院学报》2007年第1期。

③　郭亚非：《近代云南三关贸易地位分析》，《云南师范大学学报》（哲学社会科学版）1996年第5期。

④　郭亚非、王菊映：《近代云南对外贸易经营中的特点》，《云南师范大学学报》1997年第6期。

⑤　马丽娟：《近代云南回民对外贸易活动研究》，《思想战线》2000年第1期。

经济发展的影响;① 梁宏志的《蒙自开关与近代云南市场结构的变迁》一文认为 1889 年蒙自关和滇越铁路的开通促进了云南对外贸易的繁荣，从而加速了云南传统市场的变迁，在内外合力的作用下，云南近代市场产生;② 王文成的《约开商埠与清末云南对外经贸关系的变迁》一文则认为以约开商埠为标志，清末云南对外经贸关系的内部结构发生了重大变化，完成了以边境贸易为主体、以贡赐贸易为补充的传统对外经贸关系，向以通商口岸为依托的全球性、综合性的世界贸易为主体，以边境贸易、边民互市和走私贸易为补充的近代对外经贸关系的转变，从而使地处世界屋脊东部台地的云贵高原，更深地卷入了经济全球化的旋涡。③

以上研究已经涉及近代云南口岸与对外贸易研究的许多方面，其中的不少论著视角新颖，分析透彻，为本书的研究奠定了深厚的学术基础。

四　空间的视角

过去的有关对近代云南对外贸易的研究基本上都属于经济史的研究范畴，缺乏对贸易演进中的空间过程的考察。而事实上，输出的货物从各地聚集到口岸和输入的货物从口岸输送到各地本身就是一个由面到点和由点到面的空间过程，商品进出的一次次循环正是通过这样的一次又一次的空间过程来实现的。从这个意义上说，不从空间视角进行考察，就难以真正做到对近代云南口岸贸易有一个准确的认识。我们这里所说的空间视角，主要包括以下几个方面。

（一）口岸是连接外部市场与腹地区域的节点

通过以上学术回顾，可以发现关于中国近代通商口岸的研究，目

---

① 杨煜达:《试析腾越海关与近代滇缅贸易》，《云南地理环境研究》1990 年第 2 期。
② 梁宏志:《蒙自开关与近代云南市场结构的变迁》，《云南师范大学学报》2005 年第 4 期。
③ 王文成:《约开商埠与清末云南对外经贸关系的变迁》，《云南社会科学》2008 年第 3 期。

前基本上存在三种主要研究路径：一是对通商口岸及口岸城市本身即口岸史与城市史的研究，在这类研究中，口岸贸易被纳入口岸史与城市史的内容当中；二是关于开埠通商与全国或区域经济社会变迁的研究，而该研究又可根据学科视点的不同大致分为区域史和历史经济地理的研究两类；三是重在考察本土和区域在塑造口岸特征中的作用的研究。这些基于不同路径的研究各有不同的问题意识，但其研究范式归结起来大致不出"冲击—反应"或"在中国发现历史"的窠臼，或有意识无意识地以西方的冲击作为近代中国变迁的动力和决定因素，或忽视西方的作用而强调本土因素和中国传统在近代中国变迁中的作用。作为常识，没有人不知道，中国近代的通商口岸为数众多，作为特殊时代的产物，固然有其共同的一面。但是，笔者要问的是：同是口岸，为什么其地位却相差悬殊，不同口岸其进出口商品结构为什么差别如此之大？诸如此类的问题，显然是不能用或者外力冲击或者本土内在演进逻辑，以非此即彼的解释可以解决的。

笔者认为，就贸易层面而言，口岸的主要功能在于：中国所产土货需借助于通商口岸运销到国际市场上，外国输入的洋货亦需通过通商口岸转销于各地。换句话说，口岸是连接外部市场与腹地区域的节点。因此，从空间的角度看，对于口岸与口岸贸易特征的形成机制的探讨也就应该既要重视外部市场也不能忽视内部区域，两者必须兼顾。也就是说，腹地经济社会特征和口岸如何通过区域经济网络与世界市场体系建立联系在很大程度上决定了口岸的地位和口岸作用的发挥，以及口岸贸易特征的形成。

（二）外部市场网络与腹地区域是口岸连接的两个面

外部市场是口岸连接的外部区域，腹地是口岸联系的内部区域。外部市场是口岸进口货物的来源地和出口货物的销售地，各个口岸的外部市场必然对相应口岸的贸易产生影响，并通过口岸影响腹地经济的发展与变化。腹地是口岸的贸易辐射空间，是口岸进口货物的主要销售地和出口货物的主要来源地，各个口岸的腹地也必然对相应口岸的贸易产生塑造作用，并通过口岸影响口岸与外部市场的联系。

基于这一认识，本研究的核心是从口岸的外部市场结构、口岸的腹地变迁入手，在关注近代云南不同口岸贸易共性的同时，在比较的基础上探寻近代云南不同口岸各自的贸易特征，着重考察腹地、外部市场网络对口岸贸易的塑造作用。

（三）区域比较的方法

考察某一事物的发展情形，并对其作出客观评价，一方面需要对该事物自身在时间上的变化进行一番考察，即通过纵向比较的方法，从而对该事物的发展速度、规模诸方面作出评价；另一方面则需要将该事物与该事物处于同一时段的其他同类事物进行比较，即通过横向比较的方法，从而对该事物相对于其他事物的发展程度、相对地位等方面作出评价。

有关近代云南对外贸易研究的已有成果，关注点基本上都集中在前一个方面，所做工作已经非常扎实，对后一个方面，仅有零星涉及，而并未引起论者真正的注意。为此，区别于以往的成果，我们在研究中，涉及对贸易发展情形的描述或评价时，注意利用区域比较的方法，将云南对外贸易置于西南、全国的空间范畴内考察其所处的位置，以对其"相对的"发展状况作出客观的判断。

五　主要资料

为了及时地掌握口岸贸易与其所在地区的情况，近代中国海关从1860 年起就开始按照西方的管理与统计理念，建立起了一套严格的申报、汇总和出版体制，并基本持续到 1948 年。[①] 总税务司署还设立造册处（后期改称统计处），印行各种贸易统计与贸易报告，以及各种供海关人员和地方官员阅读的出版物。这种制度一直维持到1949 年。

纵观中国旧海关出版物，大致具有以下几个近代中文文献多不具备的特点。

第一，系统。自 1860 年开始，海关建立起一套严格的申报、汇

---

① 吴松弟、方书生：《中国旧海关统计的认知与利用》，《史学月刊》2007 年第 7 期。

总的制度，海关总税务司署在此基础上定期编辑发布报告，月有月报，季有季报，年有年报，专题有专题报告，单项活动有单项活动的报告。有的重要口岸甚至还有日报、周报或旬报。这种定期汇报、发布的制度，一直维持到1949年，其时间覆盖近代中国的80%的年度。在有关中国近代的各种文献中，估计没有比海关内部出版物更为系统的资料了。

第二，科学。海关出版物中的数据和文字描述，都是按照西方经济制度和科学标准，按统一的要求和格式汇总上报的，其科学性和严谨性，是近代大多数中国官员漫不经心的统计和士大夫随意性的描述所无法比拟的。其实，中国今天仍在使用的经济、贸易甚至科学的词汇，相当一部分都首先出现在海关出版物上。由于这些词汇至今仍然使用，海关的各项报告均可拿来就用，不必转换成现代词汇。甚至医学报告也都由海关中的西医医生撰写，完全采用沿用至今的现代医学语言，医学史研究者同样可以拿来就用。

第三，丰富。中国旧海关出版物不仅是研究中国近代的海关史、对外贸易史的基本资料，也是研究交通史、产业史、政治史、医学史、生态变迁史和地区历史的多方面的资料宝库。中国旧海关出版物由统计系列、特种系列、杂项系列、其他门类、公务系列、办公系列、督察系列、邮政系列和"系列外书"等系列构成，第2至第7系列以及系列外书的内容，从部分报告的名称便可想到其内容之无所不包，而第1系列的贸易表格和贸易报告也同样涉及与贸易有关的一切：国内外经济形势和商品供求情况，影响中国进出口贸易的工农业生产和交通状况，政治动乱和自然灾害，中国百姓的消费习惯，金融与物价，城市建设，法律和法令，以及媒体和信息传播等多方面的内容。甚至研究近代的生态变迁，离开贸易报告也会困难重重。例如，自19世纪60年代开始的长江近10个口岸的贸易报告，每年便有反映当地长江河段各月份水位涨落的曲线图，有关数据一目了然。而各城市最早的关于气温、降水的记载，最早的用科学方法绘制的城市地图，黄河、长江、闽江、西江等河流最早用科学方法绘制的河道图，往往都较早见诸各地的贸易报告。

第四，准确。海关出版物记载翔实精细，且多用数据说明问题，远胜于绝大多数中国文献笼而统之的描述。这方面的例子比比皆是。笔者在多年阅读海关报告和相关的中文文献上形成这样的印象：同样的事件，凡是海关报告有记载的，一般比中国文献的记载详细，且有数量的记载，而且还有一定的分析。因此，在近代史研究时，凡海关文献有所记载的，一般都应该阅读并利用。

总之，有关近代中国的资料固然浩如烟海，但类似海关出版物这样，在时间上覆盖近代中国80%的年度，在内容上如此丰富，在分析标准和统计方法上严格按照西方的科学制度，在论述上力求详细且常用数据的文献，却并不多见。中国旧海关出版物可以说是研究中国近代史尤其是近代经济史的最大、最科学、最系统、最翔实的资料宝库。

2001年170卷本的《中国旧海关史料》影印出版，收集了年度贸易统计和贸易报告组成的年刊和十年报告，① 为系统地研究中国近代口岸贸易提供了极大方便。其中，关于云南三个海关的贸易统计和贸易报告（包括年报和十年报告）理应成为研究近代云南口岸和对外贸易研究不可或缺的资料。但迄今为止，在有关近代云南对外贸易的研究中，这些资料却并未得到足够的重视和充分利用，让人无不感到遗憾。② 为了弥补这一缺憾，也为了更好、更深入地对近代云南对外贸易进行研究，我们充分利用《中国旧海关史料》，将其作为本研究最为主要的资料，本书主要内容基本上是在对近代云南三关贸易统计与贸易报告整理、分析的基础上展开的。

---

① 中国第二历史档案馆、中国海关总署办公厅编：《中国旧海关史料》，京华出版社2001年版。

② 到目前为止，就笔者所见，只有杨斌硕士学位论文《近代云南个旧锡矿地理研究（1884—1949）》（复旦大学，2009年）对海关资料有较为系统的利用。

第一章　从传统贸易到口岸贸易

　　有关云南对外贸易的研究，已经出版和发表了不少的论著。[①] 但是这些论著，从总体看来，存在以下问题：一是局限于政治史的书写传统，在时间断限问题上简单地比照政治史的研究，以 1840 年作为云南近代经济史的开端；二是局限于从单一的时间视角，侧重于对云南对外贸易发展演变的纵向过程的考察，而鲜有从空间角度予以关注者，更难说能有相关著述从空间视角对云南对外贸易的演变加以解释和分析的；三是基本上还局限于从云南地方史的范畴研究云南对外贸易的历史，没有将其置于全国的视野下进行考察。

　　笔者认为：政治史的研究和经济史的研究虽难以割裂，但政治的发展和经济的变迁有其各自的规律和具体内涵，对云南这一边疆省份而言，1840 年的鸦片战争实际并未引起云南社会经济的大变动，1889年，云南第一个通商口岸——蒙自的开放才是云南经济发展进入近代时期的标志；把握云南对外贸易发展演变的时间线索固然重要，但时间和空间犹如一个硬币的两面，抛开其中任何一面都将难以做到对其有一个准确而全面的认识，从这层意义上说，在已有研究的基础上，从空间视角开展云南对外贸易研究就显得尤为重要了；同时，只有将

---

　　① 研究云南对外贸易的专书，主要有董孟雄、郭亚非著《云南地区对外贸易史》（云南人民出版社 1998 年版）及吴兴南著《近代西南对外贸易》（云南民族出版社 1998 年版）、《云南对外贸易——从传统到近代化的历程》（云南民族出版社 1997 年版）、《云南对外贸易史》（云南大学出版社 2002 年版）等。申旭著《中国西南对外关系史》（云南美术出版社 1994 年版）、李珪主编《云南近代经济史》（云南民族出版社 1995 年版）、刘云明著《清代云南市场研究》（云南大学出版社 1996 年版）、陆韧著《云南对外交通史》（云南民族出版社 1997 年版）等书虽非专门研究云南对外贸易，但均对此有所涉及。

云南对外贸易置于全国对外贸易的大格局中进行考察，才可以清楚地看出其在全国所处的位置，从而也才可能对云南对外贸易的发展做出合理的评价。

1887年，中法约定开放蒙自，1889年设立蒙自海关正式开放。蒙自开放后，思茅与腾越也分别于1897年、1902年设关开放，地处西南边陲的云南的历史由此翻开了崭新的一页。通过对蒙自开埠前后云南对外贸易情形的比较，对其分别做出定性与评价，有助于理解云南对外贸易发展中的传统与变迁问题。

第一节　蒙自开埠前的云南对外贸易
（1644—1889年）

一　蒙自开埠前云南对外贸易的空间格局

（一）地理特征与蒙自开埠前云南对外贸易的主要对象

郭亚非认为云南省自1889年蒙自口岸开关后，伴随对外贸易的开展，逐渐形成了与周边国家，如印度、越南、缅甸、老挝等国的区域性贸易圈。[①] 但实际上，由于地理的原因，云南对外贸易的历史非常悠久，云南与周边国家的区域性贸易圈早在蒙自开埠前就已经形成，应该说是毋庸置疑的。蒙自开埠后，随着对外贸易的发展，云南对外贸易不是开始与周边国家形成区域性贸易圈，而是突破长久以来形成的区域性贸易圈开始成为全球贸易的一个组成部分。

云南地处东经97°31′39″—106°11′47″，北纬21°08′32″—29°15′8″，其地理区位的最大特点是边疆性。云南地处西南一隅，云贵高原西南部，位置偏远，既远离国家几何中心，也远离政治、经济和文化中心；云南为我国陆地上东北、西北和西南3个边缘地带的9个边疆省份之一。[②]

云南的地形特征之一是地势由北向南呈阶梯状下降，其中西北最

---

① 郭亚非：《近代云南与周边国家区域性贸易圈》，《云南师范大学学报》2001年第3期。

② 王声跃主编：《云南地理》，云南民族出版社2002年版，第2—4页。

高，东南最低。就全省来说，大致可以分为三大阶梯。其中，滇西北德钦、香格里拉一带为地势最高一级阶梯，滇中高原为第二阶梯，南部、东南和西南部为第三阶梯。受地形的影响，云南的河流大多为自北而南流向，长江、珠江、红河、澜沧江、怒江、伊洛瓦底江六大水系，除长江和珠江外，其余均南向流入邻国，为国际性河流。①

以上区位与地形特征，对云南对外经济的交往产生了深远的影响。

由于地理位置偏远，再加上地势的北高南低，在过去落后的交通条件下，云南向内地的沟通极为不便。因此，在近代以前，云南与国内其他区域之间的长途贩运贸易难以正常展开。② 市场的关联度可以通过价格的相关性体现出来，清初，云南由于"道路险远，舟车不通，商贾罕至"，"市廛未集，百货未通"，以至于"一粟一丝其价十倍于它省"，其市场与国内大市场的联系之困难由此可见一斑。而与对国内的交往相比，云南与邻近国家的交往则要相对方便一些，地势的自北而南的递降为交通的南向发展提供了一定的便利。由于地势比降较大，云南大多数河流的通航条件不佳，但沿河流走向的天然路线，却在很长时期内为云南与邻国交往的重要通道，何况部分河流以及部分的河段也可以通航，如到缅甸便可利用伊洛瓦底江。由于运输成本巨大，云南与内地间贩运的货物，只能以单位体积和重量所含价值颇高的商品为主，如清代的滇铜京运及供各省采办就属于这种情况。③ 而与邻国的贸易，因交通相对便利，自元代以来就已实现了由奢侈品向民间生活必需品的转变。④ 由此可见，受地理位置与地形的影响，传统时代的云南贸易发展相对地呈现出对内封闭、对外开放的特征。

由于与缅甸、老挝、越南等国接壤，又离印度、泰国、菲律宾、柬埔寨等国不远，加上地势的向南倾斜和河流的南流，云南具有与这些国家交通的相对便利条件。因此，上述诸国便成为云南传统上最为

① 王声跃主编：《云南地理》，云南民族出版社 2002 年版，第 35 页；《云南省情》编委会编：《云南省情》，云南人民出版社 2009 年版，第 11—13 页。

② 刘云明：《清代云南市场研究》，云南大学出版社 1996 年版，第 3 页。

③ 同上。

④ 陆韧：《云南对外交通史》，云南民族出版社 1997 年版，第 305 页。

主要的贸易对象，在促进云南对外交流和经济发展方面起到了极为重要的作用。

（二）蒙自开埠前云南对外贸易的主要地理走向与通道

1889 年蒙自海关贸易报告指出，当时自外入滇有以下六条主要商路。[①]

1. 由汉口经洞庭湖边的岳州，穿过湖南、贵州，进入云南，大部分是陆路，用兽力驮运。自汉口到云南府，约需 40 天。

2. 由长江上游的纳溪，溯永宁河到四川西南的永宁县登岸，水运约 19 天。再由永宁县用兽力驮运到云南府，需 20 多天。

3. 从距离云南省东北不远的四川叙州府，经横江边上的老鸭滩到云南府，全部为陆路，约需 22 天。这是云南省最重要的通商路线。

4. 由北海到云南府。从北海到南宁，14 天；南宁到百色，17 天；百色到剥隘，3 天；剥隘到广南，8 天；广南到云南府，12 天。全程共需 54 天。

5. 由海防到云南府。从海防到河内，为汽船，一天的路程；河内到老街，为舢板，需 20 天；老街到蛮耗，为舢板，需 7 天；蛮耗到蒙自，蒙自到云南府，均为兽力驮运，分别需要 2 天和 9 天时间。全程为 40 天。

除以上五条商道之外，八莫和大理府之间的商路则是另外一条自外入滇重要的商业大道。

以上六条商路是蒙自开埠以前就早已形成的云南与外部交通的主要道路。其中，经过前四条线路，云南虽也可以同国外建立贸易关系，但主要还是以国内贸易居于绝对主导的地位。因此，作为滇越、滇缅贸易主要商路的第五和第六条线路则是云南对外贸易的最为重要的贸易通道。

---

① 《MENGTZU TRADE REPORT, FOR THE YEAR 1889》，《中国旧海关史料》第 15 册，第 573—575 页。需要说明的是，有关谈及 1889 年海关贸易报告有关自外入滇商路的相关著述几乎均将八莫和大理间的商路遗漏而称有五条线路进入云南，如《新纂云南通志》卷 144《商业考二》、万湘澄《云南对外贸易概观》、陆韧《云南对外交通史》、袁国友《近代滇港贸易问题研究》（博士学位论文，云南大学，2002 年）等，这显然是与海关贸易报告原文有出入的。

　　我们知道，蒙自开埠前的云南对外贸易对象虽然主要是邻近国家，但也不仅局限于缅、越二国，而海关贸易报告却唯独叙此二途，其原因就在于滇缅、滇越贸易在云南对外贸易中最为重要。但相对而言，滇缅贸易的规模是滇越贸易所无法比拟的。据英国人克劳福特估计，在19世纪初滇缅贸易额约为30万—40万英镑。① 此后稳定发展，到19世纪中叶又有突破，1854年仅通过八莫进行的滇缅贸易总额就高达50万英镑。② 有论者认为，清代滇缅陆路贸易额可占缅甸出口贸易总额的1/4—1/3，规模相当可观。③

　　蒙自开埠之前，既然在云南对外贸易的所有国家和地区当中，以缅甸最为重要，常居云南对外贸易额的主要部分，那么滇缅走向也就成了云南对外贸易的主要地理走向。由于地理上处于近便的有利条件，因此滇西和滇西南既是对缅贸易最集中的地区，自然也就是云南对外贸易最集中的地区。

　　滇缅贸易，"常走的道路有两条。一条直接从曼德勒经过锡尼（Thieunee）、永昌到大理府。另一条沿伊洛瓦底江而上直到八莫，从八莫又分出三条支路，汇于缅甸人称为莫棉（Momien）的腾越，然后到达大理府"，而"若干世纪以来，通过八莫的这条道路，不论对侵略的军队，或是和平的商人，一向是从中国到缅甸的必经之路"④。所谓"今客商之贾于腾越者，上则珠宝，次则棉花，宝以璞来，棉以包载，骡驮马运，充路塞途。今省会解玉坊甚多，砻沙之声昼夜不歇，皆自腾越至者"⑤。腾（越）八（莫）一线是滇缅贸易最为繁忙的商路，也是蒙自开埠前云南最为重要的对外贸易通道。

　　（三）中国与东南亚、南亚经济交往中的云南

　　中国与东南亚、南亚地区之间的经济联系有着悠久的历史。中国

---

　　① 贺圣达：《缅甸史》，人民出版社1992年版，第214页。
　　② ［英］艾伯特·费却：《缅甸的过去与现在》卷2，1878年，第96页。转引自孙来臣《明清时期中缅贸易关系及其特点》，《东南亚研究》1989年第4期。
　　③ 吴兴南：《云南对外贸易史》，云南大学出版社2002年版，第72页。
　　④ 姚贤镐编：《中国近代对外贸易史资料》第2册，中华书局1962年版，第687—688页。
　　⑤ 屠书濂纂修：《腾越州志》卷3《土产》，光绪二十三年重刊，成文出版社1967年影印本，第46页。

与东南亚、南亚之间实现经济联系是通过海路和陆路两种主要方式展开的。但相对而言，通过海路与东南亚、南亚的经济联系长期处于更为重要的地位，因此，也受到论者的较多关注与研究。但笔者以为，以陆路为主要交通方式将中国与东南亚、南亚连接起来的作用，却也并不应由此而被忽视。

早在汉唐时期，印度就已经通过云南与中国建立了一定的贸易关系。[①] 通过与印度的贸易往来，实际上就将中国、缅甸、印度连接了起来。除此之外，取道云南等地还是中国与越南、老挝、柬埔寨、泰国、菲律宾等国家和地区建立贸易关系的重要路径。在此，云南则起到了将中国与东南亚、南亚连接起来的重要节点的作用。诚如前述，由于云南交通内地极为不便，中国通过云南与东南亚、南亚的经济往来实际上主要的便是云南与东南亚、南亚的贸易关系。

到了清代，滇印贸易已基本中断，滇越贸易不振，滇缅贸易却得到空前的发展。[②] 由于地理环境的差异，云南与缅甸的出产有着较大的互补性，从而使二者的贸易往来建立起一种较强的彼此依赖的关系。如因乾隆中缅战争，滇缅贸易几乎中断，使缅甸经济大受影响，所谓"再自禁止通商以后，边民生计艰难"[③]。这说明，滇缅之间通过密切的贸易关系，形成了一个跨国互补的区域经济。

随着英国殖民势力对印、缅的占领与渗透，印、缅逐渐地成为英国的在产业上既有分工而又相互联系的殖民经济圈。缅甸主要被营建为工业原料产地，而工业品的加工则主要在印度进行。由此，印度所产工业品开始通过滇缅贸易进入云南。1847 年，在云南传教的史蒂芬（Rev. C. Stevensen）就曾说道："八年以前云南织布很少，而现在织布业很庞大，这种增长完全由四川移民和廉价的印度棉纱几乎是同时来到云南所致。"[④] 这也就是说，以上所谓的滇缅跨国互补的区域经济从此开始突破了滇、缅的空间界限，而又一次

---

① 陆韧：《云南对外交通史》，云南民族出版社 1997 年版，第 299 页。
② 同上书，第 299—304 页。
③ 李根源辑：《永昌府文征》文录卷 11，1941 年铅印线装本。
④ 《布莱克本使团调查报告》，那维力和比尔部分，第 263 页。转引自陆韧《云南对外交通史》，云南民族出版社 1997 年版，第 306—307 页。

地将云南、缅甸、印度连接在了一起，其中，缅甸主要是起着中转和媒介的作用。

总之，在蒙自开埠前，云南与东南亚、南亚贸易的空间关系虽不无变化，但其扮演着作为连接中国与东南亚、南亚陆上贸易通道的节点的角色却并没有因此发生本质的变化。

二　蒙自开埠前云南对外贸易的主要方式及其商品构成

（一）民间贸易主导下的对外贸易

在近代以前，云南与邻近各国的贸易逐渐形成了国家主导下的朝贡贸易和互易有无的民间贸易两种主要形式。朝贡贸易方面，乾隆以后，安南、缅甸、南掌（老挝）和暹罗（泰国）与清王朝保持相对稳定的朝贡贸易关系。但是，缅甸、南掌贡道经由云南，[①] 而安南、暹罗贡道并不经过云南。[②] 由于朝贡使团可以沿途采办货物进行贸易，因此，就朝贡贸易而言，云南的对外贸易就是滇缅、滇老贸易。雍正间（1678—1735 年），清廷规定南掌国五年一贡，乾隆八年（1743 年）又改为十年一贡；乾隆五十五年（1790 年）规定缅甸贡期十年一次。[③] 尽管贡期的限制未得到严格执行，但也不难看出滇缅、滇老之间因朝贡而产生的贸易往来并不频繁。同时，由于朝贡贸易是政治性质的贸易，可以想见贸易数量是相当有限的。

正是由于受到以上朝贡贸易体制的约束，云南与上述诸国的贸易往来是以民间贸易为主展开的。云南与邻近各国长期存在直接和间接的贸易往来；无论战时还是和平之时云南与这些国家的民间贸易都不曾间断，尤其是边民的互市和贸易往来更是无时不在进行；民间贸易未必都是大额交易，但一定时期内的交易总量却不容小觑；更何况民

---

① 昆岗、李鸿章等修：《钦定大清会典事例》（光绪二十五年重修石印本）卷 502：
"康熙元年议准，缅甸贡道由云南。"《清史稿》卷 528《属国·南掌》："南掌国五年一贡，
贡使由普洱府入。"

② 昆岗、李鸿章等修：《钦定大清会典事例》（光绪二十五年重修石印本）《光绪大
清会典事例》卷 510："雍正二年议准：安南国贡使进京，广西巡抚给予堪合，由广西、湖
南、湖北、江西、江南、山东、直隶水路行；回日由部照原堪合换给，仍由水路归国。"
《光绪大清会典事例》卷 502：康熙六年议准"暹罗贡道由广东"。

③ 昆岗、李鸿章等修：《钦定大清会典事例》卷 502，光绪二十五年重修石印本。

间贸易本身就是因为环境的差异、生产的不同要求互易有无而产生的，因此对交易双方而言贸易成为保证民生不可或缺的手段。由此看来，民间贸易，就贸易面、贸易频率、贸易规模以及对贸易双方影响的深度而言，都是朝贡贸易所难以比拟的。并且，在英、法势力深入缅甸、老挝后，朝贡贸易就因此而中断了，这就进一步抬升了民间贸易在云南对外贸易中的地位。

云南与缅甸、老挝、越南直接接壤，与印度、孟加拉、柬埔寨、泰国等国相去不远，在长达4061公里的国境线上分布着壮族、傣族、布依族、苗族、瑶族、彝族、哈尼族、景颇族、傈僳族、拉祜族、怒族、阿昌族、独龙族、佤族、布朗族、德昂族等16个跨境民族（另外，尚未确认为单一民族的克木人也跨境而居），① 从而使边民互市成为传统时代云南对外贸易之常态，这也是边疆地区对外贸易区别于内地的一大特征。

（二）土产交易为主的对外贸易

清代，滇缅之间的贸易，云南出口商品主要为钢、铁、铁锅、绸缎、毡、布、瓷器、烟、茶、黄丝、针线等；缅甸输入云南以及经云南转输内地的商品主要包括珀、玉、棉花、牙、角、言、鱼等。②

棉花是缅甸的主要农产，而云南向来产棉不多，因此，正如《腾越州志》所言"今商客之贾于腾越者，上则珠宝，次则棉花。宝以璞来，棉以包载。骡驮马运，充路塞途"③。珠宝是奢侈品，价值虽高但交易量不大，棉花则是织布的原料，为生活必需品，因而成为缅甸输入云南的第一大宗商品。时人的记载很能说明这种情况，英国人西姆施著《1795年出使阿瓦记》中就写道："在缅甸首都与中国云南之间存在着广泛的贸易，从阿瓦输出的主要商品是棉花……沿伊洛瓦底江运到八莫，同中国商人交换商品，后者沿水、陆两路把棉花运

---

① 王声跃主编：《云南地理》，云南民族出版社2002年版，第2—4页。

② 云南省历史研究所编：《〈清实录〉越南缅甸泰国老挝史料摘编》，云南人民出版社1986年版，第678页。

③ 屠书濂纂修：《腾越州志》卷3《土产》，光绪二十三年重刊，成文出版社1967年影印本，第46页。

入中国。"①

　　与此同时，云南和中国内地出产的丝和丝织品在缅甸拥有广阔的市场，意大利传教士圣基曼奴所著《缅甸帝国》一书就说："缅甸对外贸易，以甚多国家为对象，云南华商自拱洞沿阿瓦大河（即伊洛瓦底江）乘大舶到缅都，携来彼国商品丝绸、色纸、茶叶、各种水果与其他杂货，归国时载运棉花、花盐、雀羽与一种黑漆。"② 正如有论者所指出的那样："19世纪中叶以前，中缅交易以八莫为中心，中国方面以丝和雄黄等物品向缅甸交换棉花和漆料等物资。"③ "中国输入缅甸之商品为生丝、绸缎、裁制朝服之丝绒、滇边出产之茶叶、金、铜、钢、酒、火腿、米丝、漆中需用之水银与大量之针线；自缅甸输入中国之商品以棉花为大宗，此外尚有燕窝、盐、象牙、鹿茸、琥珀与少量之漆器与宝石。"④

　　据亨利·玉尔在《1855年出使阿瓦宫廷记》一书中的估计，1827年，缅甸从云南输入丝绸总值约为72000英镑，云南从缅甸输入棉花约值228000英镑；1855年，云南输入缅甸和内地借云南输入缅甸的商品总值约187500英镑，其中丝绸为120000英镑，缅甸向云南输入货物总值约为235000英镑，其中棉花为225000英镑。⑤ 如果以上估计准确，则棉花占到缅甸输入云南商品总额的96%，丝绸占云南输入缅甸商品总额的64%，棉花和丝绸成为滇缅贸易最为大宗的商品。

　　滇老之间，茶叶、陶瓷器、铜锡器、丝绸、布匹等是云南对老贸易的重要商品。云南茶叶，以滇南十二版纳一带所产普洱茶为佳、出产也最多，《滇海虞衡志》卷11说："普茶，名重于天下，此滇之所以产而资利赖者也。出普洱所属六大茶山，一曰攸乐，二曰革登，三

　　① 转引自贺圣达《缅甸史》，人民出版社1992年版，第214页。

　　② 转引自〔英〕戈·埃·哈威《缅甸史》（下册），姚梓良译，商务印书馆1973年版，第548页。

　　③ 〔美〕沈己尧：《东南亚——海外故乡》，中国友谊出版公司1985年版，第59页。

　　④ 〔英〕戈·埃·哈威：《缅甸史》（下册），姚梓良译，商务印书馆1973年版，第548页。

　　⑤ Henry Yule, *A Narrative of the Mission to the Court of Ava in 1855*, New York: Oxford University Press, 1968, pp. 148–149, 334.

曰倚邦，四曰莽枝，五曰蛮喘，六曰慢撒，周八百里，如山作茶者数十万人。茶客收买，运于各处，每盈路，可谓大钱粮矣。"普洱茶不仅行销西藏、四川等地，也是滇南对外出口的重要商品，每年都有大量的普洱茶销入老挝，或经老挝运销到暹罗、缅甸等地。由于当时大量的普洱茶运销老挝南掌，因此，自普洱府至易武而达老挝的商道也被称为"茶路"①。

光绪《普洱府志》说：老挝（南掌国）盛产"五金各矿、靛青、漆、藤、竹、麻、棉、椰叶、桄榔、甘蔗、槟榔、豆蔻、烟叶、芝麻、花生，而松木、柚木尤多"。其中不少在云南和其他一些地方深受欢迎，如象牙、香料、药材等为老挝出口云南的重要商品。

由此可见，通过滇南的对老贸易，云南输出以茶叶为最大宗，而老挝输入云南的商品虽然名目繁多，但无大宗可觅，象牙、香料等物并非生活必需品，贸易量应该不是很大。

清代，由于规定越南贸易通过两广进行，使滇越贸易受到一定程度的限制，双方的贸易规模也相对有限。当时云南销往安南的货物主要有铁制农具、丝绸产品、瓷器、药材、牛、牛皮、麻布、铜器、纸张、蓝靛、神香、调料、广南鸭和其他生活用品。越南的杉木、海盐、大米等是输入云南的重要商品。交易商品种类虽较繁多，但难有大宗可言。

除缅甸、老挝、越南外，经此三国中转的滇印、滇泰、滇柬贸易也是云南对外贸易的组成部分，但贸易规模和商品种类均不及与云南直接接壤的这三个国家则是可以想象得到的。

正如恩格斯所指出的那样："随着生产分为农业和手工业这两大主要生产部门，便出现了直接以交换为目的的生产，即商品生产，随之而来的是贸易。"② 贸易的产生源于环境差异、生产和社会分工的不同、生产力发展水平的参差不齐。直至工业革命以前，世界范围内各个国家和各个地区之间所进行的贸易就其性质而言，还基本是通过

---

① 吴兴南：《云南对外贸易史》，云南大学出版社 2002 年版，第 74 页。

② 恩格斯：《家庭、私有制和国家的起源》，《马克思恩格斯选集》第 4 卷，人民出版社 1972 年版，第 159 页。

产品的互济以满足各自的需要。云南与邻近各国的贸易，在西方势力到来之前当然也不出这一窠臼。从以上所述可以看出，云南和邻国间贸易商品，尽管因贸易对象的不同，在规模大小、种类构成等方面存在较大的差异，但在以各自土产为主而进行贸易这一点上，却是相同的。

三　蒙自开埠前全国对外贸易格局中的云南

蒙自开放之前，随着第一次鸦片战争和第二次鸦片战争及与此相关的一系列不平等条约的签订，中国已经对外开放除香港之外的约30个通商口岸。除位于新疆的伊犁（1852 年开埠）、塔尔巴哈台（1852 年开埠）、喀什噶尔（1860 年开埠）等少数内陆和边疆口岸外，这些口岸大都地处东部，基本上形成了以东部沿海、沿江口岸为主的口岸体系。中国的对外贸易也形成以上海、天津（包括香港）等少数东部沿海口岸为龙头，以其他沿海、沿江口岸为主要节点，以相关交通运输线为连接，以埠际贸易为主要展开形式的口岸贸易网络。[①] 在这一口岸贸易网络中，广大的内陆地区，要么被基本排除在这一口岸贸易体系之外，依然以传统的民间贸易为对外贸易的主要形式，要么土货出口和洋货进口均须通过层层转运，进入埠际贸易网络，从而或多或少地被纳入口岸贸易网络之中。当然，绝大多数的内陆地方实际上这两种情况是兼而有之的，这其中尤以未开埠的边疆地区为甚。

本省开埠之前，英国和法国势力已开始深入与云南接壤的缅甸、老挝、越南等地，云南不可避免地与英法产生贸易，已开始与世界市场产生联系。如通过越南的贸易，红河已成为主要通道，所谓"滇南所产铜、铅、铁、锡、鸦片烟，取道红河出洋；各项洋货又取道红河入滇，愈行愈熟，已成通衢"[②]。1889 年北海关贸易报告指出："光绪十年以前，安南未成法国属地之时，所有洋货运往云南省属之

---

　① 参见吴松弟《中国近代经济地理格局形成机制与表现》，《史学月刊》2009 年第 8 期。

　② 束世澂：《中法外交史》，商务印书馆 1929 年版，第 20 页。

南及广西属之西,皆系经海防而去,运到老街、顺浪、芒街等处。"①

但是,由于云南没有开埠,不难想象,以上贸易必然受到很大限制,贸易规模应该相当有限。因此,云南的对外贸易一方面仍然以与邻近各国的直接贸易为主,另一方面云南土货进入世界市场和洋货进入云南也还需要借助于其他开放口岸的层层转运。

出口方面,以锡为例,除了经越南出口之外,海关报告反映汉口、宜昌、北海等口岸都曾有云南锡的出口(参见表1-1),甚至有不少的锡还被运到上海出口,据《申报》1884年2月12日的报道:该年个旧出锡300万斤,其中就有55万斤取道四川转运上海。尤其是中法战争爆发到红河商路恢复以前,锡的出口几乎全部通过以上口岸进行。

表1-1 1885—1889年云南大锡经汉口、宜昌、北海三关转运情况

年份	汉口		宜昌		北海	
	数量(担)	价值(关平两)	数量(担)	价值(关平两)	数量(担)	价值(关平两)
1885	773.17	6348	1187.40	29687	2996.49	53936
1886	4407.42	93668	4045.03	100633	7263.11	152524
1887	2462.72	54150	2210.97	55279	8337.64	166751
1888	3533.81	75792	2438.92	63971	12840.53	265374
1889	3609.20	83467	2428.41	60706	9684.45	203375

资料来源:据《中国旧海关史料》相关统计数据整理。

进口方面,据1877年外国旅行者在滇东昭通所见:商店里"洋货颇多,全部来自四川",而这些货物又是从汉口转运而来。② 海关贸易报告指出:北海关1884年"棉纱进口有显著进步,较去年增加了6959.39担,今年进口共计17807.30担",但这些棉纱"本地用的

---

① 《光绪十五年北海口华洋贸易情形论略》,中国第二历史档案馆、中国海关总署办公厅编:《中国旧海关史料(1859—1948)》第15册,京华出版社2001年版,第215页。

② 姚贤镐编:《中国近代对外贸易史资料》第2册,中华书局1962年版,第1106页。

很少，大部分输入广西、云南等省，以供无数的家庭制机织造棉布之用"①。

诚如前述，随着口岸的开放，中国开始逐渐形成以口岸贸易为主导的对外贸易格局。在这一贸易格局之下，全国和地区间的贸易以口岸及交通中心为主要流向，这就使得与口岸城市的距离以及交通状况在很大程度上决定了一个地区在这一贸易格局中的地位。②没有开埠的云南，不仅因为地理位置的偏远使云南处于口岸—腹地这一对外贸易扇面的末端和边缘，而且由于交通的极度不便使其边缘性加剧。不难想象，由于需要通过长距离的层层转运，而且，"作为从东部沿海与国外贸易最偏远的西南省份，通过长江到达该省北部之前都是非常曲折的，已经丧失在商业上的价值，因此，其最大的困难还是在于它的交通"③，云南通过口岸出口土货和进口洋货必然受到极大的限制。与此同时，云南与邻国间的地区性贸易，虽然缺乏统计数字，但由于这种贸易基本上还没有和更为广阔的世界市场联系起来，其在规模上没有发生根本的突破应该是可以肯定的。

第二节　近代云南的口岸与海关(1889—1937 年)

关于近代云南的通商口岸，有称为五口开埠或五口通商者，④这里所谓的五口系指蒙自、思茅、河口、腾越、昆明。郭亚非认为，河口关是蒙自关的分关，自辟为商埠的云南府关（昆明关）主要是为了方便进出口货物到达昆明后，以及由昆明起运货物时，可以在云南府办理完税不用再去蒙自关缴纳而开放的，显然并非独立口岸，所

---

① Trade Reports, 1884 年，北海，中国第二历史档案馆、中国海关总署办公厅编：《中国旧海关史料（1859—1948）》第 10 册，第 371 页。

② 参见吴松弟主编《中国百年经济拼图——港口城市及其腹地与中国现代化》，山东画报出版社 2006 年版，第 14—16 页。

③《MENGTZU TRADE REPORT, FOR THE YEAR 1889》，中国第二历史档案馆、中国海关总署办公厅编：《中国旧海关史料（1859—1948）》第 15 册，第 573 页。

④ 李珪主编：《云南近代经济史》，云南民族出版社 1995 年版，第 30—31、148—149 页。

以，实际上近代云南的外贸窗口只是蒙自、思茅、腾越三个内陆口岸。① 一般而言，凡是口岸即必设海关，至于其海关具体是正关还是分关，在很大程度上只是表明了各海关在整个海关体系中的级别和地位，因此，不应将口岸与海关简单地混为一谈。而依据其海关级别判定某处是不是口岸，而是即如《新纂云南通志》所说："云南商埠之开，则自清光绪时始，而商埠又有'约开商埠'与'自辟商埠'之别。鸦片战争以还，国际通商继长发达，基于履行条约被迫而开放者，为约开商埠，如蒙自、思茅、河口、腾越是。人口众多、交通便利、商业繁兴之区，自行开放以杜外人之觊觎者，为自开商埠，如昆明是。"② 应尊重时人的看法，以具体的历史事实为依据来确定口岸及其数量。

一　近代云南口岸的渐次开放

（一）英法的争夺与云南"约开商埠"的开放

1. 英法的争夺及其对开拓云南市场的不同路径取向

云南口岸的开放是和英、法势力的扩张与相互争夺分不开的。工业革命之后，争夺原料产地和海外市场成为英、法关系的主要内容之一。印度成为英、法在亚洲最早争夺的对象之一，但是在这场争夺中法国明显处于下风，英法七年战争，法国战败，英国独占印度。对此，法国舆论界大多认为"今日幸免于英吉利之觊觎者，仅印度支那耳。然孰敢信英吉利人之终不蓄意于此地，若英人之下决心先于法人，则法人惟有永远被排斥而已"③，主张"取偿于越，以期失之东隅，收之桑榆"④。这在1787年百多禄主教上路易十六的奏议中有直观的反映，他认为："在目下印度政治势力的抗衡上，似大有利于英国人。如果认为恢复［双方势力］均衡，不是一件容易的事，这看

---

① 郭亚非、张敏：《试论云南近代海关》，《云南师范大学学报》1995 年第 2 期；郭亚非：《近代云南三关贸易地位分析》，《云南师范大学学报》1996 年第 5 期。

② 龙云、卢汉修，周钟岳、赵式铭等纂：《新纂云南通志》卷 143《商业考一》，云南人民出版社 2007 年点校本，第 7 册，第 91 页。

③ 邵循正：《中法越南关系始末》，河南教育出版社 2000 年版，第 15 页。

④ 同上书，第 30 页。

法也许是有道理的。"因此，百多禄提出："按着我的意见，在交趾
支那建立一法国的殖民地是达到这个目的最稳妥、最有效的方法。"①
这是因为不仅可以由此获得巨大的天然富源，而且如果占领了交趾
那"在和平的时候，因为我们地位较近中国，我们定然可以吸收很
多它的商业"，通过"中国中部的商道将使我们获得那个人们不认识
的国家（中国）的（种种）财富"②。法国实施了这一计划，并以占
领印支为建立其"环北部湾"殖民经济圈极为重要的一步。③

　　英国则早在 1768 年 3 月，由东印度公司伦敦总管理处委托该公
司驻印度代表搜集关于欧洲商品能否经过尼泊尔在西藏和中国西部找
到销售市场的情报。④ 英国人很快发现通过缅甸沟通中国西南的重要
性，并认为"云南矿产丰富，人口众多，对制造品有无限购买力"⑤，
因此，"为了打开缅甸，和通过缅甸打开云南，英国人在此后的数年
中，曾在上缅甸作了政治部署并进行了地理探测"⑥。英国占领了北
古（Pegu），以后又在仰光和毛淡棉等港口发展了英国贸易，英国商
人便急于想在中国西南打开通商之路，各地商会纷纷向政府提出备忘
录，要求向中国交涉开放思茅，他们认为"从北古到思茅如能获得
修筑道路，开辟交通的便利，一定会给贸易带来很大的利益"⑦。由
此看来，英法对缅越等国的侵略既是为平衡利益而展开的一场较量，
又是以侵略云南，打开中国西南市场为共同目的。在占领了缅、越之
后，云南便成为英、法争夺的直接目标。

　　由于法国的目的在于以越南为跳板最终达到侵略中国的目的，而
英国则希望通过缅甸来达到这一目标，这就决定了两国在试图开辟云
南商道和市场方面的差别。所谓"法国使节的首领主张以东京的江
的流域为出海口。由此道路，云南的出产可以到达海边，再向法属西

---

①　姚贤镐编：《中国近代对外贸易史资料》第 2 册，中华书局 1962 年版，第 704 页。
②　同上。
③　韦安福：《近代法国的"环北部湾"战略布局探析》，《学术论坛》2008 年第 1
期。
④　姚贤镐编：《中国近代对外贸易史资料》第 2 册，中华书局 1962 年版，第 696 页。
⑤　同上书，第 687 页。
⑥　同上书，第 688 页。
⑦　同上书，第 687 页。

贡的海口运输。英国远征队队长主张八莫路线，即八莫与大理府间中国商队旧有的路线。此外尚有一条更直接的道路，不利用任何江流，由英国斯布来中尉建议已久；它以对角线式穿过半岛中部的老挝国，使与中国边境思茅城相联络"①，由于交通与地理的原因法国首先关注的是云南东部，英国首先关注的则是传统上以八莫为中转的滇西地区，并希望凭借这种对各自有利的条件开辟商埠争夺云南市场。

2. 条约与"约开商埠"的开放

与近代中国所有约开口岸一样，云南"约开商埠"的开放也是一次次丧权辱国的条约下的产物。

1885 年，中法战争，中国以不败而败，法国以不胜而胜结束。6 月 9 日，双方在天津签订了《中法会订越南条约》。在该条约中，清政府承认法国对越南的保护权，承认法国与越南订立的条约，越南正式沦为法国的殖民地。条约第五款规定："中国与北圻陆路交界，允准法国商人及法国保护之商人并中国商人运货进出。其贸易应限定若干处，及在何处，俟日后体察两国贸易多寡及往来道路定夺，须照中国内地现有章程酌核办理。总之，通商处所在中国边界者，应指定两处，一在保胜以上、一在谅山以北，法国商人均可在此居住；应得利益，应遵章程，均与通商各口无异。中国应在此设关收税，法国亦得在此设立领事官；其领事官应得权利，与法在通商各口之领事官无异。"② 1886 年 4 月 25 日，中、法又在天津订立《越南边界通商章程》，再次重申："本年内应由中国与法国驻华大臣互商，择定至保胜以上应开通商处所，亦俟两国勘界定后，再行定商。"③ 1887 年 6 月 26 日，中、法在北京签订《续议商务专条》，其中的第 2 条明确指出："两国指定通商处所广西则开龙州，云南则开蒙自。缘因蛮耗系保胜至蒙自水道必由之路，所以中国允开该处通商，与龙州、蒙自

① 姚贤镐编：《中国近代对外贸易史资料》第 2 册，中华书局 1962 年版，第 706—707 页。

② 龙云、卢汉修，周钟岳、赵式铭等纂：《新纂云南通志》卷 164《外交考一》，云南人民出版社 2007 年点校本，第 7 册，第 549—550 页。

③ 龙云、卢汉修，周钟岳、赵式铭等纂：《新纂云南通志》卷 143《商业考一》，云南人民出版社 2007 年点校本，第 7 册，第 96 页。

无异。又允法国任派在蒙自法国领事官属下一员，在蛮耗驻扎。"①
通过这一系列条约，法国终于达到了在云南开埠通商的目的，1889
年 8 月 24 日蒙自设立海关正式开放。

蛮耗的开埠，即如 1887 年条约所言是因为其在红河水运中的重
要地位，那么，蒙自呢？法国为了寻找通过越南进入云南的商道，进
行了多次的探路考察。至于以何路进入云南，湄公河（澜沧江）的
航运价值首先为其所关注。1862 年，法国占领越南南圻三省，"遂得
控制湄公江之海口，因欲上溯湄江上流之澜沧江"②，1866 年，法国
殖民政府任命拉格莱为总办、安邺为帮办，率领由植物学家优伯尔等
组成的调查团，从西贡出发，沿湄公河上溯，经过柬埔寨、老挝，水
陆兼程，于次年抵达思茅。③ 通过这次调查了解到澜沧江河床落差太
大，处处急流险滩，"不适于航行"④。1871 年、1873 年，法国商人
堵布益两次经红河航运，发现红河为滇越之间通航要道，因此，"关
于以何道路联络半岛的内部与海岸"，法国开始主张"以东京的江
（即红江）的流域为出海口。由此道路，云南的出产可以到达海边，
再向法属西贡的海口运输"⑤。但"红河下流位于北圻，欲通滇，须
并北圻"⑥，1883 年，法国武力占领越南北部，开始操红河航运之权
于己之手，而只待云南的开埠了。蒙自虽并不位于红河岸边，但其是
滇南重要经济中心城市之一，又当昆明出越南驿道之上，离云南境内
红河航运的起点——蛮耗也只有七八十公里的距离，⑦ 从红河所来进

---

① 龙云、卢汉修，周钟岳、赵式铭等纂：《新纂云南通志》卷 143《商业考一》，云
南人民出版社 2007 年点校本，第 7 册，第 98 页。

② 龙云、卢汉修，周钟岳、赵式铭等纂：《新纂云南通志》卷 164《外交考一》，云
南人民出版社 2007 年点校本，第 7 册，第 547 页。

③ 参见陆韧《云南对外交通史》，云南民族出版社 1997 年版，第 323 页。

④ 龙云、卢汉修，周钟岳、赵式铭等纂：《新纂云南通志》卷 164《外交考一》，云
南人民出版社 2007 年点校本，第 7 册，第 547 页。

⑤ 姚贤镐编：《中国近代对外贸易史资料》第 2 册，中华书局 1962 年版，第 706—
707 页。

⑥ 龙云、卢汉修，周钟岳、赵式铭等纂：《新纂云南通志》卷 164《外交考一》，云
南人民出版社 2007 年点校本，第 7 册，第 547 页。

⑦ 龙云、卢汉修，周钟岳、赵式铭等纂：《新纂云南通志》卷 56《交通考一》，云南
人民出版社 2007 年点校本，第 4 册，第 14 页。

口之货运抵蛮耗，再陆路驮运到蒙自，或出口之货由蒙自驮运至蛮耗再经红河运出，均相对便利。蒙自之所以被法国看中，辟为通商口岸，关键即在于这种重要的地理位置和在滇越交通中所具有的优势。

思茅是继蒙自之后开埠的，也是一系列条约的产物。1876 年，英国借口"马嘉理事件"强迫清政府签订《中英烟台条约》，虽然涉及云南边界与缅甸通商事务，并计划在五年内实现"由英国斟酌定期，开办通商"①，但是，事实上，英国的这一计划只有在它占领缅甸后才能实现。1885 年，英国吞并缅甸，次年英国在中英《缅甸条款》中便再次申明将对中缅界务、商务订立专章。可是，由于英国对缅甸的武力占领激起缅甸人民又一次的武力反抗，使英国政府不得不把注意力暂时集中于对付缅甸人民，②从而使法国在对开放云南通商方面占了先机。据调查，英国商会发现"中国西部边区的思茅城早已被中国商民利用为贸易中心，与缅甸商人间进行着大量的贸易"③，因此，早在 1860—1862 年各地商会纷纷向政府提出备忘录，要求向中国交涉开放思茅。④ 但是，思茅却成为首先对法越开放的口岸，1895 年中法《续议商务专条附章》明文规定："云南之思茅开为法越通商处所，与龙州、蒙自无异，即照通商各口之例，法国任派领事官驻扎，中国亦驻有海关一员。"⑤ 1897 年 1 月 2 日，思茅设立海关正式开埠。法国抢占先机，英国不甘落后，1897 年 2 月 4 日与清政府订立《中缅甸条约附款》吞思茅为对英开放口岸，从而使思茅成为对法越、英缅共同开放的口岸。

在云南的"约开商埠"中，腾越是最晚开放的。1875 年，英国借口"马嘉理事件"要求在云南通商，清政府迫于无奈，于 1876 年在关于议结马嘉理案件的《中英烟台条约》中答应了这一要求。条

---

① 王铁崖：《中外旧约章汇编》第 1 册，生活·读书·新知三联书店 1957 年版，第 347 页。

② 谢本书等：《云南近代史》，云南人民出版社 1993 年版，第 134 页。

③ 姚贤镐编：《中国近代对外贸易史资料》第 2 册，中华书局 1962 年版，第 687 页。

④ 同上书，第 689 页。

⑤ 王铁崖：《中外旧约章汇编》第 1 册，生活·读书·新知三联书店 1957 年版，第 622 页。

约第一端第 4 条规定:"自英历来年正月初一日即光绪二年十一月十七日起,定以五年为限,由英国选派官员,在于滇省大理府或他处相宜地方一区驻寓,察看通商情形,俾商定章程得有把握;并与关系英国官民一切事宜,由此项官员与该省官员随时商办。或五年之内或俟期满之时,由英国斟酌定期,开办通商。"1894 年中英《续议滇缅界务商务条款》规定,"凡货由缅甸入中国,或由中国赴缅甸,国边界之处,准其由蛮允、盏西两路行走",中国在缅甸仰光可派驻领事官一员,英国则可在蛮允派领事官一员驻扎,"俟将来贸易兴旺,可设立别处边关时,再当酌量填设"①。1897 年,英国和清政府签订《续议缅甸条约附款》,允许英国"将驻蛮允之领事官,改驻或腾越或顺宁府,一任英国之便,择定一处"②。通过一系列的考察与调查,英国政府发现"从曼德勒到大理府,常走的道路有两条。一条直接从曼德勒经过锡尼(Thieunee)、永昌到大理府。另一条沿伊洛瓦底江而上直达八莫,从八莫又分出三条支路,会于缅甸人称为莫棉(Momien)的腾越,然后到达大理府",而"若干世纪以来,通过八莫的这条道路,不论对侵略的军队,或是和平的商人,一向是从中国到缅甸的必经之路"③。因此,1899 年,当英国政府派八莫海关税务司何柏生(H. E. Hobson)调查设领开埠地点时,便择定在腾越派领事官驻扎。④ 但后因中国北方爆发义和团运动,在腾越设领之事不得不向后推延。1901 年 12 月 13 日,英国驻腾越领事烈敦与腾越海关税务司孟家美自缅甸抵达腾越,经与腾越厅同知兼腾越海关监督叶如同会商确定办公地点后,腾越于 1902 年 5 月 8 日正式设关开埠。⑤

(二)中国近代"自开口岸"大潮中的昆明开埠

以上是蒙自、思茅、腾越三处"约开口岸"的开放过程。自 19

① 王铁崖:《中外旧约章汇编》第 1 册,生活·读书·新知三联书店 1957 年版,第 578—580 页。

② 同上书,第 689 页。

③ 姚贤镐编:《中国近代对外贸易史资料》第 2 册,中华书局 1962 年版,第 687—688 页。

④ 万湘澄:《云南对外贸易概观》,新云南丛书社 1946 年版,第 14 页。

⑤ 郭亚非、张敏:《试论云南近代海关》,《云南师范大学学报》1995 年第 2 期。

世纪 70 年代以来，朝廷和地方一些官员看到开埠通商带来的经济和财政的诸多好处，也看到口岸城市在外国控制下的许多利益损失，开始酝酿中国政府自行开放一些商埠。1898 年 4 月，总理衙门奏请开岳州、三都澳、秦皇岛为通商口岸，得到清政府的批准，从此掀开近代中国自开商埠的序幕。1898 年 8 月 10 日，清廷颁布上谕，宣布"广开口岸"，曰：

> 谕军机大臣等：欧洲通例，凡通商口岸，各国均不得侵占。现当海禁洞开，强邻环伺，欲图商务流通，隐杜觊觎，惟有广开口岸之一法。三月间，业经准如总理各国事务衙门王大臣奏，将湖南岳州、福建三都澳、直隶秦王岛开作口岸。嗣据该衙门议复中允黄思永条陈，谓各省察看地防情形，广设口岸，现在尚无成议。著沿江沿边各将军督抚迅速就各省地方悉心筹度，如有形事扼要商贾辐辏之区，可以推广口岸拓展商埠者，即行咨商总理衙门办理。惟须详定节目，不准划作租界，以均利益而保事权。该将军督抚等筹定办法，即著迅速具奏。①

由于上自朝廷下至地方均认为自开商埠可以使关税收入增加，能够达到"借裨饷源"的目的，② 因此，自三都澳、岳州开埠以来，各省区纷纷自辟商埠开放，由此在全国范围内掀起一股自开商埠的浪潮。

在这一背景之下，昆明的自行开埠也被提上了议事日程。1905年，云南绅士、翰林院编修陈昌荣等禀陈云贵总督兼云南巡抚丁振铎，以"省城南门外得胜桥地方，为官商往来孔道，货物骈集，市廛栉比，且与车站附近"，认为"就该处开作商埠……实于交涉商务利权，均有裨益"③，请将昆明开为商埠。这一请求得到丁振铎的支持，他遂于同年 3 月 17 日上奏朝廷请将云南省城昆明自开为通商口

---

① 朱寿朋编：《光绪朝东华录》（四），中华书局 1958 年版，第 4158 页。
② 同上书，第 4062 页。
③ 云南省档案馆编：《昆明开埠》之一，《云南档案史料》第 11 期（1985 年 12 月），第 34 页。

岸，其奏折曰：

> 窃查近年各省内地，如有形势扼要，商贾荟萃之区，迭经内外臣工奏请开埠通商，如直隶之秦王岛、福建之三都澳、湖南之岳州、山东之济南等处，均奉旨允准，历经遵办在案。
>
> 云南地处极边，外来商贾本属无多。比年以来，蒙自、思茅、腾越先后开关，中外通商贸易渐臻繁荣，滇越铁路转瞬畅行，省会要区，商贾尤为辐辏，自不得不开设商埠以保主权。兹据云南绅士翰林院编修陈荣昌、庶吉士罗瑞图、广东补用道王鸿图、四川补用道解秉和等禀称：省城南门外得胜桥地方，为官商往来孔道，货物骈集，市廛栉比，且与车站附近，应请援照山东、湖南等成案章程，就该处开作商埠，奉派大员督同地方官绅，勘购地段，修筑埠头、马路，起建房屋，设局经理，实与交涉、商务、利权，均有裨益等情前来。臣查：该绅等所禀系属实情，今昔形势既有不同，亟应援案设立埠头，自开口岸。相应请旨，俯准将云南省城开设埠头，以便通商而扩利源。如蒙俞允，所有筹款、购地一切应办事宜，容臣妥定章程，奏明办理。除咨政务处、外务部查照外，谨恭摺具陈。①

关于昆明开埠的背景和原因，一是朝廷倡"广开口岸"，已有成案在先；二是滇越铁路通达昆明在即恐利权为外人所夺，此奏言之甚明。昆明开埠符合清廷"广开口岸"之初衷，故很快得到朝廷批准，5月11日，奉朱批："依议，钦此。"②昆明开埠由地方绅士的主张变为了朝廷的决策。之后，开埠准备工作便次第展开。1910年，时任云贵总督李经羲拟定《云南省城南关外商埠总章》，开昆明南门外"东起重关，西抵三级桥，南起双龙桥，北抵东门外桃源口"，"计东西长三里六分，南北长三里五分，周围约十二里有奇，地面平坦居

---

① 龙云、卢汉修，周钟岳、赵式铭等纂：《新纂云南通志》卷143《商业考一》，云南人民出版社2007年点校本，第7册，第93页。
② 云南省档案馆编：《外务部奏准开埠录旨照知咨》，《云南档案史料》第11期（1985年12月），第35—36页。

中，附近车栈，即作为商埠"①。至于昆明开埠的具体时间，未见确切记载。开埠后的昆明，在海关系统中最初为蒙自关驻昆明办事处，对于办事处的成立时间，在蒙自关致总税务司署的呈文说在 1910 年 4 月 29 日。② 所谓"开埠例必设洋关"③，既然已经设关征税，则昆明商埠开放则毋庸置疑，至于开放的具体时间当不晚于设关的时间。

二 近代云南的海关体系与贸易统计

（一）海关体系

近代云南的海关，一般都设有正关、分关和查卡，它们的关系是：正关设于对外交通的枢纽，为进出口货物的集散重镇；分关置于对外交通要道的要塞和重要站口处，负责交通要道的控制；查卡分置于各对外交通支线上，具有查漏拾遗的作用。④ 具体说来，蒙自、思茅、腾越各设有正关一处，又有分关和查卡若干隶属于相应正关，从而形成了三个独立的海关体系。其具体设置过程如下。

1. 蒙自海关体系。1889 年 8 月 24 日蒙自设关开埠，其"正关东界在东门外赴开化、蛮耗两路分歧处，西界在西门外接官厅处"，同时在蛮耗设立分关，其"上界在红河东北岸小河口、下界在红河东北岸观音庙"⑤，并于 9 月 19 日将原平安知所管马白关（今马关）也归并蒙自管辖，设为蒙自分关，⑥ 因那里有大量的棺木进口。⑦ 除此之外，还在蒙自县城西城外及河口各设查卡一处。1895 年 6 月 21

① 龙云、卢汉修，周钟岳、赵式铭等纂：《新纂云南通志》卷 143《商业考一》，云南人民出版社 2007 年点校本，第 7 册，第 93 页。
② 云南省档案馆藏："海关档"（英文），昆明关（蒙自），训令及呈文类，致总税务司署呈文，No.2559："呈报本关昆明办事处本年 4 月 29 日正式成立"，全宗号外 01/目录号 1/卷 00201，第 296 页。
③ 《长沙开埠纪事》，《东方杂志》第 1 卷第 6 期，光绪三十年（1904 年）六月二十五日。
④ 陆韧：《云南对外交通史》，云南民族出版社 1997 年版，第 343 页。
⑤ 龙云、卢汉修，周钟岳、赵式铭等纂：《新纂云南通志》卷 143《商业考一》，云南人民出版社 2007 年点校本，第 7 册，第 102 页。
⑥ 郭亚非、张敏：《试论云南近代海关》，《云南师范大学学报》1995 年第 2 期。
⑦ 云南省地方志编纂委员会：《云南省志》卷 32《海关志》，云南人民出版社 1996 年版，第 33 页。

日，中、法在北京签订《中法商务专条》附章9条，其中第二条曰："两国于光绪十三年五月初六日在中国京都互议续约之第二条，现已改定如下，以全其事。两国议定：法越与中国通商处所，广西则开龙州，云南则开蒙自。至蒙自往保胜水道，允开通商之一处，现议非在蛮耗，而改在河口。法国任派在河口驻有蒙自领事官属下一员，中国亦有海关一员在彼驻扎。"① 由此原蛮耗分关改设河口，蛮耗则降为查卡。1909年4月15日，滇越铁路第二段由腊哈迭至蒙自碧色寨开车搭客载货，因个旧大锡需在碧色寨车站于滇越铁路起运，于是又在碧色寨设立蒙自分关一处。② 1910年昆明开埠后，其所设海关为蒙自分关，但随着滇越铁路货运的日益繁忙，进出货物的报关大多在昆明进行，1932年1月1日蒙自关税务司移驻云南府分关办公，蒙自关只是仍保留总关名义。直至1942年2月4日，蒙自、腾越两关合并成立昆明海关以前，蒙自海关体系包括蒙自正关一处，马白、河口、碧色寨、云南府四个分关，以及蛮耗、蒙自县城外两个查卡。

2. 思茅海关体系。1897年1月2日思茅开埠，即在此设置正关一处，其"东界在东门外接官厅处，南界在南门外校场坝"，同时设易武（在漫乃，与老挝邻界）、勐烈（在普洱县辖地，与老挝临界）两分关，在思茅东门外设东关查卡，在思茅柏枝寺设永靖哨查卡，规定"凡货物过思茅关边界者，须到思茅正关或易武、勐烈分关报明完税"，"进口准应在东门外查卡呈缴，出口税单在易武、勐烈各分卡及永靖哨查卡呈缴"③。1900年，因勐海在控制中老、中缅贸易方面地点更为合适，易武分关迁往勐海，但分关名称不变。1930年，

① 龙云、卢汉修，周钟岳、赵式铭等纂：《新纂云南通志》卷143《商业考一》，云南人民出版社2007年点校本，第7册，第100页。

② 《宣统元年蒙自口华洋贸易情形论略》，中国第二历史档案馆、中国海关总署办公厅编：《中国旧海关史料（1859—1948）》第51册，京华出版社2001年版，第465—466页。前揭郭亚非、张敏《试论云南近代海关》以为1909年4月15日，蒙自关在碧色寨设立海关办事处，于次年4月29日将办事处改为分关，不知所据为何，但1909年海关贸易报告明确说于该年闰二月二十五日开办碧色寨分关，闰二月二十五日即4月15日，据此，郭说应有误。

③ 龙云、卢汉修，周钟岳、赵式铭等纂：《新纂云南通志》卷143《商业考一》，云南人民出版社2007年点校本，第7册，第104页。

为控制思茅以西、以南中缅边境贸易及思茅地区至普洱、大理商路，思茅关于 12 月 4 日、8 日、26 日相继在打洛、勐龙、孟连各设分关一处。1931 年，因勐烈分关控制区贸易不振，分关税收少，思茅关经请示海关总署务司署批准，于 12 月将勐烈分关裁撤，同月，易武分关也由勐海迁回原所在地——漫乃。[①] 至此，思茅正关下辖易武、勐烈、打洛、勐龙、孟连 5 个分关，思茅县城东关和永靖哨两个查卡。

3. 腾越海关体系。腾越于 1902 年 5 月 8 日正式设关开埠，其正关办设在腾越县城南门外六宝街，[②] 同时，因"滇缅贸易现概取道红蚌河蛮允一线"，在蛮允设分关一处，又因"太平江东面亦有官路一条"，在弄璋街也设分关一处。[③] 除此之外，在腾越县城东门外及蚌西、蛮线各设查卡一个。[④] 同年 6 月，移东门外查卡于龙江，[⑤] 12 月 1 日添设遮放分关、龙陵查卡。[⑥] 1903 年农历二月，将遮放分关移于龙陵。[⑦] 至民国初年，腾越关下辖龙陵、小辛街、蛮允三个分关，蛮线、石梯两个查卡。1924 年，因发生干崖土司之乱，交通梗阻，腾越关遂将小辛街和蛮允两分关及蛮线、石梯两查卡一并裁撤，另在遮岛增设一分关，杉木笼增设一查卡。1930 年又增设南伞分关和孟定、塘上水两查卡。1932 年将遮岛分关移驻干崖旧城改为干崖查卡，蛮线设立分关，蛮允、腊撒添设查卡。此后各分关卡多有变动。至

① 云南省地方志编纂委员会：《云南省志》卷 32《海关志》，云南人民出版社 1996 年版，第 35 页。

② 龙云、卢汉修，周钟岳、赵式铭等纂：《新纂云南通志》卷 143《商业考一》，云南人民出版社 2007 年点校本，第 7 册，第 92 页；《云南省志》卷 32《海关志》，第 36 页。

③ 《光绪二十八年腾越口华洋贸易情形论略》，《中国旧海关史料（1859—1948）》第 36 册，第 328 页。

④ 龙云、卢汉修，周钟岳、赵式铭等纂：《新纂云南通志》卷 143《商业考一》，云南人民出版社 2007 年点校本，第 7 册，第 92 页。

⑤ 同上。

⑥ 龙云、卢汉修，周钟岳、赵式铭等纂：《新纂云南通志》卷 143《商业考一》，云南人民出版社 2007 年点校本，第 7 册，第 92 页；《光绪二十八年腾越口华洋贸易情形论略》，中国第二历史档案馆、中国海关总署办公厅编：《中国旧海关史料（1859—1948）》第 36 册，京华出版社 2001 年版，第 328 页。

⑦ 《光绪二十九年腾越口华洋贸易情形论略》，中国第二历史档案馆、中国海关总署办公厅编：《中国旧海关史料（1859—1948）》第 38 册，京华出版社 2001 年版，第 347 页。

1942 年蒙自关与腾越关合并成立昆明关前，腾越正关下辖机构计有龙陵（1938 年因滇缅公路通车而将龙陵分关由芒市移设畹町，更名为畹町分关）、小辛街、南伞三个分关；蛮允、腊撒、陇川、遮岛、牛栏河、孟定、塘上水等七个查卡。[①]

（二）海关与口岸贸易统计

以上一套从正关到分关再到查卡的海关体系，是为了便于管理和征税。关于各关货物的进出和征税情形，各分关都有记录在案，在此基础上汇集编撰而成以正关为单位的海关贸易报告和贸易统计。河口依约开放，昆明自主开埠，其作为口岸的性质是没有疑义的，但是，既然海关贸易报告和贸易统计是以正关为单位进行的，而河口、昆明又分别只是蒙自的分关，那么，其贸易情形也就当然地作为蒙自贸易的一部分了。

这也就是说，受制于海关及其贸易统计体系，立足于海关资料，本书对近代云南口岸贸易进行的研究也只能是以蒙自、思茅、腾越作为三个相对独立的研究对象，将河口、昆明纳入蒙自口岸贸易的范畴，而在整体上所谓的近代云南口岸贸易即将三关合而论之者是。

第三节　蒙自开埠后的云南对外贸易
（1889—1937 年）

随着本省口岸的开放，与开埠前相比，云南对外贸易情形发生了深刻变化。那么，这些变化具体体现在哪些方面，对云南对外贸易发展的意义如何，对于这些变化又该如何看待和评价呢？

一　开埠与云南外贸地理格局的变化

（一）由边缘到前沿：全国对外贸易地理格局中的云南

关于通商口岸，其进口贸易既包括从国外进口的洋货，也包括从

---

① 云南省地方志编纂委员会：《云南省志》卷 32《海关志》，云南人民出版社 1996 年版，第 37 页。

国内口岸进口的土货；出口既包括直接输出国外，也包括向国内口岸的输出。也就是说，经过该口岸的输出、输入由直接对外贸易和国内埠际贸易两个部分构成。

佳宏伟的研究表明，1867—1930年，天津土货进口一直保持一定比重，上海洋货进口在整个进口贸易中的比重稳中有升，土货进口则不断下降。与此同时，天津出口国外的贸易增长率快于出口国内，因此，天津的出口市场由国内市场为主转向以国外市场为主；上海则由于出口国外增长率低于出口国内的增长速度，因而，以出口国外市场为主，转向以出口国内市场为主。[①] 通过唐巧天的研究，则可以清楚地看出，天津、汉口、宁波的直接对外贸易占各自总贸易的比例虽然升降各不相同，但是国内埠际贸易，尤其是经上海转运的埠际贸易在各自贸易中占有较大的比重则是没有疑义的。[②] 上海、宁波、天津、汉口分别代表了南方和北方沿海口岸，以及内地沿江口岸的一般特征。这既说明近代中国对外贸易是在上海、天津、武汉等沿江、沿海主导下的贸易，也反映出国内埠际贸易是大多数口岸重要的贸易组成部分。也正是通过埠际贸易将一个一个的口岸连接在一起，形成了以上海、天津（包括香港）等少数东部沿海口岸为龙头，以其他沿海、沿江口岸为主要节点，以相关交通运输线为连接，以埠际贸易为主要展开形式的口岸贸易网络。

在这一网络当中，上海、天津、广州等东部沿海口岸处于中国对外贸易的最前沿，其次是中部地区，最后才是广大的西部地区。而开埠之前的云南由于地处中国西南的边疆区位，即处于近代中国口岸贸易格局中末端和边缘的位置，这是因为云南虽然在开埠之前因英法势力深入邻国而不可避免地开始与世界市场产生了联系，但云南土货进入世界市场和洋货进入云南也还主要是借助于其他开放口岸的层层转运实现。而路途的遥远和交通的艰难，更加强化了云南的这一边缘地位。

如表1-2，在1902—1929年，云南国内埠际贸易从1916年开始

---

① 佳宏伟：《区域分析与口岸贸易——以天津为中心》，博士学位论文，厦门大学，2007年，第62页。

② 唐巧天：《上海外贸埠际转运研究（1864—1930年）》，博士学位论文，复旦大学，2006年，第42、52、63—64、73、86、99—100页。

占有蒙自贸易不足 5% 的份额，此前其贸易全部由直接对外贸易构成；思茅、腾越贸易更是全部由直接对外贸易构成。开埠之后，云南的对外贸易基本上是通过本省口岸实现的，研究表明，仅通过蒙自—香港之间的口岸贸易就占到了云南对外贸易总值的 60% 左右。[①] 这说明本省口岸的开放，使云南对外贸易从向东通过层层转运而位于近代中国对外贸易地理格局中边缘的位置，而一变与东部沿海口岸一样处在了前沿的位置。

很显然，直接对外贸易地位的突出无疑是云南口岸区别于内地口岸，甚至大多数的沿海、沿江口岸的一大特征，反映了边疆口岸贸易的特殊内涵。

表 1-2　　　　　1902—1929 年直接对外贸易占各关总贸易比重　　　　单位:%

年份	蒙自	思茅	腾越	年份	蒙自	思茅	腾越
1902	100.00	100.00	100.00	1916	99.89	100.00	100.00
1903	100.00	100.00	100.00	1917	99.75	100.00	100.00
1904	100.00	100.00	100.00	1918	97.75	100.00	100.00
1905	100.00	100.00	100.00	1919	97.04	100.00	100.00
1906	100.00	100.00	100.00	1920	98.42	100.00	100.00
1907	100.00	100.00	100.00	1921	98.42	100.00	100.00
1908	100.00	100.00	100.00	1922	96.22	100.00	100.00
1909	100.00	100.00	100.00	1923	96.96	100.00	100.00
1910	100.00	100.00	100.00	1924	97.44	100.00	100.00
1911	100.00	100.00	100.00	1925	98.26	100.00	100.00
1912	100.00	100.00	100.00	1926	98.11	100.00	100.00
1913	100.00	100.00	100.00	1927	98.20	100.00	100.00
1914	100.00	100.00	100.00	1928	98.27	100.00	100.00
1915	100.00	100.00	100.00	1929	95.49	100.00	100.00

　　资料来源：据《中国旧海关史料（1859—1948）》历年贸易统计"海关直接对外贸易货值按关总数"一表与"海关贸易货价计值关平银按关全数"一表整理计算。

---

　　① 郭亚非：《近代云南与周边国家区域性贸易圈》，《云南师范大学学报》2001 年第 2 期。

（二）从滇缅到滇港：贸易走向与贸易重心区的变化

云南开埠之前，在其对外贸易的所有国家和地区当中，以缅甸最为重要，常居云南对外贸易额的主要部分，这就使得云南对外贸易以滇缅走向为主，滇缅商道是云南最为重要的贸易通道。由于地理位置的原因，滇西南、滇西成为云南对外贸易集中区域，是云南对外贸易的重心区所在。作为出缅门户，腾越不仅是滇缅贸易最为重要的商品集散地，也是云南对外贸易最大的商品集散中心；作为茶叶集散地，思茅是云南对外贸易仅次于腾越的门户城市。

云南开埠之后，香港开始成为其对外贸易最大市场，滇港贸易成为云南对外贸易最主要的构成部分（参见表1-3），滇港商道——红河和后来的滇越铁路成为云南最主要的对外贸易商道，与此相应的是，滇中、滇东南替代滇西南、滇西成为云南对外贸易的集中区域，在滇越铁路通车前，蒙自以处于滇港贸易连接点的有利条件，成为云南对外贸易最为重要的门户城市。昆明开埠和滇越铁路通车后，以昆明为集散中心的直接对外贸易从无到有，增长迅速，昆明在云南对外贸易中的地位也日益突出，并最终替代蒙自成为云南最大的对外贸易口岸。

表1-3　　　　1927—1930 年滇港贸易占云南对外贸易比重　　　　单位:%

年份	进口	出口	年份	进口	出口
1927	65. 56	76. 17	1929	62. 88	83. 79
1928	68. 46	84. 55	1930	72. 60	82. 06

资料来源：据云南省志编纂委员会办公室整理《续云南通志长编》下册，1986 年，第584 页。

二　开埠后云南对外贸易的进步

（一）从地区到世界：云南与世界经济联系的加强

正如有论者所指出的那样："云南与周边东南亚各国有陆路相连的优势，早在秦汉之际，便源于亲缘地理亲缘族情基础发展起亲

缘经济，历经古代朝贡通道商路的拓展、南方丝绸之路的开拓，与
周边东南亚国家建立起较密切的经济交往关系"①，邻近国家和地
区是云南对外贸易传统区域，经过长期历史的发展，早在近代以
前，云南即与越南、老挝、缅甸、印度等周边国家和地区形成了经
济互补性较强的跨国性地区贸易圈。开埠之前，随着英法殖民者侵
入南亚、东南亚地区，从表面上看，云南与这些国家的交往已经转
变为与英、法的关系，但事实上云南的对外贸易依然还是限于原有
的传统区域范围内，大致仍属中南半岛地区贸易的范畴，云南与世
界经济的联系并不是很紧密。开埠之后，云南对外贸易的国家和地
区大为增加，对此，《新纂云南通志》说"以贸易之国别言，本省
贸易范围遍及英、美、日、法等国"②，云南与世界经济的联系大
为拓展。

　　我们知道，由于地理的原因，开埠之后，云南对外贸易以"安
南、印度、香港为主要市场"③，"但香港为一转运口岸，本省向香港
输出入之货物，其来处及去处有英国、欧洲大陆各国，美洲、日本、
澳洲、印度、新加坡等地，及我国沿海口岸。向印度、安南输出入之
货物系由他处转来，或转往他处者亦有之"④。由此可见，开埠之后，
传统上的对外贸易对象更多地起到的是为云南货物的进出提供通道的
作用，云南对外贸易已远远突破了地区贸易的范畴。据表1-3所示，
滇港贸易占据云南对外贸易绝大多数的份额，而滇港贸易的主体部分
又是与"英国、欧洲大陆各国，美洲、日本、澳洲、印度、新加坡
等地"间的贸易。这也就是说，开埠之后不是与邻国的直接贸易而
是与以上国家和地区的间接贸易开始成为云南对外贸易最为重要的组
成部分，云南对外贸易实现了从地区贸易向世界贸易的转变。对外贸
易是对外经济联系的纽带，通过对外贸易，云南与世界经济的联系得

---

　　①　郭亚非：《云南与东南亚各国的早期经济交往》，《云南师范大学学报》1997年
第2期。

　　②　龙云、卢汉修，周钟岳、赵式铭等纂：《新纂云南通志》卷143《商业考一》，
云南人民出版社2007年点校本，第7册，第111页。

　　③　同上。

　　④　云南省志编纂委员会办公室整理：《续云南通志长编》下册，1986年，第584页。

到了显著加强。

（二）从单一到多样：开埠后云南外贸商品构成的变化

据对《云南对外贸易近况》一书所列进口货物的不完全统计，开埠之初，蒙自关进口货物达 260 种以上，思茅、腾越两关种类相对要少，但也分别在 80 种和 220 种以上，到 1910 年以后三关进口货物更是达到 500 多个品类。① 可见开埠通商使云南进口商品获得前所未有的拓展，商品种类变得多样而丰富了。而这为数众多的各类进口商品，其中绝大部分是机制工业品。以 1889—1909 年为例，据统计，机制工业品进口价值为国币 117624 千元，占到进口总额的 99.13%，土产进口价值为国币 1037 千元，仅占进口总值不到 1% 的份额（参见表 1 - 4）。

表 1 - 4　1889—1909 年机制产品与土产货物占云南进口货值比重　单位:%

年份	机制产品	土产货物	年份	机制产品	土产货物	年份	机制产品	土产货物
1889	65.54	34.46	1896	100.00	—	1903	100.00	
1890	73.33	26.67	1897	100.00	—	1904	100.00	
1891	78.48	21.52	1898	100.00	—	1905	100.00	
1892	77.28	22.72	1899	100.00	—	1906	100.00	
1893	100.00	—	1900	100.00	—	1907	100.00	
1894	100.00	—	1901	100.00	—	1908	100.00	
1895	100.00	—	1902	100.00	—	1909	100.00	

资料来源：据钟崇敏《云南之贸易》（中华民国资源委员会经济研究所，1939 年）相关资料整理。

在进口商品增加的同时，出口货物种类也有所增加，一些在开埠以前并不作为商品的土产开始成为重要的出口货，如《宣威县志稿》载：开埠之前"向时人民不知猪毛之有用，洗猪时往往弃之于地"，而随着开埠之后对外贸易的发展，猪鬃开始成为宣威重要的出口商品，"岁收入多至万斤，少亦不下六七千斤……此项猪毛多售给洋

———————

① 吴兴南：《云南对外贸易史》，云南大学出版社 2002 年版，第 93、117 页。

行，外人运回其国制为衣料、毛刷"①。一些过去只在国内销售的土产也开始成为对外出口的重要商品，如鸦片，向来以本省和国内为销售市场，到19世纪的最后十年开始向东南亚出口，② 成为云南重要的出口商品之一。与开埠前相比，出口货物虽依然以土产为主，但出口商品的结构，却发生了很大变化。就货值而言，矿产成为最主要的出口商品，农、副产品的出口则开始居于次要地位。

总之，开埠之后，云南对外贸易，不论进口还是出口，商品种类都有了较大的拓展，远非过去简单的农副产品交易范畴所能概括，开埠通商促进了云南对外贸易商品构成的多样化发展。

（三）贸易规模的空前扩大：开埠后云南对外贸易的快速发展

随外贸对象的扩大和贸易商品种类增加而来的便是对外贸易规模的空前扩大与迅速发展。据表1－5，蒙自开埠当年仅仅三个多月的时间，进口和出口总值即分别高达62300海关两和87629海关两。进、出口月均贸易额分别为20767海关两和29210海关两，次年即1890年进口和出口贸易分别为466089海关两和461193海关两，月均进、出口贸易38840海关两和38432海关两，分别为上年月均20767海关两和29210海关两的1.87倍、1.32倍。由此可见，开埠极大地促进了云南对外贸易的发展。从1890年到1931年，云南对外贸易进、出口货值分别从466089海关两和461193海关两增至8498686海关两和7184478海关两，后者分别是前者的18.23倍、15.58倍，其货值增加之巨可谓惊人。从1889年到1931年，长达43年的时间内，进口和出口贸易分别累计达到364118062海关两和296940993海关两，这样的贸易规模在开埠之前简直是难以想象的。总之，开埠之后，云南对外贸易的发展可谓突飞猛进，其发展之迅速，货值之巨大，绝非开埠以前所能比拟。

---

① 《宣威县志稿》卷7《建设》，民国二十三年铅印，台北成文出版社1967年影印本，第687页。

② ［美］戴维·纽金特：《封闭的体系和矛盾：历史记载中和记载外的克钦人》，云南民族研究所编印：《民族研究译丛》，1983年，第152页。

表 1-5　　　　1889—1931 年云南对外贸易进出口货值一览　　　单位：海关两

年份	进口值	出口值	年份	进口值	出口值
1889	62300	87629	1911	4647996	7228365
1890	466089	461193	1912	9766518	12573069
1891	744480	583230	1913	11230898	11835907
1892	887606	736000	1914	10038847	8978564
1893	1524290	735204	1915	7759654	10589205
1894	1241879	943321	1916	7466111	10041917
1895	1809253	1033066	1917	8359134	13689801
1896	1627036	849639	1918	11771794	12855784
1897	2548624	279115	1919	12221415	11949010
1898	2680004	1254365	1920	13948998	13918806
1899	3545073	1925759	1921	14193668	9126893
1900	3113437	2474404	1922	15422691	10807363
1901	3957720	3102202	1923	16208089	10622022
1902	4347895	3872961	1924	17444823	12090116
1903	5558113	2800885	1925	20767796	15425615
1904	7033350	5066436	1926	21916241	11720116
1905	6449493	5070499	1927	19834261	11960469
1906	7004085	5444738	1928	19187508	12204145
1907	7450484	4083639	1929	16294450	12168682
1908	6268966	5773803	1930	14172484	11658038
1909	7961524	4750852	1931	8498686	7184478
1910	6684299	6983688	合计	364118062	296940993

资料来源：据谢本书主编《云南近代史》，云南人民出版社 1993 年版，第 142—144 页。

三　开埠后云南对外贸易发展的局限

（一）云南在地区与全国对外贸易格局中的地位

随着蒙自、思茅、腾越、昆明的相继开放，云南被日益深入地纳入近代中国口岸贸易体系，成为近代中国口岸贸易的重要组成部分。正如上述，口岸的开放在很大程度上解除了云南对外贸易发展的瓶颈，极大地促进了云南对外贸易的发展。但是，必须承认所谓云南对外贸易在开埠之后的快速发展也只是基于其自身的纵向比较而言的，要对开埠之后云南对外贸易发展程度做出客观评价还需将其置于区域与全国对外贸易之中做横向的比较。据表1-6，1912—1931年共20年间，云南三关贸易总值平均占全国对外贸易比重为1.78%，其中1912年最高，为2.65%，而最低的1931年则只占0.66%。可见云南三关贸易占全国对外贸易的比重较低，开埠尽管使云南对外贸易开始在全国对外格局中占有了一席之地，但其地位显然是不应高估的。

表1-6　　　　1912—1931 年云南三关贸易占全国对外贸易比重　　　单位:%

年份	比重	年份	比重	年份	比重	年份	比重
1912	2.65	1917	2.17	1922	1.64	1927	1.64
1913	2.37	1918	2.36	1923	1.60	1928	1.44
1914	2.05	1919	1.90	1924	1.65	1929	1.25
1915	2.11	1920	2.14	1925	2.10	1930	1.17
1916	1.75	1921	1.21	1926	1.70	1931	0.66

资料来源：云南省志编纂文渊惠办公室整理：《续云南通志长编》下册，1986 年，第573 页。

不仅在全国对外贸易格局中，即便在西南地区，云南对外贸易的地位也不是最突出的。如 1912—1916 年蒙自关进出口贸易累计为8566.3 万海关两，而同期的重庆关则为 14498.7 万海关两，前者仅为后者的 59.08%。[①] 这显然是与云南口岸位于西南开放前沿的地位极不相称的。

由此看来，开埠尽管使云南摆脱了在全国口岸贸易格局中的边缘位置，但云南所占全国对外贸易的比重较低，并非中国西南对外贸易最为发达的地区，我们在肯定开埠促进云南对外贸易快速发展的同时，必须看到其发展的限度。

————————

① 据《中国旧海关史料（1859—1948）》历年数据整理计算。

（二）单一矿产资源输出主导下的对外贸易

如前述，开埠通商促进了云南对外贸易商品构成的多样化发展，但如海关贸易报告所指出的那样，"若考云南之利权，似乎全赖矿产"①，"其能拯助云南者，厥惟出口贸易，而此项贸易尤与个旧出产有密切关系"②，云南对外贸易是资源输出主导下的贸易。而在输出各货中，又以大锡出口独具最重要之地位，云南对外贸易常视大锡出口数量的升降而起伏。对此，1899 年蒙自海关贸易报告即说："滇省销流洋货多寡，大半视蒙自相近之个旧锡厂所出之锡与本省所产之土药。锡与土药出产日多，则出口货物日见加增，本年锡价异常昂贵，运往香港沽锡与由西江运往广东销售之土药所得银两多在香港购办洋货，因此进口货价值蒸蒸日上，异常嘉美。"③ 钟崇敏《云南之贸易》也指出："本省出口贸易，胥为锡业为赖，进口贸易之盛衰，全视其出口之兴衰为转移……无怪本省对外贸易视锡为生命线也。"由此可见，开埠之后的云南对外贸易不仅是资源输出主导下的贸易，而且还是在单一矿产资源——锡的输出主导下的贸易。

云南对外贸易几乎完全依赖于大锡这一单一货品，反映了云南对外贸易畸形发展的态势。锡是工业原料，国际市场因其旺盛的需求在促使个旧大锡大量输出的同时，也牢牢地控制了个旧大锡出口的定价权。国际需求决定了大锡出口贸易的兴衰，从而也就决定了云南对外贸易的沉浮，而国际市场对大锡需求的变幻莫测则是造成云南对外贸易很不稳定的重要原因。个旧大锡生产技术远远落后于新加坡等世界其他主要锡产地，生产成本高而质量相对低劣，这就使得大锡出口数量虽然颇大，然"以厂价与香港价不甚高昂"，获利"甚微"，"商人运锡不过抵作汇银买货之具，虽所出之担数近年较多，其统共之银不

① 《光绪三十四年蒙自口华洋贸易情形论略》，中国第二历史档案馆、中国海关总署办公厅编：《中国旧海关史料（1859—1948）》第 47 册，京华出版社 2001 年版，第 439 页。

② 《中华民国六年蒙自口华洋贸易情形论略》，中国第二历史档案馆、中国海关总署办公厅编：《中国旧海关史料（1859—1948）》第 78 册，京华出版社 2001 年版，第 222 页。

③ 《光绪二十五年蒙自口华洋贸易情形论略》，中国第二历史档案馆、中国海关总署办公厅编：《中国旧海关史料（1859—1948）》第 30 册，京华出版社 2001 年版，第 289 页。

能敌进口货物之银"①。这也就是说，云南对外贸易虽从数字上看其发展速度不可谓不快，但实际上也只是一种结构失衡的、低水平的发展。

　　大锡的大量输出尽管支撑着云南对外贸易的发展，但其对区域经济发展的推动作用实际上是比较有限的。首先，大锡产地局限于个旧地方一隅，"锡之出口虽多，乃系蒙城临近土产之一种，非各州县地方所产皆有"②，这就使外贸发展对区域经济的推动不仅在空间上的扩展受到局限，而且就连个旧城市本身发展也因完全依赖于锡业的盛衰致使其繁荣也不可持续。抗战前的个旧"商业之发达，及市面之繁荣，亦仅次于省会而已"③，"民国二十六七年是个旧的黄金时代，那时个旧县内有工人七八万人，由个旧开出的火车，常常满载着银白色的锡块。输入个旧的除了日用必需品，还有上等的烟草、高档的化妆品，以及其他华贵的物品。个旧大街上，有各种各样的店铺，出售这些高贵的奢华的物品。饭馆及食品店与大都市一样，一天到晚挤满了人。城内还有一家电影院和两家戏院。街上除了拥塞的行人，还有往来的马车"④。但是，随着锡业的衰落，个旧商业与城市的繁荣顿时便消失在历史的烟尘中了，抗战爆发以后，随着个旧锡业为政府统制经营，滇越铁路被日军切断，大锡输出一落千丈，此时的个旧则完全变成了另外一种景象，"目前个旧已成毫无生气之都市，街上店铺寥寥可数，多数店门并不开张，仅留小门出入，娱乐场所早已销声匿迹。街上行人稀少，男女市民多数身体赢弱，面黄肌瘦"⑤。

　　其次，繁荣的锡业开发与大锡出口贸易的背后是对环境的巨大破坏。近代的个旧锡业开发技术落后，无论找矿、采矿和炼锡都需要大

---

　　① 《光绪十七年蒙自口华洋贸易情形论略》，中国第二历史档案馆、中国海关总署办公厅编：《中国旧海关史料（1859—1948）》第 17 册，京华出版社 2001 年版，第 231 页。

　　② 同上书，第 233 页。

　　③ 苏汝江：《云南个旧锡业调查》，国立清华大学国情普查研究所，1942 年，第 80 页。

　　④ 时怀铭：《个旧印象》，《旅行杂志》1944 年第 18 卷第 1 期。

　　⑤ 同上。

量木材和木炭。据估计个旧每年炼锡用木炭至少在 1500 万斤以上，[①]
而烧制这些木炭所需的木材数量更是惊人，据杨煜达一吨木炭约合木
柴 3 吨，一吨木柴约合木材 1.111 立方米的估算，[②] 仅炼锡一项每年
就需要木材大约 5000 万立方米以上，若再加上找矿、采矿所需的木
材，每年用于锡业生产的木材自是更多。大锡生产对木材的大量需
求，直接造成了个旧及其周边地区森林植被带的锐减。"个邑原有之
天然林，因采矿炼锡，需用櫻木薪炭，业已砍伐殆尽，现仅外西区有
四散丛生之杂木。"[③] "建水因受个旧炼锡之影响，天然森林砍伐殆
尽，濯濯童山举目皆然"[④]，开远"城附近林木，近年烧炭砍伐殆尽，
其余小松每被樵人采薪，野火焚烧，昔之森林而今已成秃山"[⑤]。除了
对森林植被的破坏，个旧锡业的大规模开发还严重污染了个旧矿区的
生态环境，影响了当地民众尤其是矿工的身体健康，如在 1938 年至
1939 年，个旧矿区矿工因水污染而患肠胃和伤寒、赤痢者占病人总
数的 15.7%，由于空气的严重污染而患尘肺、矽肺、肺癌、支气管
炎等呼吸系统疾病者 1898 人，占病人总数的 12.7%。[⑥] 总之，"惟个
旧炼锡既如是其多，而附近山林复次第斧伐殆尽"[⑦]，地方疾病多发，
近代云南锡业开发与大锡贸易的发展是以对环境的巨大破坏为代
价的。

辩证地看，单一资源——锡的输出在支撑云南对外贸易快速增长

① 郝景盛：《个旧锡业前途之隐忧与矿区造林》，《益世报》1939 年 10 月 9 日。转引
自谭刚《个旧锡业开发与生态环境变迁（1890—1949）》，《中国历史地理论丛》2010 年第
1 辑。
② 杨煜达：《清代中期（公元 1726—1855 年）滇东北的铜业开发与环境变迁》，《中
国史研究》2004 年第 3 期。
③ 《个旧县志》卷 8《实业部·林业》，1933 年。转引自谭刚《个旧锡业开发与生态
环境变迁（1890—1949）》，《中国历史地理论丛》2010 年第 1 辑。
④ 建水县志编纂委员会编：《建水县志》，中华书局 1994 年版，第 326 页。
⑤ 李朝闻等辑：《阿迷劝学所造报征集地志编辑书》，1916 年。转引自谭刚《个旧锡
业开发与生态环境变迁（1890—1949）》，《中国历史地理论丛》2010 年第 1 辑。
⑥ 苏汝江：《云南个旧锡业调查》，国立清华大学国情普查研究所，1942 年，第 73
页。
⑦ 《中华民国六年蒙自口华洋贸易情形论略》，中国第二历史档案馆、中国海关总署
办公厅编：《中国旧海关史料（1859—1948）》第 78 册，京华出版社 2001 年版，第 229 页。

的同时，却又限制了贸易向广度和深度方向的变化；作为工业原料的锡，竭泽而渔式的开发虽然保证了云南对外贸易的发展，但这种发展从长远看显然又是不可持续的；在考虑到大锡开发对环境带来巨大破坏这一成本之后，在大锡输出主导下的云南对外贸易之于区域经济发展的实际意义显然要大打折扣。

第四节　小结

蒙自开埠前的云南对外贸易的主要对象是邻近国家和地区，云南是从陆上将中国与东南亚、南亚联系起来的重要节点。但是，在蒙自开埠前的200余年时间里，滇缅贸易是云南对外贸易的主要组成部分。由于产业上的高度互补性，滇、缅往往互为彼此的贸易目的地，很少经彼此的中转将更为广阔的市场联系在一起。这也就是说，尽管云南与周边国家很早就形成了一个区域性贸易圈，但在蒙自开埠之前，在很大程度上，它还只是一个相对封闭的贸易圈，彼此之间的贸易还主要是在圈内进行。云南与周边国家和地区之间的贸易，基本上还只是一种地区性的贸易。

云南和邻国间贸易商品，尽管因贸易对象的不同，在规模大小、种类构成等方面存在较大的差异，但在以各自土产为主而进行贸易这一点上却是相同的。这也是传统时代云南对外贸易的一大特征。蒙自开埠之前，云南与周边国家和地区的贸易往来，商品种类虽然较多，却长期维持着出口以生丝和丝织品、进口以棉花为最大宗的商品，有论者将滇缅贸易称为"丝棉贸易"，将滇缅贸易交通称为"丝棉之路"，应该说还是有一定道理的。

鸦片战争后，蒙自开埠前，中国的对外贸易已经形成以上海、天津等少数东部沿海口岸为龙头，以其他沿海、沿江口岸为主要节点，以相关交通运输线为连接，以埠际贸易为主要展开形式的口岸贸易网络。由于云南没有开埠，虽然因英法势力深入邻国而不可避免地开始与世界市场产生了联系，但从总体上看，云南的对外贸易一方面仍然以与邻近各国的直接贸易为主，另一方面云南土货进入世界市场和洋货进入云南也还需要借助于其他开放口岸的层层转运。很显然，蒙自开埠前的云南处于全国对外贸易格局的边缘位置。从而使云南对外贸易的发展不仅远远落后于沿海、沿江（长江）地区，而且也比不上不少的内地区域。

清代以来直至 1889 年蒙自开埠前，是云南传统对外贸易的最后一个时期。在这一时期内，虽然由于东部沿海、沿江地区的开放和周边国家、地区局势的变化使云南不可避免地与世界市场产生了联系，但是这种联系还是微乎其微的，也因此并没有使得这一时期的云南对外贸易与此前相比，有了什么根本性的不同。云南对外贸易产生根本性的变化，开始从传统贸易时期进入以口岸贸易为主体的近代贸易时期是蒙自开关以后的事情。

随着蒙自、思茅、腾越、昆明的先后开放，由此建立起蒙自、思茅、腾越三个彼此独立的海关体系，云南进出口贸易情形三关各自编有完整的贸易报告和贸易统计，云南对外贸易从此进入口岸贸易时代。

云南开埠后，其对外贸易开始发生巨大变化。首先，在全国对外贸易地理格局中，从开埠之前处于全国对外贸易边缘的位置而开始变为处于前沿的位置，云南对外贸易的绝大部分已经不必经过层层转运通过东部的沿江、沿海口岸来进行，而是通过本省的口岸来实现了；与此同时，云南对外贸易的走向也由原来以滇缅为主开始转变为以滇港为主，滇中、滇东南替代滇西南、滇西成为云南对外贸易的重心区。其次，云南对外贸易开始突破了地区贸易的范畴，通过对外贸易，云南与世界经济的联系得到显著加强；对外贸易的商品构成也发生了较大变化，不仅种类变得多样，从性质上看，也已经不是过去那种简单的"土产"交易所能涵括了，机制工业品替代土产成为云南进口的主要商品；结果是，云南对外贸易规模空前扩大，急速发展。但是，在看到这种积极的变化的同时，我们还应该注意到，云南开埠后，其对外贸易，无论是在全国，还是在西南地区，地位都是比较低的。这就告诉我们，在肯定开埠促进了云南对外贸易发展的同时，还应看到其发展的限度。最后，更为重要的是，开埠后的云南对外贸易，是单一矿产资源——锡的输出主导下的贸易，是一种畸形发展的贸易，它在支撑了云南对外贸易快速发展的同时，也限制了贸易向深度和广度上的变化，从长远来看，是不利于云南经济社会发展的。

第二章 近代云南三关的腹地演变和外部市场网络

第一节 近代云南口岸—腹地格局的演变

一 "腹地"的内涵

近代云南三关——蒙自、思茅、腾越的贸易范围，20世纪以来，万湘澄、[①] 董孟雄、郭亚非、[②] 吴兴南[③]等学者的研究都有所涉及。但是，这些研究只是将贸易范围的大小作为三关贸易地位形成的一个原因，因此，不仅没有对三关贸易各自主要的辐射范围作具体的划分，而且也没有考察贸易范围这一空间在时间上的演变。

"腹地"一词源于对港口城市的研究。1888年，George Chisholm 在《商业地理手册》(《Handbook of Commercial Geography》) 中第一次引入德语 Hinterland (背后的土地) 一词，指港口的从属区域，通过这些区域，港口集聚出口物资和分配进口物资。20世纪初，腹地开始引申用于内陆城市。至20世纪50年代，腹地基本定型于指内陆或港口等各类经济中心的附属地区。现在，腹地更多的是指任何聚落（或聚落中的商业设施）中具有影响力的空间范围，是以聚落为商品

---

① 万湘澄：《云南对外贸易概观》，新云南丛书社1946年版。

② 董孟雄、郭亚非：《云南地区对外贸易史》，云南人民出版社1998年版。

③ 吴兴南：《云南对外贸易——从传统到近代化的历程》，云南民族出版社1997年版；《云南对外贸易史》，云南大学出版社2002年版。

交换枢纽的区域。①

在中国，经济地理学界首先将这一概念引入相关问题的研究，并将其定义为"某一城市或港口保持有密切经济联系的内地或背后地"②。"位于港口或城市背后，为港口提供出口货物和销售进口商品的内陆地区。"③但是，这样的定义还是显得有些模糊，因此，近些年来，历史地理学界为了更好地考察近代的港口/口岸城市与腹地的经济关系，在此基础上对"腹地"的概念作了进一步的界定，"腹地为港口进出提供物资来源和销售市场，港口则为腹地商品吐纳提供输出入孔道"④；"腹地是指位于港口城市背后的港口吞吐货物和旅客集散所及的地区范围。在通常情况下，这一范围内的客货经由该港进出在运输上比较经济与便捷"⑤。应该说，如此定义，强调了港口与腹地的互动，对于研究港口/口岸对腹地经济变迁的影响以及腹地对港口/口岸城市发展的影响，从而理解近代中国现代化的空间进程，意义重大。⑥但问题是，在确定一个港口/口岸的腹地时，对这种互动关系是否需要一个大致的量上的要求？笔者以为，如果没有对"量"的考虑，就会使腹地的边界难以确定；而且，由于相邻的港口/口岸之间其进出口货物的销售地与来源地往往是交叉的，如果不考虑"量"，就会使得腹地的边界无法得到较为清晰的界定。为了能够较为清晰地描绘出各个港口/口岸的腹地范围，笔者认为，对腹地概念的界定，有必要在以上定义的基础上，再做如下补充。

1. 所谓"腹地"，是相对于"中心"而言的。说某一地区为某一经济中心的附属地区即腹地，那么该地区应该对这一经济中心具有

———————

① ［英］R. J. 约翰斯顿主编：《人文地理学词典》，柴彦威等译，商务印书馆 2004 年版，第 287 页。

② 《辞海》，上海辞书出版社 1979 年版，第 3479 页。

③ 《中国大百科全书·地理学》，中国大百科全书出版社 1990 年版，第 148 页。

④ 戴鞍钢：《港口·城市·腹地——上海与长江流域经济关系的历史考察（1843—1913）》，复旦大学出版社 1998 年版，第 133 页。

⑤ 吴松弟主编：《中国百年经济拼图——港口城市及其腹地与中国现代化》，山东画报出版社 2006 年版，前言。

⑥ 同上书，第一章。

依赖性；反之亦然。"中心"与"腹地"是相互依存的关系。

2. 中心与腹地的依存联系不是偶尔发生，而是具有相对的稳定性；并且，二者的相互依存应具有一定的强度，这种依存对二者而言，都比较重要。

3. 在平面上，"中心"之间是通过竞争完成对腹地分割的，当某一地区对两个或两个以上的"中心"都具有较强的依赖，并且这一地区对这几个不同的"中心"都比较重要，该地区则成为这几个中心的共同腹地即混合腹地。

4. 港口/口岸可以认为是具有贸易枢纽职能的经济中心，其腹地则是在贸易上附属于该港口/口岸的地区，港口/口岸与腹地之间是港口/口岸—腹地双向依存的关系，和以上"腹地"的一般内涵一致。

关于界定腹地范围的方法，常用的有两种。一种是经验分析法，即通过收集大量资料，并选择有代表性的指标来划分腹地范围的方法；另一种是理论分析法，即通过建立数学模型、引入相关统计值进行推算的方法。由于在本书研究时段内，缺乏系统的统计资料，因而难以采用数学模型的方法，进行定量分析，只能根据海关报告和相关调查提供的出口物资来源地和进口商品的销售地即物流来界定腹地的范围。需要说明的是，"腹地"是经济空间的概念，腹地的范围应该以口岸贸易实际上的主要辐射范围作为空间上的界定，但受资料的限制，我们只能以清末的府级政区作为划定各口岸腹地的单位；毫无疑问，腹地的变化是一个渐进的、动态的过程，邻近地区新口岸的开放对原有口岸腹地的影响是引起区域内腹地格局变化的重要原因，因此，本书以口岸的开埠分期，把近代云南口岸—腹地的变化分为四个时期。

二　开埠初期蒙自的腹地（1889—1897 年）

蒙自开埠之初，其出口货物构成比较简单，大宗乃以锡为最，年平均占全关总出口额的 81.62%。普洱茶的出口数量虽然有限，年平均占全关出口额的 3.00%，却是仅次于锡的最重要的出口货物。锡的出产地集中于个旧地区，作为工业原料，个旧所产大锡除少数在国内销售外，大部分出口国外，而出口的大锡又以绝大多数通过蒙自出口。普洱茶的分布相对较广，大抵南沿思茅、江城、镇越、车里、佛海、五福、刘顺一线，北至澜沧、景东、双江、缅宁、云县、顺宁一线皆出产，[①] 所产茶叶除销售省内及川、藏等地外，也有数量不等的茶叶通过蒙自出口到国外和国内其他省区。如1890年，蒙自关出口茶叶一千四百余担，"除多在东京销售外，有二百三十担运往香港和广东"[②]（参见表2-1）。

表2-1　　1889—1897年锡、普洱茶出口占蒙自关出口百分比　　单位:%

年份	锡	普洱茶
1889	81.75	5.21
1890	84.93	3.97
1891	86.01	3.60
1892	84.66	4.10
1893	81.75	3.41
1894	80.73	1.57
1895	78.69	2.67
1896	79.60	1.44
1897	76.42	1.00
平均	81.62	3.33

资料来源：据钟崇敏《云南之贸易》（中华民国资源委员会经济研究所，1939年）相关数据整理。

主经蒙自输入内地的洋货，相比出口土货而言，种类要多，主要有棉纱、棉布、棉花、纸烟、煤油等。表2-2是1890—1896年领子口税单经蒙自运入内地的货物情况，反映了思茅开关前蒙自进口贸易

[①] 云南省志编纂委员会整理：《续云南通志长编》下册，1986年，第606页。

[②] 《光绪十六年蒙自口华洋贸易情形论略》，中国第二历史档案馆、中国海关总署办公厅编：《中国旧海关史料（1859—1948）》第16册，京华出版社2001年版，第229页。

的辐射范围。从中可以看出，经蒙自进口的洋货，几乎遍及全省各地，以及四川、贵州的邻近地区。其中以云南省的云南府、澄江府、曲靖府、临安府、普洱府、开化府、大理府为主要销售地区。正如1896年，蒙自海关贸易报告所指出的那样"洋货运入内地销售者，以澄江府为最，曲靖府次之，云南府、开化府又次之……此四处销场最广，占七成五"，临安府、大理府、普洱府"此三处亦算紧要之区"，约占蒙自销售内地货值的一成五。[①] 七地合计，七年间平均销纳蒙自进入内地货物总额的89.42%，这些地区在蒙自进口贸易中的地位之重要由此可见一斑。

各个地区销售货物种类的多寡也反映了上述情况，1896年的海关贸易报告指出："各样货色销场以云南府为最多，临安府、大理府、普洱府不相上下。"[②] 据统计，1896年经蒙自进入内地三大类（棉货类、毛货类、杂货）分为35种的货物，进入云南府35种、临安府27种、普洱府27种、大理府26种、开化府26种、曲靖府22种；以蒙自进口数量最大的商品——棉纱而言，运入内地共计48903担，其中澄江府18084担，占36.98%；曲靖府10918担，占22.33%；云南府6847担，占14.00%；开化府6705担，占13.71%；临安府1926担，占3.94%。[③]

除以上七府之外，据表2-2，1890—1896年七年间，广西州、楚雄府、永昌府、丽江府也每年分别吸纳了蒙自进入内地商品1.28%—1.86%的份额。而进入顺宁府、广南府、元江州、蒙化厅、四川宁远府、贵州普安厅等12个地区的商品加起来也仅为蒙自进入内地商品额的4.01%。

---

① 《光绪二十二年蒙自口华洋贸易情形论略》，中国第二历史档案馆、中国海关总署办公厅编：《中国旧海关史料（1859—1948）》第24册，京华出版社2001年版，第259页。

② 同上。

③ 《MENGTSZ TRADE REPORT, FOR THE YEAR 1896》，中国第二历史档案馆、中国海关总署办公厅编：《中国旧海关史料（1859—1948）》第24册，京华出版社2001年版，第648—649页。

表 2 - 2　　1890—1896 年领子口税单经蒙自运入云南省内及

邻近地区货物价值　　　　单位：海关两,%

地区		1890—1891 年	1892—1893 年	1894—1895 年	1896 年	平均	平均占输入内地货值百分比
云南	昭通府	1399	862	1369	405	576	0.03
	澄江府	624594	1574583	1254460	666826	588638	26.78
	景东厅	1779	4181	6297	5851	2587	0.12
	曲靖府	380710	1053646	630024	453382	359680	16.16
	楚雄府	46266	78015	84376	33963	34660	1.59
	开化府	134901	193600	297381	296534	131774	6.13
	广西州	46018	79160	104667	45615	39352	1.86
	广南府	249	641	1077	18313	2897	0.12
	丽江府	75113	93846	59579	27748	36612	1.81
	临安府	286148	348333	250549	130161	145027	7.11
	蒙化厅	22390	26021	20491	11897	11543	0.58
	普洱府	188786	176640	136664	61627	80531	4.01
	顺宁府	38531	31720	38811	21104	18595	0.96
	大理府	138981	148096	106454	68097	65947	3.26
	东川府	7885	21188	47684	33319	15725	0.70
	武定州	6317	1420	336	25	1157	0.08
	元江州	11671	17635	27727	25097	11733	0.53
	云南府	1077549	1241931	976247	428538	532038	25.97
	永昌府	59261	63506	37933	19316	25717	1.28
	永北厅	7763	14808	12964	5544	5868	0.28
贵州	兴义府	0	0	0	2072	296	0.02
	普安厅	0	2895	0	14376	2467	0.10
四川	宁远府	14710	10319	28670	16304	10000	0.49

注：货物价值根据南开价格指数（中国进口物价指数）进行了修正。

资料来源：*MENGTSZ TRADE REPORT, FOR THE YEAR 1890 - 1896*，据《中国旧海关史料（1859—1948）》第 16—17、19、21—24 册整理。

综上所述，可以看出：与蒙自贸易发展关系最为紧要者为云南府、澄江府、曲靖府、大理府、临安府、普洱府、开化府，蒙自进出口贸易主要依托于这些地区；其次为广西州、楚雄府、丽江府、永昌府，在蒙自进出口贸易中的地位也比较重要。至于顺宁府、东川府、广南府、昭通府、武定州、元江州、永北厅、蒙化厅、景东厅、四川宁远府、贵州兴义府、贵州普安厅，与蒙自之间只有极少的贸易往来。据此，可以大致描绘出思茅开埠前蒙自的腹地范围，见图2-1。

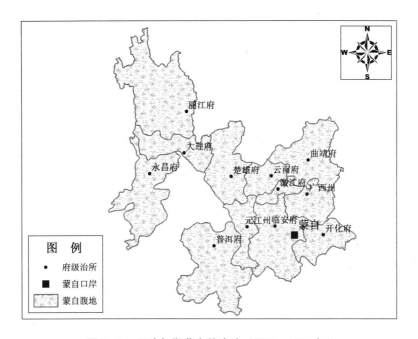

图2-1 开埠初期蒙自的腹地（1889—1996年）

三 思茅开埠后蒙自腹地的变化和思茅的腹地（1897—1902年）

普洱茶是滇南、滇西南的重要出口产品之一，除运销西藏、四川等内地省区之外，因越南等地"近滇居民惯用普茶"[①]，历来都有一定数量的普洱茶出口国外。1897年以前，蒙自是云南省内经海关出

---

① 《光绪二十三年思茅口华洋贸易情形论略》，中国第二历史档案馆、中国海关总署办公厅编：《中国旧海关史料（1859—1948）》第26册，京华出版社2001年版，第267页。

口普洱茶的唯一口岸，思茅开埠后，普洱茶成为其唯一的大宗出口商品。海关贸易报告指出，思茅贸易情形"因视花、茶二项以为准则"①，茶叶之于思茅出口的意义由此可见一斑。但是，据表 2 - 3，1898—1902 年，经思茅出口的普洱茶数量极其有限，蒙自依然是普洱茶出口的首要口岸。五年间，三关共计年均出口普洱茶 1971 担，蒙自占 88.94%，为 1753 担；思茅出口 197 担，仅占 10.00%，也只及蒙自年均出口量的 11.24%。因此，可以说，思茅与茶叶产地之间的贸易关系，在一定程度上可以说是思茅对这些地区的单向依赖；蒙自在这些地区茶叶出口中发挥着更大的作用。

表 2 - 3 　　　　　　　1898—1902 年云南三关茶叶出口情况

年份	蒙自关		思茅关		腾越关		合计	
	数量 (担)	价值 (千元)	数量 (担)	价值 (千元)	数量 (担)	价值 (千元)	数量 (担)	价值 (千元)
1898	1219	25	38	1			1343	26
1899	1943	44	18				1961	
1900	1111	28	46	1			1157	29
1901	1948	48	451	7			2399	55
1902	2546	64	433	7	15	1	2994	72
平均	1753		197				1971	

　　资料来源：据钟崇敏《云南之贸易》（中华民国资源委员会经济研究所，1939 年）相关数据整理。

　　进口方面，1898 年以后，海关贸易报告统一以省为单位统计领子口税单进入内地货物的情况，而缺乏省以下各区域洋货销售情况的具体统计，由于开埠后，思茅贸易的发展始终徘徊不前，影响范围扩展有限，因而，此处姑且以 1898 年的统计数据为依据来探讨思茅开埠后蒙自腹地的变化和思茅的腹地范围。表 2 - 4 是 1898 年经思茅关

---

　　① 《光绪二十七年思茅口华洋贸易情形论略》，中国第二历史档案馆、中国海关总署办公厅编：《中国旧海关史料（1859—1948）》第 34 册，京华出版社 2001 年版，第 309 页。

运入内地货物的情况，大致反映了思茅进口贸易主要的辐射范围。表2－5是1898年经蒙自关运入内地货物的情况，大致反映了蒙自进口贸易主要的辐射范围。假设在腾越开埠前，云南省内各地区的洋货全部经蒙自、思茅运入，[①] 那么，由蒙自、思茅运入的货物分别占这些地区洋货运入总值的比重则说明其对蒙自、思茅进口贸易的依赖程度，反映出蒙自、思茅在这些地区的贸易辐射力度。

表2－4　　　　　**1898年经思茅关进入内地货值**　　　单位：海关两

地区	货别	棉货类	毛货类	杂货类	合计
云南	云南府	178	73	51481	51732
	临安府	87	16	41709	41812
	澄江府	93	20	20882	20995
	普洱府	195	6	6722	6923
	曲靖府	52		25917	25969
	景东厅	320		13054	13374
	楚雄府	53		352	405
	元江州	83		1693	1776
	大理府	21		13772	13793
	顺宁府	33		20	53
	镇沅州	0		117	117
	蒙化厅	80		105	185
	东川府			302	302
	广西州			485	485
四川	叙州府			5328	5328
	重庆府			503	503
	成都府			1224	1224

---

① 经重庆、北海等口岸也有洋货运入这些地区，但数额极其有限，为便于考察蒙自、思茅对这些地区的贸易辐射力，姑且忽略不计。

续表

货别\地区	棉货类	毛货类	杂货类	合计
其他地区			446	446
输入内地货物总值				185422

资料来源：《SZEMAO TRADE REPORT, FOR THE YEAR 1898》，《中国旧海关史料（1859—1948）》第 28 册，第 156—157 页。

表 2 - 5　　　　1898 年经蒙自关运入内地货值　　　单位：海关两

地区	货别	棉货类	毛货类	杂货类	合计
云南	昭通府	616			616
	澄江府	763112		12678	775790
	景东厅	486	68	3371	3925
	曲靖府	311615	731	20849	333195
	楚雄府	276		16860	17136
	开化府	193996	845	27924	222765
	广西州	20754	116	5076	25946
	广南府	7725		418	8143
	丽江府	2857	1575	13756	18188
	临安府	82707	547	38025	121279
	蒙化厅	671	136	6059	6866
	普洱府	9814	1098	21930	32842
	顺宁府	1079	421	9882	11382
	大理府	9959	5054	19430	34443
	东川府	19327	326	4929	24582
	武定州			165	165
	元江州	4718		2454	7172
	云南府	337921	18308	150288	506517
	永昌府	2042	1923	7379	11344
	永北厅	68	68	2695	2831

续表

地区	货别	棉货类	毛货类	杂货类	合计
贵州	贵阳府			150	150
	安顺府	971		0	971
	兴义府	1883	61	137	2081
	普安厅	148027		1057	149084
四川	宁远府	7380	88	306	7774
	叙州府	3	7	234	244
输入内地货物总值					2325431

资料来源：《MENGTSZ TRADE REPORT, FOR THE YEAR 1898》，《中国旧海关史料（1859—1948）》第28册，第140—141页。

通过表2-4、表2-5可以看出：1898年，云南省内除镇沅州外，凡是从思茅运入洋货的地区，也有洋货经蒙自运入这些地方。因此，据表2-4、表2-5，在这些两关共同运入洋货的地区，通过对经思茅、蒙自运入洋货分别占该地区运入洋货总值比重的比较，可以看出两口输入洋货在这些地区的不同地位。

云南府，1898年，从思茅运入51732海关两的货物，占思茅进入内地货物总值的27.90%，是销纳经思茅进入内地货物最多的地区；经蒙自运入云南府的商品价值为506517海关两，占蒙自运入内地货物值的21.78%。运入云南府的洋货，蒙自居90.73%，思茅占9.27%。

曲靖府，经思茅运入洋货占思茅运入内地洋货的14.01%，为曲靖府洋货输入总值的7.23%；蒙自输入内地货值的14.33%进入曲靖，为曲靖输入洋货总值的92.77%。

澄江府，由思茅运入洋货20995海关两，从蒙自输入775790海关两，分别占两口输入内地货值的11.32%、33.36%。思茅占澄江府输入洋货值的2.63%，蒙自则占97.37%。

以上三府，占蒙自输入内地货物的69.47%，为思茅输入内地货值的53.22%。可见，不论是思茅，还是蒙自，对其都有较强的依赖。但这些地区80.00%以上，甚至超过90.00%的洋货是由蒙自输入的，可以说，其洋货的输入几乎完全依赖于蒙自。从这层意义上讲，和思茅开埠前相比，尽管已经有洋货从思茅输入，但这些地区依然是蒙自的腹地。

临安府，仅次于云南府，是思茅进口洋货的重要销场。1898 年，临安府占思茅运入内地洋货总值的 22.55%，为 41812 海关两；但蒙自关地属临安府，以其地利之便，提供临安府属内所需洋货数量绝非思茅可以比拟。1898 年，蒙自进口洋货共计 2453839 海关两，其中 5% 即 128408 海关两在蒙自本地销售，经领子口税单运入临安府洋货 121279 海关两，两数相加，临安府共销纳蒙自进口洋货 249687 海关两。

在思茅开埠前，普洱府是蒙自洋货运入的重要地区，其属内土货也主要取道蒙自出口。思茅属普洱府，开埠后，普洱府属各地因离思茅较近，便于交通，进出口贸易便与思茅产生联系。出口方面，开始有茶叶等土货经思茅运出。进口方面，思茅虽然"其货多半运往制造最紧之城如云南、澄江两府地方"[1]，大宗进口货物"棉花、洋布类几于全数运往云南、临安、澄江三府"[2]，但普洱府属"各处土人皆善自织纺"，"不遗余力制之，以裕其用"[3]，本地又不产棉，因而也有不少棉花就地销售于思茅及其周边地区。1898 年，思茅关进口洋货共值 226165 海关两，[4] 其中 18.00% 在思茅销售，[5] 为 40710 海关两。当年，经思茅关领子口税单运入普洱府货物 6923 海关两。两数相加，思茅关进口洋货在普洱府销售共计 47633 海关两。同期，经蒙自关输入普洱府货值为 32842 海关两。这说明：尽管蒙自仍有不少洋货进入，但普洱府的洋货显然主要是由思茅关运入了。普洱府开始成为思茅的腹地。

---

[1] 《光绪二十五年思茅口华洋贸易情形论略》，中国第二历史档案馆、中国海关总署办公厅编：《中国旧海关史料（1859—1948）》第 30 册，京华出版社 2001 年版，第 300 页。

[2] 《光绪二十六年思茅口华洋贸易情形论略》，中国第二历史档案馆、中国海关总署办公厅编：《中国旧海关史料（1859—1948）》第 32 册，京华出版社 2001 年版，第 292 页。

[3] 《光绪二十七年思茅口华洋贸易情形论略》，中国第二历史档案馆、中国海关总署办公厅编：《中国旧海关史料（1859—1948）》第 34 册，京华出版社 2001 年版，第 309 页。

[4] 《SZEMAO TRADE REPORT, FOR THE YEAR 1898》，中国第二历史档案馆、中国海关总署办公厅编：《中国旧海关史料（1859—1948）》第 28 册，京华出版社 2001 年版，第 152 页。

[5] 《光绪二十四年思茅口华洋贸易情形论略》，中国第二历史档案馆、中国海关总署办公厅编：《中国旧海关史料（1859—1948）》第 28 册，京华出版社 2001 年版，第 289 页。

　　景东厅在思茅开埠以前与蒙自只有极少的贸易往来，思茅开埠后，景东地区的洋货就主要由思茅供应了。1898 年，思茅运入景东厅洋货 13374 海关两，占思茅运入内地货值的 7.21%，为景东厅输入洋货总值的 77.31%；同年，蒙自输入洋货占景东厅输入洋货总值的 22.69%，只占蒙自输入内地货值的 0.17%。因此，景东厅已开始成为思茅的腹地。

　　蒙自开埠之初，楚雄府是蒙自的腹地。思茅开埠后，也开始有商品从思茅运入楚雄。1898 年，经思茅运入楚雄商品价值为 405 海关两，为思茅运入内地货值的 0.22%；同期经蒙自运入楚雄的货物为 17136 海关两，为蒙自运入内地货值的 0.74%。可见，由于思茅开埠的影响，楚雄在蒙自运入内地货值中的比重有所下降。但是，蒙自、思茅运入楚雄府货物分别占进入楚雄府洋货总值的 97.69% 和 2.31%，在向楚雄府洋货的输入中蒙自居于绝对优势的地位，楚雄仍然是蒙自的腹地。

　　元江州紧邻普洱府，离思茅较近，思茅开埠后开始有货物经思茅进入元江州销售，与此同时，元江州也没有脱离与蒙自的贸易联系。1898 年，经思茅运入元江州 1776 海关两的货物，占经思茅运入内地货值的 0.96%，占元江州当年输入洋货总值的 19.85%；与此同时，蒙自运入元江州的货物为 7172 海关两，为思茅输入值的 4 倍有奇，占元江州输入洋货总值 80.15%。由此可见，元江州洋货依然主要依赖于蒙自的输入。但是，由于思茅洋货的输入，元江州在蒙自输入内地货物中的比重下降，1898 年相对于 1896 年下降了 0.74 个百分点，仅为 0.31%。由此看来，在与元江州的贸易中，蒙自与思茅基本形成竞争的态势，元江州开始成为蒙自与思茅的混合腹地。

　　思茅开埠以前，大理府为蒙自的腹地。思茅开埠后，大理也开始从思茅运入货物。1898 年，蒙自运入大理货物 34443 海关两，占大理输入洋货总值的 71.41%；思茅运入 13793 海关两，为大理输入洋货总值的 28.59%。前者明显大于后者，蒙自是大理府洋货输入主要承担者。但是，运入大理货值为思茅运入内地总货值的 7.44%，可以说是思茅进口货物销售的重要区域之一；而运入大理货值为蒙自运入内地总货值的 1.48%，与 1896 年相比下降了 1.37 个百分点，可见大理在蒙自进口贸易中的地位有了一定程度的下降。这表明，思茅的开埠虽没有根本动摇蒙自进口贸易在大理府的地位，但也使其贸易影响明显趋于下降，大理府开始成为蒙自与思茅的混合腹地。

顺宁府、蒙化厅在蒙自开埠之初与蒙自只有很少的贸易往来。思茅开埠后，这两个地区与思茅、蒙自之间都有一定的贸易往来，但数额很少，在两关输入内地货物中所占的比重也非常低，尚难以看作蒙自或思茅的腹地。

思茅开埠以前，镇沅州几乎与蒙自之间没有什么贸易往来，思茅开埠后依然如故。由于与普洱府接壤，离思茅较近，镇沅州在思茅开埠后，开始有货物从思茅运入，作为普洱茶的主要产区之一也当有一定数量的茶叶经思茅出口。进口方面，1897 年，镇沅州即进入思茅运入内地货物海关统计之中，为 411 海关两，1898 年则下降为 117 海关两，分别占思茅对内地贸易比重的 0.30% 和 0.06%。虽然数量极其有限，所占比重极低，这却是镇沅州经海关运入的全部洋货值，也就是说，镇沅州洋货是完全依赖于思茅的输入。因此，综合来看，镇沅州也应该可以看作思茅的腹地。

东川府在思茅开埠前与蒙自贸易往来不是很紧密，但在思茅开埠后由蒙自运入东川的货物，却见增加，1898 年，东川吸纳蒙自进口洋货的 1.06%，为蒙自开埠之初的近两倍。思茅开埠后，也有货物运入东川府，但是数量极少，仅为蒙自运入的 1.23%。可见，思茅的开埠不仅没有削弱蒙自在东川府的影响力，而且随着蒙自贸易的发展，蒙自与东川府的贸易往来日渐加强，东川府成为蒙自真正的腹地。

广西州在思茅开埠后也有货物运入，但从其占思茅、蒙自运入内地货物总值的比重，以及思茅、蒙自运入货值分别占两地输入货物总值的比重看，广西州仍然是蒙自的腹地。

除了以上蒙自和思茅贸易共同影响的地区外，在云南省内，领子口税单经蒙自运入货物的地区还有昭通府、开化府、广南府、丽江府、永昌府、武定州、永北厅等地。

蒙自开埠初期，昭通府、广南府、武定州、永北厅与蒙自间的贸易往来十分有限。1898 年，蒙自运入上述地区货物价值共计 11755 海关两，占蒙自运入内地总货值的 0.51%。可见思茅开埠后，蒙自与这些地区的贸易往来一仍其旧，没有多大变化。

思茅开埠前，开化府为蒙自的腹地。1890—1896 年，开化府年均占蒙自输入内地总货值的 6.13%，是蒙自进口货物销售的主要地区之一。1898 年，蒙自运入开化府 222765 海关两的货物，占该年蒙自输入内地总货值的 9.58%。可以说，开化府作为蒙自腹地的地位不仅没有改变，而且有所加强。

丽江府、永昌府，1890—1896 年平均占蒙自输入内地总货值的 1.81%、1.28%，为蒙自的腹地。思茅开埠后，丽江府、永昌府在蒙自输入内地货值中的比重有所下降，1898 年分别为 0.78%、0.49%，已然显得无足轻重，此时的丽江府、永昌府显然不能继续被看作蒙自的腹地了。

综上所述，开埠后的思茅，贸易影响范围有限，普洱府、景东厅和镇沅州为其腹地。尽管如此，思茅的开埠对蒙自也还是产生了一定竞争，原属蒙自腹地的大理府、元江州开始成为蒙自与思茅的混合腹地；同时，蒙自在对丽江府、永昌府两地的贸易下降明显，蒙自的腹地开始局限于云南府、曲靖府、楚雄府、东川府、澄江府、临安府、广西州、开化府几个地区之内（见图 2-2）。

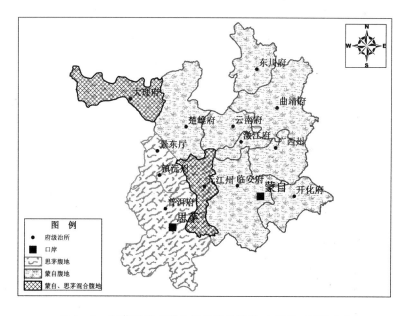

图 2-2　思茅开埠后蒙自和思茅的腹地（1897—1901 年）

四 腾越开埠后蒙自、思茅腹地的变化和腾越的腹地（1902—1910 年）

早在开埠前，腾越以其"为全滇门户"①、"为出缅门户"② 的地理优势，成为滇缅贸易的必经地之一。云南对缅贸易，长期以丝的输出为主要内容。云南地方产丝有限，且质量不高，出口之丝主要为四川黄丝。腾越开埠前后，云南出口黄丝主要由四川宁远府及其附近地区而来。开埠当年，腾越关出口丝 432 担 107900 海关两，③ 第二年623 担 148317 海关两，④ 分别占腾越出口总值的 72.71% 和 60.94%，四川黄丝成为腾越关举足轻重的出口商品。

宁远府及其附近地区不仅是腾越出口货物主要来源地之一，而且是腾越进口货物销售的重要地区之一。从云南口岸进入四川的交通，以及 1898 年以前海关对进入内地货物分府（州、厅）统计情况看，云南口岸进入四川的洋货主要是运入宁远府去的。据表 2 - 6，1903—1909 年经腾越关进入四川洋货多于经蒙自关进入的，年平均货值分别为 274530 海关两和 179801 海关两，前者为后者的1.5 倍有余；其货值分别占腾越关、蒙自关运入内地洋货总值的23.69%、5.20%。这说明腾越开埠后，原来由蒙自、思茅运入洋货的四川宁远府及其附近地区开始主要由腾越运入了。与之相应，宁远府在腾越进口贸易中往往具有举足轻重的作用，已然成为腾越进口洋货的主要销场之一。1903 年，海关贸易报告称：腾越进口贸易"推洋布及印度棉纱两宗最为畅旺，较之去年大形起色。查其

---

① 屠书濂纂修：《腾越州志》卷 2《疆域》，光绪二十三年重刊，成文出版社 1967 年影印本，第 23 页。

② 陈宗海修，赵端礼纂：《腾越厅志》卷 2《形势》，光绪十三年刊，成文出版社1967 年影印本，第 35 页。

③《TENGYUEH TRADE REPORT, FOR THE YEAR 1902》，中国第二历史档案馆、中国海关总署办公厅编：《中国旧海关史料（1859—1948）》第 36 册，京华出版社 2001 年版，第 284 页。

④《TENGYUEH TRADE REPORT, FOR THE YEAR 1903》，中国第二历史档案馆、中国海关总署办公厅编：《中国旧海关史料（1859—1948）》第 38 册，京华出版社 2001 年版，第 298 页。

畅销之故有二……一因云南北境四川所属一带比去年购数增多"①。
1904年,腾越关"进口燕窝不少,估价41028两,大都指销四
川"②。由此可以看出,不论进口还是出口,宁远府与腾越关的贸
易联系都远远大于与蒙自关的贸易联系,更是思茅关所无法比拟
的。因此,宁远府开始成为腾越的腹地。

蒙自、思茅、腾越绝大部分洋货输入云南本省,据表2-6所示,
1903—1909年,输入云南省洋货值年均分别占蒙自关、思茅关、腾
越关输入内地洋货总值的77.27%、89.02%、72.98%。通过分别对
腾越关与蒙自关、腾越关与思茅关输入云南省货值所作的相关分析,
发现其相关系数分别为0.62、0.74。统计学认为,当相关系数(指
数)的绝对值大于0.7,即绝对系数大于0.5时,就可以说,变量之
间的联系是紧密的,给定因素对结果变差的作用是决定性的。因此,
当相关系数的绝对值在0.7—1.0时,可称之为高度相关。而当相关
系数在0.5—0.7时,可称之为中度相关。③ 考虑到一部分货物是通
过厘金局而不是通过海关进入内地,那么以上两组相关关系都应为高
度正相关。说明三关在运入云南货物数量上并非此消彼长,而是一同
增长的关系,这就从数理统计的角度反映出三关在相互竞争中实现了
对云南分割的事实。

以腾越关地理位置和贸易路线度之,便于交通滇西、滇西北、滇
西南,是这些地区传统上对缅贸易出口必经之地。开埠后,腾越和滇
西、滇西北、滇西南的经济往来进一步密切。出口方面,如丽江毡、

① 《光绪二十九年腾越口华洋贸易情形论略》,中国第二历史档案馆、中国海关总署办公厅编:《中国旧海关史料(1859—1948)》第38册,京华出版社2001年版,第347页。
② 《光绪三十年腾越口华洋贸易情形论略》,中国第二历史档案馆、中国海关总署办公厅编:《中国旧海关史料(1859—1948)》第40册,京华出版社2001年版,第375页。
③ [苏]B.H.米罗诺夫、3.B.斯捷潘诺夫:《历史学家与数学》,黄立茀、夏安平、苏戎安译,华夏出版社1990年版,第82—83页。

表 2—6　　1903—1909 年蒙自关、思茅关、腾越关运入各省内地洋货值

单位：海关两

年份	蒙自关				思茅关				腾越关			
	总值	云南	四川	贵州	总值	云南	四川	贵州	总值	云南	四川	贵州
1903	3142701	2519227	152693	470781	185270①	172691	11606	713	1362296	944691	385675	31930
1904	5138549	4224981	35656	877912	234901	217125	16849	118	1473341	1076953	345696	50692
1905	4268148	3430814	100349	736985	232783	208313	23507	400	1165603	830424	297451	37729
1906	4998186	3885714	161623	940849	221488	187399	32605	755	1057683	770049	248214	39261
1907	4039428	2872193	318874	848361	208385	185496	22369	4	1165445	886576	244690	34179
1908	2972098	2228839	208083	535176	135055	116746	16821	366	958049	721257	199299	37494
1909	2712757	2010816	281328	420613	154470	136483	14943	936	863283	630138	200683	32462
平均	3894552	3024655	179801	690097	196050	174893	19814	470	1149386	837155	274530	37678

资料来源：据《中国旧海关史料（1859—1948）》相关数据整理计算。

① 此数值并非云南、四川、贵州三省数据之和，它还包括运入此三省之外省份的货值，但因数值很小，且为了与蒙自关、腾越关比较而统一起见，没有单列。

"大理所来之石"、腾越本地所出之纸、[①] 竹丝斗笠、[②] 大理府（赵州）、蒙化厅所产石黄，[③] 都是该期腾越关出口的重要商品；进口方面，1904 年，"大理一处所用意大利布制造本地小帽为数不少"[④]。1909 年，腾越关贸易报告指出："进口货物销于本口附近者数甚有限，大数皆运入人烟稠密之内地销售，如永昌、大理、丽江、顺宁等府。"[⑤] 可以看出，腾越关的贸易范围已包括丽江府、永北厅、大理府、蒙化厅、永昌府、顺宁府、腾越厅，几乎覆盖了滇西、滇西北、滇西南所有的地区。

腾越开埠前，腾越厅与蒙自、思茅都几乎没有贸易往来，丽江府、永昌府、顺宁府、蒙化厅、永北厅与蒙自或思茅只有极少的贸易往来，既然在腾越开埠后，这几个地区与腾越的经济联系更加密切，成为腾越进口货物的主要销售区和出口货物的主要来源地，则自然为腾越的腹地。在腾越开埠以前，大理府已成为蒙自和思茅的混合腹地，与二者都有一定贸易往来，但数量比较有限。腾越开埠后，大理与腾越关进出口贸易的关系都非常密切，因此，也成为腾越的腹地。据此，大致可以描绘出此期三个口岸的腹地（见图 2-3）。

五　云南口岸—腹地格局的确立（1910 年至 20 世纪 30 年代）

1910 年，昆明作为自开商埠开放，滇越铁路也从越南海防至云南昆明全线通车。口岸和交通格局的变化直接关系到三关贸易的发展与变化，近代云南口岸—腹地格局最终得以确立。

[①] 《光绪二十八年腾越口华洋贸易情形论略》，中国第二历史档案馆、中国海关总署办公厅编：《中国旧海关史料（1859—1948）》第 36 册，第 330 页。

[②] 《光绪二十九年腾越口华洋贸易情形论略》，中国第二历史档案馆、中国海关总署办公厅编：《中国旧海关史料（1859—1948）》第 38 册，京华出版社 2001 年版，第 349 页。

[③] 《光绪二十九年腾越口华洋贸易情形论略》，中国第二历史档案馆、中国海关总署办公厅编：《中国旧海关史料（1859—1948）》第 38 册，京华出版社 2001 年版，第 349 页；《宣统元年腾越口华洋贸易情形论略》，中国第二历史档案馆、中国海关总署办公厅编：《中国旧海关史料（1859—1948）》第 51 册，京华出版社 2001 年版，第 475 页。

[④] 《光绪三十年腾越口华洋贸易情形论略》，中国第二历史档案馆、中国海关总署办公厅编：《中国旧海关史料（1859—1948）》第 40 册，京华出版社 2001 年版，第 376 页。

[⑤] 《宣统元年腾越口华洋贸易情形论略》，中国第二历史档案馆、中国海关总署办公厅编：《中国旧海关史料（1859—1948）》第 51 册，京华出版社 2001 年版，第 472 页。

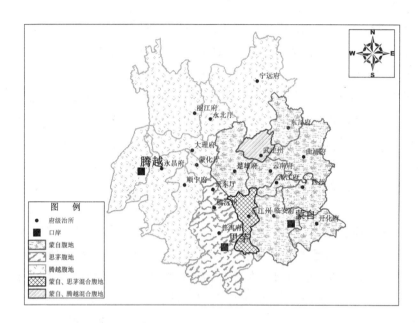

图 2 - 3 腾越开埠后蒙自、思茅、腾越的腹地（1902 至 1910 年）

正如海关贸易报告所指出的那样，滇越铁路通车，"东京之海防及香港暨沿海口岸与云南府俱属咫尺"①，相对便利的交通促进了蒙自—昆明贸易在空间上的进一步拓展。蒙自自开埠以来，与昭通的贸易往来一直不多。但随着昆明的开埠，以滇越铁路的便利优势，昭通与东川、大理一道成为云南府最大发货之处，② 1917 年，蒙自关进口日本棉纱 10044 担，"运销云南府、昭通、会理、贵阳、嵩明等处者，居十分之七"，昭通已然成为蒙自进口货物的重要销售地区之一。③广南府虽地接临安府，相距蒙自不是很远，但以其地"巨壑崇崖""深林峻坂"④，交通极其不便，以前与蒙自的贸易往来实属有限，但

---

① 《宣统二年蒙自口华洋贸易情形论略》，中国第二历史档案馆、中国海关总署办公厅编：《中国旧海关史料（1859—1948）》第 54 册，京华出版社 2001 年版，第 485 页。

② 同上。

③ 《中华民国六年蒙自口华洋贸易情形论略》，中国第二历史档案馆、中国海关总署办公厅编：《中国旧海关史料（1859—1948）》第 78 册，京华出版社 2001 年版，第 222 页。

④ 林则徐等修，李希玲纂：《广南府志》卷 1《疆域》，清光绪三十一年重抄，成文出版社 1967 年影印本，第 30 页。

因铁路修通运输能力的提高，东京棉纱进口日多，因其价廉宜于制造次等粗布，成为运入广南的重要货物。① 随着白铅成为重要的出口矿产，其产地东川府与蒙自关的贸易关系进一步密切，四川会理州也成为蒙自关出口物资的重要来源地之一。② 与此同时，蒙自运往四川宁远府的货物则日渐增多；③ 次于云南府、澄江府、开化府、临安府等地，贵州普安厅、兴义府也成为蒙自关运入内地货物最重要的地区。④

关于云南三关的贸易范围，万湘澄著《云南对外贸易概观》云：⑤

翻开云南地图，由丽江西面的石鼓镇画一直线至石屏县城，在这条直线以西，是著名的云南峡谷山地区，以前叫作横断山脉区。此区的山河走向，由西北而东南，纵列并行，山高谷深，运输困难，对外贸易所受影响不小。直线以东，是云贵分割高原的湖地断裂带，山脉走向，先由西北而东南渐向东北、东、东南展开，中间有许多盆地和湖沼，人烟稠密，交通便利，对外贸易比较发达。

在云南地图上，通过缅宁、弥渡画一直线与上述直线相交，这条线的西北是云南西北部，这条线的东南，与上述直线的锐角区域内，是云南的西南部。就对外贸易上说：西北部大体上是腾越口的贸易范围，这个区域内的商品，多数由腾越口进出。西南部大体上是思茅口的贸易范围，商品多由思茅口进出。在两直线

① 《中华民国六年蒙自口华洋贸易情形论略》，中国第二历史档案馆、中国海关总署办公厅编：《中国旧海关史料（1859—1948）》第78册，京华出版社2001年版，第225页。
② 《中华民国元年蒙自口华洋贸易情形论略》，中国第二历史档案馆、中国海关总署办公厅编：《中国旧海关史料（1859—1948）》第60册，京华出版社2001年版，第462页；《中华民国四年蒙自口华洋贸易情形论略》，中国第二历史档案馆、中国海关总署办公厅编：《中国旧海关史料（1859—1948）》第70册，京华出版社2001年版，第189页。
③ 《中华民国二年蒙自口华洋贸易情形论略》，中国第二历史档案馆、中国海关总署办公厅编：《中国旧海关史料（1859—1948）》第63册，京华出版社2001年版，第778页。
④ 《宣统三年蒙自口华洋贸易情形论略》，中国第二历史档案馆、中国海关总署办公厅编：《中国旧海关史料（1859—1948）》第57册，京华出版社2001年版，第452页。
⑤ 万湘澄：《云南对外贸易概观》，新云南丛书社1946年版，第31页。

交点以下，石石直线以东，是云南的东部，大体上是蒙自口的贸易范围，商品多由蒙自口进出。

万湘澄是书虽出版于 1946 年，为第二次世界大战刚刚结束，战后经济恢复开始不久之时，但其以上描述基本上反映的应该还是战前的情形。尽管正如作者指出的那样，"上面所说的贸易区域和范围，是就地形的因素，与一般进出口商品移动集中的路线和分配区域，作大致的划分，并非确切的界线"①，但这种从地理环境—贸易联系的角度出发"作大致的划分"的方法显然是科学的，虽然粗略但也较为真实地反映了战前云南各口岸的贸易范围。从行政区上具体来说，即昭通府、东川府、曲靖府、云南府、武定州、楚雄府、澄江府、临安府、广西州、开化府、广南府是蒙自口的贸易范围；丽江府、永北厅、大理府、腾越厅、永昌府、蒙化厅、顺宁府为腾越的贸易范围；景东厅、镇沅州、普洱府、元江州归思茅贸易范围。

但是，就云南口岸进出口贸易的实际情形而言，其贸易范围并不以行政区为界，限于云南省范围内。四川省的宁远府及其附近地区，商品进出与云南口岸关系密切，曾一度为腾越的腹地。如上述，随着昆明的开埠和滇越铁路的通车，宁远府与蒙自—昆明的贸易联系开始密切，但因黄丝的销售市场主要在缅、印，腾越依然是四川黄丝最主要的出口口岸，腾越关进口货物不少为"云南北境四川所属一带"所销纳。据此，四川宁远府一带可视为蒙自和腾越共同的贸易范围。一如上述，贵州的普安厅、兴义府也是蒙自的腹地。除此而外，云南省内各府、州（厅），与各口岸的贸易关系则要视具体情况而定。如元江州，因至蒙自与思茅距离相仿佛，思茅开埠后成为蒙自与思茅的混合腹地，昆明开埠和滇越铁路通车后，蒙自贸易额总体上升，思茅贸易额则呈下降趋势，与蒙自的贸易联系或许因此加强，但并无确切的数据可以得到明证，依然只能作蒙自和思茅的混合腹地看待。据以上所述，可大致描绘出此期云南口岸腹地格局，见图 2-4。

---

① 万湘澄：《云南对外贸易概观》，新云南丛书社 1946 年版，第 32 页。

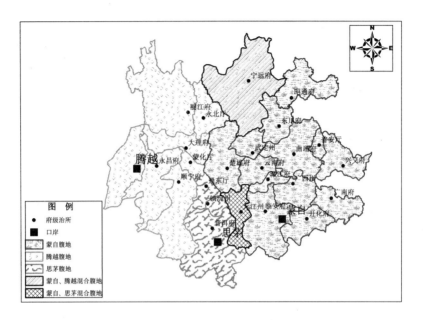

图 2 - 4　20 世纪初至 1930 年代蒙自、思茅、腾越的腹地

　　综上所述，可以看出，近代云南口岸腹地格局的确立大致经过了以下四个阶段。

　　第一阶段是蒙自开埠初期，由于蒙自是云南唯一的开放口岸，其贸易辐射范围几乎涵盖了云南全省，以及四川、贵州的邻近地区。但是，真正属于腹地的地区还基本局限在云南东部地区，包括云南府、澄江府、曲靖府、临安府、普洱府、开化府，广西州、楚雄府；除此之外，西部地区的大理府、丽江府、永昌府与蒙自贸易往来较多，也为蒙自的腹地。

　　第二阶段是思茅开埠后，普洱府、景东厅和镇沅州为思茅的腹地。由于思茅开埠对蒙自产生一定竞争，原属蒙自腹地的大理府成为蒙自与思茅的混合腹地；从地理位置看，元江州也可以看作蒙自与思茅的混合腹地。同时，蒙自对丽江府、永昌府两地的贸易下降明显，蒙自的腹地开始局限于云南府、曲靖府、楚雄府、澄江府、临安府、广西州、开化府几个地区之内。

第三阶段是腾越开埠初期，一直以来腾越厅与蒙自、思茅都几乎没有贸易往来，丽江府、永昌府、顺宁府、蒙化厅、永北厅与蒙自或思茅只有极少的贸易往来，与腾越的贸易往来则日益密切，成为腾越的腹地。腾越开埠后，宁远府与腾越关的贸易联系远远大于与蒙自关的贸易联系，更是思茅关所无法比拟的，宁远府开始成为腾越的腹地。与此同时，大理府也由蒙自和思茅的混合腹地开始成为腾越的腹地了。

第四阶段是随着昆明的开埠和滇越铁路的全线通车，蒙自口岸的贸易范围有所拓展，除云南东部地区之外，贵州普安厅、兴义府也以蒙自为主要贸易对象口岸，成为蒙自的腹地；四川的宁远府则由腾越的腹地而开始成为蒙自与腾越的混合腹地。

第二节　近代云南口岸的外部市场网络

作为分析性的概念使用时，网络是指由点的集合，以及连接着点的线的集合，所表示的事物之间的关系。[1] 古田和子从 19 世纪后半期东亚的贸易与交流入手，将网络理解为"支配着空间的关系"[2]。与此相似，我们将网络定义为以某一市场节点为中心，以交通线路连接其他不同节点而形成贸易联系的网状结构。我们认为，蒙自、思茅、腾越的外部市场事实上存在两个分别以香港和仰光为中心构筑而成的贸易网络。

一　香港贸易网络和仰光贸易网络

（一）香港贸易网络的形成及其特征

第一次鸦片战争和第二次鸦片战争，香港岛和九龙先后被英国割占。1898 年，根据中英《展拓香港界址专条》，新界又被英国强租。

---

① ［日］安田雪：《网络分析》，新曜社 1997 年版，第 29—33 页。参见 ［日］古田和子《上海网络与近代东亚——十九世纪后半期东亚的贸易与交流》，王小嘉译，中国社会科学出版社 2009 年版，第 182 页。

② ［日］古田和子：《上海网络与近代东亚——十九世纪后半期东亚的贸易与交流》，王小嘉译，中国社会科学出版社 2009 年版，第 183 页。

由于香港地理位置优越，"扼我国南海之咽喉"，便于发展海上航运，加之港英政府的自由港政策，以及多年的努力经营，香港的轮船航运业发展迅速，正如《全国都会商埠旅行指南》所载，"我国南北沿岸及菲律宾至日本各港间，有往来定期汽船。欧美与东洋诸港间，诸外国之定期汽船，均以此为主要寄港地"①，到 19 世纪末，香港的交通可谓四通八达，俨然已经成为与中国内河、沿海以及远洋航运相联系的交通枢纽，从香港出发几乎可以航行到世界的任何角落。② 表 2 - 7 则明确地反映了这种情况。

表 2 - 7   1881 年 7 月由香港开出轮船的船期

开往港埠	经营轮船公司	班期
广州、澳门	省港澳轮船公司、太古洋行	日班
汕头、厦门、福州、淡水、台湾府	道格拉斯轮船公司	每 4 天一班
海南港口、东京	旗昌洋行、怡和及华商	每周一班
马尼拉	西班牙轮船、旗昌洋行	每周两班
上海	大英、法兰西、禅臣、蓝烟囱、招商局等	日班
其他	略	

资料来源：聂宝璋编：《中国近代航运史资料》第 1 辑上册，上海人民出版社 1983 年版，第 384 页。

与此相应，香港汇集来自世界各地的商品，又将这些商品转输世界各地（除本地极少的消费之外），成为东方最大的转口贸易港之一。③ 香港是将中国和东南亚、日本以及欧美连接起来的一个中心节

---

① 张研、孙燕京主编：《民国史料丛刊》第 870 册，大象出版社 2009 年版，第 480 页。

② 余绳武、刘存宽主编：《十九世纪的香港》，中华书局 1994 年版，第 275 页。

③ 张晓辉：《香港与近代中国对外贸易》，中国华侨出版社 2000 年版，第 56—98 页。

点，在中国的对外经济方面发挥着同上海一样的作用。[①] 表 2 - 8 是
1893 年、1903 年、1912 年海关登记进出香港船吨的统计，反映出沿
岸贸易即埠际贸易是进出香港船吨的主要组成部分，其中与香港往来
的商埠，以英国及英属各地贸易量最大，其次则是日本，最后为中
国。以 1912 年的埠际贸易为例，英国为 27990195 吨，日本为
13961629 吨，[②] 分别占香港埠际贸易总额的 46.55% 和 23.22%。

表 2 - 8　　　　　　　**海关登记进出香港船吨统计**　　　　单位：吨

	1893 年	1903 年	1912 年
对外贸易	7142612	16357104	26071482
沿岸贸易	22176199	40933285	60135015
总计	29318811	57290389	86206497
英国	19203978	28122987	38106732
美国	78175	559686	715001
德国	1508015	7310427	6171684
日本	566379	7965358	19913385
中国	6829950	991120	17277407

资料来源：聂宝璋、朱荫贵编：《中国近代航运史资料》第 2 辑上册，中国社会科学
出版社 2002 年版，第 125 页。

在对中国的转口贸易方面，香港首先是与华南地区各沿海口岸之
间有着广泛的贸易往来，尤其是广东、福建口岸不仅有大量货物经香
港出口，而且其进口商品也主要经香港而来；其次则是江浙等地；并
与广大的北方口岸也有贸易往来，大致形成上海称雄——华南为
主——兼及北方的基本特征（参见表 2 - 9）。[③]

　　① ［日］滨下武志：《近代中国的国际契机：朝贡贸易体系与近代亚洲经济圈》，朱
荫贵、欧阳菲译，中国社会科学出版社 1999 年版，第 234 页。
　　② 聂宝璋、朱荫贵编：《中国近代航运史资料》第 2 辑上册，中国社会科学出版社
2002 年版，第 125 页。
　　③ 毛利坤：《晚清时期中外贸易的个案分析——以香港转口贸易为例》，《中国历史
地理论丛》2006 年第 1 辑。

表 2 - 9　　若干年份以洋货转口为指标的香港对华主要贸易口岸排名

排名	1869 年	1874 年	1885 年	1894 年	1904 年
1	广州	汕头	上海	上海	上海
2	福州	上海	厦门	广州	广州
3	厦门	厦门	汕头	汕头	汕头
4	汕头	广州	广州	厦门	厦门
5	上海	福州	福州	福州	梧州
6	芝罘	宁波	北海	北海	福州
7	天津	台湾	琼州	天津	蒙自
8	牛庄	天津	天津	淡水	牛庄
9	宁波	淡水	淡水	台湾	汉口
10	台湾	芝罘	台湾	琼州	天津

资料来源：据《中国旧海关史料（1859—1948）》各有关年度贸易统计折算排列。

（二）仰光贸易网络的形成及其特征

仰光地理位置优越，位于缅甸中部勃固山脉向南延伸的末端，伊洛瓦底江入海口附近，仰光河与勃生堂河在此交汇，既有便于发展内河和海上航运的有利条件，又可以伊洛瓦底江三角洲广阔的平原为依托。但是，在 19 世纪中叶以前，一方面由于不是封建时代的中心地区，政府重视不够；另一方面则是因为缅甸还没有能力有效地防止伊洛瓦底江的洪水，没有足够的人力、资金和技术开发大片的丛林和沼泽，缅甸南部（即下缅甸）经济发展远远落后于上缅甸。[①] 所以，尽管三角洲地带虽然有一些河口可以直通海洋，却难以形成对外贸易的重要港口。1755 年前，仰光还只是一个名为达贡的小渔村，1756 年缅王雍籍牙在此击败得楞族的军队，奠定了统一全国的规模，乃重命名为"仰光"（缅语即"战争的终结"），并且扩展市区，成为一个商埠。[②] 但在整个封建统治时代，缅甸的对外贸易数额微小，且以中缅间的陆路贸易为主，有限的海上贸易又以位于仰光以东的勃固港长

---

① 贺圣达：《缅甸史》，人民出版社 1992 年版，第 187 页。
② 赵松乔：《缅甸地理》，科学出版社 1958 年版，第 183 页。

期为出入门户,因而仰光并没有很快发展起来。曾到过缅甸一些地区的英国人西姆施在 1795 年、克劳福特在 1826 年都谈到,仰光附近森林茂密,人口稀少,农业落后。[①] 1826 年,第一次英缅战争之后,英国占领颠拿山帝海岸,以毛淡棉为商港,仰光也没有得到发展。1852年第二次英缅战争之后,英国占领整个下缅甸,以仰光为首府,并以仰光港为海港建设的重点。1853 年建成的仰光港,发展迅速,1860—1861 年,仰光港进出船舶 438 只,共计 157472 吨,1880—1881 年即增至 874 只、598303 吨,1900—1901 年再增至 1304 只、1575372 吨,[②] 仰光由此不仅成为缅甸最大的海港,而且成为中南半岛最大的海外贸易港和出海口。[③] 1885 年的第三次英缅战争,英国又占领了上缅甸地区,缅甸完全沦为英国的殖民地。英国的商品倾销和殖民掠夺得到一大拓展,随着缅甸进出口贸易的发展,仰光"在运输量上,她的港湾吞吐力正是孟买或加尔各答的劲敌"[④],开始成为英属印度仅次于加尔各答和孟买的第三大港。

在占领整个缅甸后,英国出于殖民统治的需要,在缅甸开展了一系列的交通建设。缅甸国内交通,几百年来以内河运输为主,以伊洛瓦底江及其支流为全国主要交通孔道。[⑤] 英国占领缅甸后,缅甸的内河航运逐渐步入近代轮船航运时代。1863 年,英属缅甸首席专员潘尔把殖民地政府所有的 4 艘轮船和 3 艘平底船卖给主要从事缅甸沿海仰光、毛淡棉、实兑三个港口贸易的英国格拉斯顿亨得逊公司。1864年底,公司的几个股东创立"伊洛瓦底江船队和缅甸轮船航运有限公司",而该公司在 1869 年就开设了曼德勒—八莫航班。至 1876 年改名为"伊洛瓦底江轮船有限公司"时,已拥有 11 艘轮船、32 艘驳船、65 艘平底船,几乎垄断伊洛瓦底江上的航运业务。20 世纪初,伊洛瓦底江轮船公司已是世界上最大的内河航运公司之一,1916 年,

① 贺圣达:《缅甸史》,人民出版社 1992 年版,第 187 页。

② 赵松乔:《缅甸地理》,科学出版社 1958 年版,第 184 页。

③ 陆韧:《云南对外交通史》,云南民族出版社 1997 年版,第 312 页。

④ [英]格兰特(W. J. Grant):《新缅甸》,沈锜译,正中书局 1942 年版,第 16 页。

⑤ 赵松乔:《缅甸地理概述》,中国青年出版社 1958 年版,第 74 页。

公司拥有大小船只 500 多艘，垄断着缅甸的内河航运。① 其国内交通，除内河航运外，铁路从无到有，也发展迅速。1877 年建成仰光—卑谬铁路线，1884 年，仰光—东吁的铁路也建成通车。② 1886—1889 年，筑成从东吁到曼德勒的铁路，1898 年，这条铁路又从曼德勒延伸到密支那。1902 年，曼德勒到腊成的铁路通车，同年，又建成从礼不旦到勃生的铁路。1907 年，在下缅甸又修筑了从仰光到毛淡棉的铁路。③ 到 1914 年，缅甸铁路里程已达 2500 多公里，④ 初步形成了以仰光为主要起点、曼德勒为中转枢纽、覆盖全缅的铁路交通运输网络。海上运输方面，早在英国兼并缅甸前，总部设在加尔各答的英属印度轮船公司就开辟了从加尔各答到仰光、毛淡棉和实兑的航线。1907 年，该公司又开设了加尔各答—仰光—日本的航线。⑤ 仰光堪称缅甸对外交通唯一重要海港，在第二次世界大战以前，英属印度轮船公司的客班轮船（多为六七千吨船只），自仰光至加尔各答每周三次，至新加坡、印度东南海岸及马德拉斯每周各一次，万吨以上较大轮船至中国及日本每三周一次，又有许多小船行驶缅甸各海港之间。⑥ 对外贸易上，仰光经常占缅甸输入贸易的 95% 以上，输出贸易 80% 以上。⑦ 总之，至 20 世纪初，经过殖民者当局的设计与建设，仰光已经成为缅甸国内交通的主要起点，海上交通唯一重要的出入门户。就缅甸而言大略形成了以仰光为中心，内与曼德勒、密支那等交通枢纽，外与加尔各答、孟买、新加坡、中国香港、日本等处连接起来的交通网络。交通是贸易得以展开的基础，正是以此交通网络为依托形成了以仰光为中心的区域贸易网络。在第二次世界大战前，在这一网络中，仰光港输出额的比重，以印度及英国占绝对优势，经常占

---

① 参见贺圣达《缅甸史》，人民出版社 1992 年版，第 255—256、295 页。

② 陆韧：《云南对外交通史》，云南民族出版社 1997 年版，第 312 页。

③ ［美］卡迪：《缅甸现代史》，第 155 页。转引自贺圣达《缅甸史》，人民出版社 1992 年版，第 293 页。

④ 贺圣达：《缅甸史》，人民出版社 1992 年版，第 294 页。

⑤ ［缅］貌盛：《1886—1914 年缅甸的运输和对外贸易及其与经济发展的关系》，第 105 页。转引自贺圣达《缅甸史》，人民出版社 1992 年版，第 295 页。

⑥ 赵松乔：《缅甸地理》，科学出版社 1958 年版，第 162 页。

⑦ 同上书，第 173 页。

总输出的三分之二以上。输入的主要国家也为印度及英国。印度战前经常占仰光总输入的 50%—60%，英国则约占总输入的 20%，日本所占比重，战前则不过 5%—10%。①

（三）全球贸易网络中的香港网络与仰光网络

以香港为中心和以仰光为中心构成的区域贸易网络是全球贸易网络的组成部分，正是由这样一个又一个的区域贸易网络构成了全球贸易大网络。在全球贸易大网络中，不同的区域网络具有不同的层级。前引《全国都会商埠旅行指南》说香港"欧美与东洋诸港间，诸外国之定期汽船，均以此为主要寄港地"，以沛《缅甸》一书则说"亚洲到欧洲的海洋航线上，仰光并不是一个必经的港口"②，反映出香港和仰光在世界港口交通格局中的不同地位，而这种不同的交通地位则在很大程度上决定了两港在全球贸易网络中的不同地位。香港为自由港，"故关于贸易额等，殊少正确之统计"，但以表 2–10《全国都会商埠旅行指南》所载 1919 年出入香港船舶只数及载货吨数情况，大致可以反映出香港贸易网络及其在全球贸易网络中的地位。表 2–11 是 1937—1938 年各主要国家所占缅甸进出口贸易比重情况，由于仰光港长期占缅甸进出口贸易 80% 以上的比重，因而此表也可作为仰光网络及其在全球贸易网络地位的大略反映。

表 2–10　　　　　　1919 年出入香港船舶只数及载货吨数

国名	入港		出港	
	船只数	货物吨数	船只数	货物吨数
中国	9592	1691496	8646	1871948
英国及其领土	4486	4773896	4429	4651001
美国	144	403674	129	353810
法国	157	203111	148	196123
葡萄牙	150	52958	148	56143
挪威	88	92805	60	71723

---

① 赵松乔：《缅甸地理概述》，中国青年出版社 1958 年版，第 79、81 页。
② 以沛：《缅甸》，生活·读书·新知三联书店 1949 年版，第 17 页。

国名	入港		出港	
	船只数	货物吨数	船只数	货物吨数
荷兰	94	232721	84	215132
其他欧洲国家	17	53315	20	63675
暹罗	7	7916	4	4547
日本	1058	2029890	803	1716192
其他	793	29043	581	23686
合计	16586	9570825	15052	9223980

资料来源：张研、孙燕京主编：《民国史料丛刊》第 870 册，大象出版社 2009 年版，第 498—499 页。

表 2-11　　1937—1938 年各主要国家所占缅甸进出口贸易比重　　单位：%

	印度	英国	马来亚及英帝国其他东南亚属地	锡兰	中国香港	印尼西亚	中国	日本	美国
输出	51.19	14.61	7.17	5.81	0.96	0.93	0.92	2.25	0.21
输入	49.82	20.18	2.53	0.30	1.13	0.35	0.25	8.57	4.23
输出入	50.51	17.40	4.85	3.06	1.05	0.64	0.59	5.41	2.22

资料来源：赵松乔：《缅甸地理》，科学出版社 1958 年版，第 177、181 页。

将香港网络和仰光网络比较，可以看出：1. 不论是香港还是仰光，在英国殖民者的管辖下，都为满足英国殖民统治需要而成为英国商品倾销和原料掠夺的据点，与英国及英属殖民地间的贸易往来构成各自贸易主要的组成部分。2. 在与英国及英属殖民地的贸易中，仰光对印度存在极强的依赖性，正如赵松乔所说"缅甸对外贸易的对象国家，在殖民统治时期集中于印度及其他英帝国属地，其中印度占缅甸输出及输入 1/2 以上"[①]，缅甸作为英属印度的一个省，仰光只是构成印度港口体系和贸易网络的一环而已，仰光网络只是以加尔各答或孟买为中心的区域贸易网络的组成部分。3. 香港则由于优越的

---

① 赵松乔：《缅甸地理》，科学出版社 1958 年版，第 173 页。

地理位置，除与英国及其属地贸易密切之外，它还是中国对外贸易的重要门户，堪与上海相比。同时，它还与日本港埠贸易往来密切，与除英国之外的欧洲诸国也有较为密切的贸易往来（参见表2－8）。可以说，东到日本西到欧洲，以香港为中心形成了一个以东南亚、中国和日本沿海为主要范围并辐射到内地的区域贸易网络。4. 从而，与世界经济的联系，香港比仰光更为密切，辐射面更广，香港贸易国际化的程度大于仰光，香港网络在全球贸易网络中的地位也非仰光网络可比。5. 结果是香港的贸易市场较为广泛，仰光的贸易市场就显得相对狭窄。

二　香港、仰光贸易网络与近代云南口岸

（一）蒙自：香港贸易网络的一个节点

1889年蒙自海关贸易报告指出，当时自外入滇有六条主要商路，前已述及。

1. 由汉口经洞庭湖边的岳州，穿过湖南、贵州，进入云南，大部分是陆路，用兽力驮运。自汉口到云南府，约需40天。

2. 由长江上游的纳溪，溯永宁河到四川西南的永宁县登岸，水运约19天。再由永宁县用兽力驮运到云南府，需20多天。

3. 从距离云南省东北不远的四川叙州府，经横江边上的老鸭滩到云南府，全部为陆路，约需22天。这是云南省最重要的通商路线。

4. 由北海到云南府。从北海到南宁，14天；南宁到百色，17天；百色到剥隘，3天；剥隘到广南，8天；广南到云南府，12天。全程共需54天。

5. 由海防到云南府。从海防到河内，为汽船，一天的路程；河内到老街，为舢板，需20天；老街到蛮耗，为舢板，需7天；蛮耗到蒙自，蒙自到云南府，均为兽力驮运，分别需要2天和9天时间。全程为40天。

除以上五条商道之外，八莫和大理府之间的商路则是另外一条自外入滇重要的商业大道。

以上六条商路，前四条既是云南与外省主要的交通道路，也是云南与外国建立间接贸易关系的贸易路线，其中，前三条道路以上海为

出海口，第四条以北海为出海口。但是，前三条商路"自海岸线至云南省会，其迂远与困难，不待言喻，而时间、运费、捐税之损失极重"，第四条商道"因经过广西及进入云南之税捐极重，陆运之路途又长，故亦不足为理想路线"①，故而都不是蒙自主要的进出口贸易商道。

以海防为出海口的第五条商道，是蒙自最为便捷的贸易路线。"经红河水运，由蛮耗直达海防，通海既近，驿程亦短。蛮耗在蒙自城南 78 公里，合 135 华里，日程二日。蛮耗到河口，水程百余公里，约二百华里左右。由蛮耗至海防，需时七八日至半月，由海防逆流至蛮耗，需时约一月。"②　相比其他商道，该路"盖不但时间可以减短，而且越南之通过税最多不过从价百分之五"③，从而成为滇越铁路未通以前蒙自进出口贸易最为主要的商道。滇越铁路通车后，可从海防直达昆明，全程仅需四日的时间，④　大大缩短了运输时间，从而使以海防为出海口的商道在云南对外贸易交通中地位更加突出。但是，在蒙自关最主要的这条进出口商道中，海防并不是把蒙自与世界贸易网络连接在一起的核心节点，这是因为"中国各通商口岸除北海、海口两埠外，无与东京轮船直达者"⑤，东南亚各港口也往往与香港直接通航，大多数情况下海防需经香港的中转才能实现与其他港口相联系。也就是说，海防在很大程度上扮演的是香港支线港的角色，是香港贸易网络中的一个节点。

与此相应，蒙自则是经海防，通过红河将其连接起来的香港贸易网络的另一个节点。所谓"云南一地极处高壤，毗连香港海防漾贡

---

① 龙云、卢汉修，周钟岳、赵式铭等纂：《新纂云南通志》卷 144《商业考二》，云南人民出版社 2007 年点校本，第 7 册，第 108 页。

② 龙云、卢汉修，周钟岳、赵式铭等纂：《新纂云南通志》卷 56《交通考一》，云南人民出版社 2007 年点校本，第 4 册，第 14 页。

③ 龙云、卢汉修，周钟岳、赵式铭等纂：《新纂云南通志》卷 144《商业考二》，云南人民出版社 2007 年点校本，第 7 册，第 108 页。

④ 龙云、卢汉修，周钟岳、赵式铭等纂：《新纂云南通志》卷 57《交通考二》，云南人民出版社 2007 年点校本，第 4 册，第 17 页。

⑤ 《宣统三年蒙自口华洋贸易情形论略》，中国第二历史档案馆、中国海关总署办公厅编：《中国旧海关史料（1859—1948）》第 57 册，京华出版社 2001 年版，第 447 页。

三派市场之首，故销各货全由蒙自再行分运省中销场处"便很好地说明了蒙自作为香港贸易网络在云南境内节点的作用。①

（二）腾越：仰光贸易网络的一个节点

据万湘澄《云南对外贸易概观》一书的记述，腾越关的对外贸易路线主要有腾（腾越）八（八莫）线和腾（腾越）密（密支那）两条，两条路线以仰光为起点，前者由仰光到瓦城为第一段，有水陆两路可通，水路由仰光搭乘快轮，低水位时七天，高水位时六天；陆路由仰光乘一天的火车可到瓦城。由瓦城到八莫为第二段，也有水陆两路，水路可乘快轮，无论低水位或高水位都是三天；陆路由瓦城乘火车一天到那巴，然后换车到卡萨，再由卡萨乘轮船到八莫。八莫到腾冲为第三段，也是进入云南的最后一段，为陆路驮运，新路经古里卡、蛮线到弄璋街；老路经红蚌河、蚌洗、蛮允到弄璋街，两路均由弄璋街经干崖、遮岛、南甸，最后到达腾冲，需时也都为八天。后者也是先从仰光到瓦城，再从瓦城乘火车一天到密支那，然后由密支那起程经鱼蚌、昔董进入云南，过牛圈河、猛戛、盏西、猛蚌，最后到达腾冲，计程六天。②

前文已述，早在腾越开埠前缅甸已建立以仰光为起点，内与曼德勒、密支那、八莫等枢纽，外与加尔各答、孟买、新加坡、中国香港、日本等处连接起来的近代化交通网，并以此形成一个以仰光为中心的贸易网络。早在开埠之前，"从曼德勒到大理府，常走的道路有两条。一条直接从曼德勒经过锡尼（Thieunee）、永昌到大理府。另一条沿伊洛瓦底江而上直达八莫，从八莫又分出三条支路，会于缅甸人称为莫棉（Momien）的腾越，然后到达大理府"③，腾越就已经成为云南境内滇缅贸易最重要的商品集散地。开埠之后，腾越通过与缅甸重要交通枢纽八莫和密支那，实现了与仰光往来的便利，自然成为仰光贸易网络在云南境内的一个重要节点。

---

① 《光绪二十六年蒙自口华洋贸易情形论略》，中国第二历史档案馆、中国海关总署办公厅：《中国旧海关史料（1859—1948）》第32册，京华出版社2001年版，第285页。

② 万湘澄：《云南对外贸易概观》，新云南丛书社1946年版，第26—28页。

③ 姚贤镐编：《中国近代对外贸易史资料》第2册，中华书局1962年版，第687—688页。

（三）思茅和仰光贸易网络

思茅本是一个偏僻的小镇，清代随着茶叶贸易的兴起，作为茶叶汇集地，商业开始兴盛。当时，省外如江西、湖南、四川、贵州、两广等地，省内如石屏、建水、通海、河西、玉溪等地的商人开始纷至沓来，商贾云集，向西藏和内地运销茶叶，又从国外进口棉花，并在当地少数民族中推销省广杂货，思茅逐渐发展成为滇南贸易重镇。[①]对此，海关贸易报告也有描述："闻说先六十载，凡诸物产荟萃于思。商人自缅甸、暹罗、南掌服乘而来者，皆以洋货、鹿茸、燕窝、棉花盘集市面，互换丝、杂、铁器、草帽、食盐及金两等物交易而退，无不各得其所。出口丝、杂，年有一千五百担，计值银三万两，其运出金数，亦甚浩繁，不论晴雨时节，茂盛之局，未尝少减。"所谓"当火轮船只未开漾贡海面，香港未成东方大市以前，蒙、腾两路无人梦想能及商贾云集之地，思亦可推四川及滇之殷府，所用洋货皆自此售出"[②]。故而，英、法殖民者曾一度将云南通商之地注意于思茅，英国曼彻斯特商会的调查发现"中国西部边区的思茅城早已被中国商民利用为贸易中心"[③]，当英国占领了北古（Pegu），以后又在仰光和毛淡棉等港口发展了英国贸易时，英国商人便急于想在中国西南打开通商之路，各地商会纷纷向政府提出备忘录，要求向中国交涉开放思茅，他们认为"从北古到思茅如能获得修筑道路，开辟交通的便利，一定会给贸易带来很大的利益"[④]。

但时移景迁，"自滇回乱、长江开港、市渐萌厥，后英踞阿瓦，四者相辅而来，思日渐困焉。回乱则全滇商情已如痿病；香港磐石之地，不意竟成市廛，则广东之西江、越南之红河均为入滇水道；长江一辟口岸，则丝、杂、草帽改运他途；缅甸地方安谧，则牵引商贾路出腾越、新街"，因而，开埠之后的思茅已是"商务之衰遂有望尘莫

---

①　刘瑞斋：《思茅商务盛衰概况》，《云南文史资料选辑》第16辑，云南人民出版社1980年版，第284页。

②　《光绪二十五年思茅口华洋贸易情形论略》，中国第二历史档案馆、中国海关总署办公厅编：《中国旧海关史料（1859—1948）》第30册，京华出版社2001年版，第297页。

③　姚贤镐编：《中国近代对外贸易史资料》第2册，中华书局1962年版，第686页。

④　同上书，第687页。

及之势"①。"所有来自国外的货物自然是经过港口运入"②，"蒙自道通香港，腾越道通漾贡"③，并且，蒙自经红河水运（以及后来的滇越铁路）、腾越出滇后即可利用缅甸近代化的水陆交通，到达出海口均相对方便。思茅到仰光有两条道路可达，其"一从漾贡乘坐海船一日抵莫罗冕，由冕换坐小轮一日可到扒安，由扒安卸船旱十五日至景昧，又十五日至猛艮，自猛艮达思须程十有六日，合计则四十八天；一从漾贡上乘火车，一日之程直通阿瓦，由瓦遵陆而行至猛艮须二十五天，至思十六天，共有四十二天"。不仅如此，还因"商人沿途贸易及起下货物俱有稽延"，往往"须有两月之迟方得到思"④。由此可见，仰光到思茅途程远，耗时多，严重制约着两者之间贸易的往来，所谓"开关之始一切预料，谓思茅埠头可为漾贡、阿瓦之一屯货要地"，然"凡货由缅至思共须四十余日，运费即不匪矣"，思茅"相去缅城道阻且长，以愚情揣度，十年之后其情形仍无异于今，只可作边城之地区区一小镇耳"，说的就是这个道理。⑤ 因此，尽管从贸易联系的角度看，思茅当然也应视作仰光贸易网络在云南境内的另一个节点，但其与仰光贸易往来的紧密度显然是无法与腾越相提并论的。

第三节　小结

从总体上看，近代云南三关，蒙自的腹地为最大，腾越次之，思茅最小，但是，因为后面开放的口岸总是要对前面开放的口岸的腹地

---

① 《光绪二十五年思茅口华洋贸易情形论略》，中国第二历史档案馆、中国海关总署办公厅编：《中国旧海关史料（1859—1948）》第30册，京华出版社2001年版，第297页。

② 戴维斯：《云南：连接印度和扬子江的锁链——19世纪一个英国人眼中的云南社会状况及民族风情》，李安泰、何少英等译，云南教育出版社2000年版，第6页。

③ 《光绪二十五年思茅口华洋贸易情形论略》，中国第二历史档案馆、中国海关总署办公厅编：《中国旧海关史料（1859—1948）》第30册，京华出版社2001年版，第297页。

④ 《光绪二十三年思茅口华洋贸易情形论略》，中国第二历史档案馆、中国海关总署办公厅编：《中国旧海关史料（1859—1948）》第26册，京华出版社2001年版，第268页。

⑤ 《光绪三十二年思茅口华洋贸易情形论略》，中国第二历史档案馆、中国海关总署办公厅编：《中国旧海关史料（1859—1948）》第44册，京华出版社2001年版，第407—408页。

有所分割，所以，伴随着口岸相继开放，近代云南口岸—腹地格局一再发生变化：蒙自以开埠最早的有利条件，开埠之初的腹地不仅包括了云南东部绝大多数的地区，而且还覆盖了西部的大理、丽江、永昌地区；随后，思茅开埠，尽管其贸易量有限，却也分割了原属蒙自的部分腹地；腾越开埠后，蒙自的腹地又略有缩小，云南西部地区，以及四川宁远府地区开始成为腾越的腹地，一度使两口岸的贸易范围差相仿佛；由于昆明的开埠和滇越铁路的全线通车，蒙自的腹地得到拓展，蒙自成为三个口岸当中贸易范围最大的口岸。由此可见，在三关当中，由腹地范围来看，蒙自真正确立其首要口岸的地位应该是在昆明开埠和滇越铁路通车之后。有论者认为，因为"思茅口岸的环境不佳，致使其贸易的辐射也很小"，"与此相反，蒙自、腾越两口岸的贸易辐射范围却宽广得多"，辐射范围的大小是造成近代云南三关贸易地位不同的重要原因。[1] 此说不能说没有道理，但是，如果不对各个口岸腹地范围的变化分阶段加以描述，就难以把握近代云南三关贸易地位形成的空间过程，不利于对近代云南口岸贸易的深入考察。

郭亚非曾指出：云南对外贸易的三个口岸都是内陆口岸，由于各自毗邻国家的社会经济发展水平不同，这种环境差别对三关各自的贸易发展影响很大。[2] 这一认识注意到了外部市场对近代云南口岸贸易的塑造作用，但是，仅局限于蒙自、思茅、腾越三关所毗邻的越南、老挝、缅甸三国的经济发展水平来说明外部市场对其贸易发展的影响是远远不够的。这是因为，在云南没有开埠之前，与云南接壤或邻近的国家和地区就是其传统上的贸易对象，在云南开埠后，其对外贸易已经开始突破这种传统的地区贸易的范畴，成为全球贸易的组成部分。因此，要考察开埠后云南对外贸易的变化，就应该将其置于全球贸易网络或跨国性区域贸易网络中，分析其所处的位置和扮演的角色，以及比较三关在全球或区域贸易网络中的差异。在云南没有开埠之前，在英、法的殖民经营下，与云南接壤的越南、老挝、缅甸等国已经被构筑成为以中国香港、仰光为中心的区域贸易网络的组成部

---

① 郭亚非：《近代云南三关贸易地位分析》，《云南师范大学学报》1996 年第 5 期。
② 同上。

分。云南开埠后，蒙自、腾越分别成为中国香港、仰光贸易网络当中的一个重要节点，蒙自贸易以经过越南为主，腾越贸易以经过缅甸为主，并由此与世界市场建立联系，思茅与外部市场的联系，虽也是以缅甸为主，但与仰光的联系并不是很紧密，远不能与腾越相提并论。这样的一种外部市场结构特征，必然会影响到近代云南口岸贸易的发展，使得三关贸易朝着差异化的方向发展。

第三章　外部市场、内部区域与近代云南三关贸易地位的形成

第一节　近代云南三关各占全省口岸贸易量比重的变化

1902 年，随着腾越的开关设埠，近代云南的进出口贸易即被纳入由蒙自、思茅、腾越组成的，彼此独立的海关贸易统计体系。根据海关历年贸易报告的相关统计，可以清楚地看出三关贸易分别占云南全省进出口贸易比重的变迁。

一　各关进口分别占全省进口贸易比重的变迁

表 3 - 1 是 1903—1930 年蒙自、思茅、腾越进口贸易历年占全省进口贸易比重的情况，由此可以看出：在 1903—1930 年，在全省进口贸易中所占比重最大的是蒙自口岸，平均为 78.48%，即使是最小的 1915 年，也占有全省进口贸易份额的 69.46%，最大的 1930 年一度达到 88.13%；其次是腾越口岸，平均占全省进口贸易总额的 19.64%；最小的则是思茅口岸，占全省对外贸易的份额可以说是微乎其微，平均仅为 1.23%，即使是最大的 1911 年，也只有 3.33%，最低的 1930 年，更是只有 0.50%。蒙自贸易是全省进口贸易总额最主要的构成部分，其次是腾越，最后才是思茅。

表 3 - 1　1903—1930 年三关进口占全省总进口比重

单位：海关两，%

年份	全省进口净总值	蒙自进口净值	比重	腾越进口净值	比重	思茅进口净值	比重
1903	6294579	4435889	70.47	1667362	26.49	191327	3.04
1904	9212557	6953873	75.48	2004381	21.76	254304	2.76
1905	7942725	5912696	74.44	1777360	22.38	252670	3.18
1906	9289237	7534296	81.11	1495963	16.10	258979	2.79
1907	9052836	7257734	80.17	1537417	16.98	257685	2.85
1908	6571243	5091401	77.48	1334221	20.30	145621	2.22
1909	8371739	7041544	84.11	1158636	13.84	171559	2.05
1910	6521267	4953483	75.96	1411128	21.64	156657	2.40
1911	5937676	4531471	76.32	1208206	20.35	197999	3.33
1912	9766326	7721840	79.07	1824908	18.69	219578	2.25
1913	11199334	8612646	76.90	2401798	21.45	184890	1.65
1914	9191319	7138601	77.67	1845437	20.08	207280	2.26
1915	8968678	6229433	69.46	2537525	28.29	201720	2.25
1916	7965362	5967267	74.92	1828707	22.96	169388	2.13
1917	8926167	6318910	70.79	2355521	26.39	251736	2.82
1918	11639970	9031673	77.59	2409281	20.70	199016	1.71

续表

年份	全省进口净总值	蒙自进口净值	比重	腾越进口净值	比重	思茅进口净值	比重
1919	11909321	8462858	71.06	3269842	27.46	176620	1.48
1920	11405229	7953796	69.74	3223740	28.27	227693	2.00
1921	12002058	9342970	77.84	2523141	21.02	135947	1.13
1922	15491078	12434757	80.27	2843271	18.35	213050	1.38
1923	16064916	13630579	84.85	2258545	14.06	175792	1.09
1924	17183161	14702696	85.56	2335239	13.59	145227	0.85
1925	19896617	16200070	81.42	3478566	17.48	217981	1.10
1926	21045146	18391284	87.39	2450940	11.65	202922	0.96
1927	17668104	14445058	81.76	3013427	17.06	209619	1.19
1928	17449022	14747555	84.52	2568704	14.72	132764	0.76
1929	15378966	12761802	82.98	2520579	16.39	96585	0.63
1930	16883794	14880519	88.13	1918908	11.37	84366	0.50
平均			78.48		19.64		1.88

资料来源：据《中国旧海关史料（1859—1948）》历年数据整理。

说明：货物价值根据南开物价格指数（中国进口物价指数）进行了修正。

图 3-1 反映了 1903—1930 年三关进口分别占全省进口贸易比重的变化趋势,可以看出,蒙自与腾越在全省进口贸易中所占比重的此消彼长。根据蒙自和腾越占全省贸易总额比重的变化趋势,大致可以 1920 年为界划分为两个时段。

在前一时段,蒙自进口贸易占全省进口贸易的平均比重尽管高达 75.71%,但低于整个时期内平均比重近三个百分点;而在此期内,腾越所占平均比重 21.90%,却高于整个时期内平均比重 2.26 个百分点。

在后一时期,蒙自进口贸易占全省进口贸易的比重则日益上升,从 1920 年的 69.74% 上升到 1930 年的 88.13%,平均为 83.47%,高于整个时期内平均比重近 5 个百分点,与此相反,腾越则从 28.27% 下降到了 11.37%,平均为 15.57%,低于整个时期内平均比重 4.07 个百分点。

总的来看,1903—1930 年,尽管各口岸进口贸易占全省进口贸易的比重不无变化,并在一定程度上形成蒙自与腾越的相互竞争关系,但蒙自在全省进口贸易中的地位十分突出,不是腾越,更不是思茅可以比拟的。即使以蒙自所占比重的最低值与腾越的最高值相比,蒙自也要高出 41.17 个百分点,蒙自进口贸易之地位由此可见一斑。

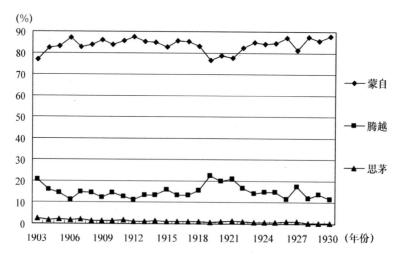

图 3-1 1903—1930 年各关进口占三关总进口值比重

资料来源:据表 3-1 绘制。

二　各关出口分别占全省出口贸易比重的变化

表3-2是1903—1930年蒙自、思茅、腾越历年出口贸易占全省出口贸易比重的情况，由此可以看出：在1903—1930年，在全省出口贸易中所占比重最大的依然是蒙自口岸，其次为腾越口岸，思茅口岸最小，平均分别为89.29%、10.17%、0.54%。蒙自是全省出口贸易总额最主要的构成部分，几乎囊括了全省出口贸易九成的份额，其次是腾越，思茅则几乎可以忽略不计，腾越与思茅两口合计也只占全省出口贸易的一成多。

表3-2　　　1903—1930年三关出口占全省总出口比重　　单位：海关两,%

年份	全省出口总值	蒙自出口值	比重	腾越出口值	比重	思茅出口值	比重
1903	3143691	2829987	90.02	273452	8.70	40253	1.28
1904	5465411	5052343	92.44	364276	6.67	48792	0.89
1905	5608738	5300704	94.51	261928	4.67	46106	0.82
1906	6009645	5677710	94.48	297926	4.96	34009	0.57
1907	4184056	3650952	87.26	478400	11.43	54705	1.31
1908	6135816	5566330	90.72	523933	8.54	45553	0.74
1909	5282709	4725680	89.46	509943	9.65	47087	0.89
1910	7607503	6958180	91.46	606623	7.97	42700	0.56
1911	7899852	7377381	93.39	487215	6.17	35256	0.45
1912	14190823	13372290	94.23	769748	5.42	48784	0.34
1913	11835907	11066270	93.50	730277	6.17	39360	0.33
1914	8518562	7950510	93.33	533984	6.27	34067	0.40
1915	9823010	9099377	92.63	692961	7.05	30673	0.31
1916	8582835	8023857	93.49	537074	6.26	21904	0.26
1917	12890585	12114565	93.98	748115	5.80	27905	0.22
1918	11227759	9955300	88.67	1245019	11.09	27440	0.24
1919	10668759	8827355	82.74	1811942	16.98	29462	0.28
1920	12328438	10852155	88.03	1421860	11.53	54422	0.44

续表

年份	全省出口总值	蒙自出口值	比重	腾越出口值	比重	思茅出口值	比重
1921	7760963	6085372	78.41	1642543	21.16	33048	0.43
1922	8666690	7410561	85.51	1221471	14.09	34659	0.40
1923	7793120	6634294	85.13	1127374	14.47	31451	0.40
1924	8562405	7065413	82.52	1467247	17.14	29745	0.35
1925	10560394	9337923	88.42	1203059	11.39	19413	0.18
1926	7699683	6682535	86.79	929139	12.07	88009	1.14
1927	8032551	6436439	80.13	1485651	18.50	110461	1.38
1928	7736203	7107109	91.87	614379	7.94	14715	0.19
1929	7204843	6436622	89.34	755523	10.49	12698	0.18
1930	7221625	6332518	87.69	875725	12.13	13382	0.19
平均			89.29		10.17		0.54

资料来源:据《中国旧海关史料(1859—1948)》历年数据整理。

说明:货物价值根据南开价格指数(中国出口物价指数)进行了修正。

同样地,在出口贸易方面,蒙自与腾越占全省出口贸易的比重也略微呈现出一种此消彼长的态势。图 3-2 反映了 1903—1930 年三关出口分别占全省总出口贸易比重的变化趋势,据此,大致可以 1917年为界,将各关在全省出口贸易中比重的变化划分为两个时段。

前一时期,蒙自出口贸易占全省进口贸易的平均比重高达92.33%,高于整个时期内平均比重 3.04 个百分点;而在此期内,腾越所占平均比重为 7.05%,低于整个时期内平均比重 3.12 个百分点。

后一时段,蒙自出口贸易占全省出口贸易的比重则略有下降,从1917 年的 93.98% 下降到 1930 年的 87.69%,平均为 85.79%,低于前一时期 6.64 个百分点;与此相反,腾越则从 5.80% 上升到了12.13%,平均为 13.77%,高于前一时期 6.72 个百分点。当然,腾越出口贸易占全省出口贸易比重的上升并没有动摇蒙自在全省出口贸易中的绝对优势地位。

总体上,如果说,在进口方面,腾越对蒙自还具有一定的竞争力

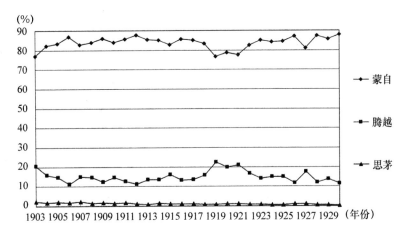

图 3 - 2　1903—1930 年各关出口占三关总出口值比重

资料来源：据表 3 - 2 绘制。

的话，那么在出口方面，腾越对蒙自的竞争简直可以说是微乎其微。1921 年是蒙自占全省出口贸易最低的一年，也是腾越占全省出口贸易最高的一年，其比重分别为 78.41%、21.16%，前者比后者高出 57.25 个百分点，而这一数字，比前述进口的 41.17 个百分点高出 16.08 个百分点。由此看来，与进口贸易相比，蒙自在全省出口贸易中的地位则显得更加突出。

三　各关在全省进出口贸易中比重变化的总趋势

各关总贸易即进口贸易和出口贸易之和占全省进出口贸易总额比重的变化可以从总体上反映出不同口岸的贸易地位。图 3 - 3 所示为各口总贸易占全省贸易总额的变化情形，从中可以看出，1903—1930 年，各关在全省对外贸易中的比重并非一成不变，而是时有波动。其波动趋势，大致可以 1919 年为界划分为两个时期。1919 年之前，蒙自贸易占全省贸易的比重略呈下降趋势，与之相应的是腾越略有上升；1919 年以后，蒙自贸易占全省贸易的比重日益上升，从 1919 年的 76.71% 上升到 1930 年的 89.20%，与此相反，腾越则从 22.39% 下降到了 10.01%。但是，三关各自在全省对外贸易中的地位并没有因此而发生改变。即自始至终，在全省进出口贸易中所占比重最大的都是蒙自，平均为 83.75%，即使是最小的 1903 年，也占有全省对外贸易份额的 77.02%，最大的 1930 年，一度达到 87.99%；其次是腾越，平均占全省对外贸易总额的 14.83%；最小的则是思茅，平均仅为 1.25%，即使是最大的 1903 年，也只有 2.45%，最低的 1930 年，更只有 0.38%。

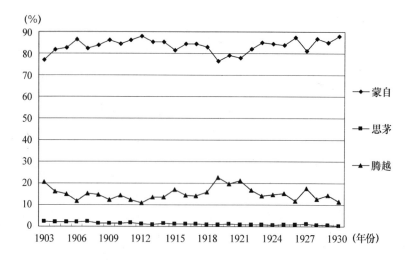

图 3-3　各关总贸易占三关贸易总值比重

资料来源：据表 3-1、表 3-2 绘制。

综上所述，显而易见：近代云南三关，无论是在进口贸易、出口贸易，还是在总贸易上，蒙自的贸易量都是最大的，占全省对外贸易的比重最高，腾越虽然位居第二，但远非能与蒙自相提并论，思茅则更是不值一提。

第二节　外部市场、内部区域与近代
云南三关的贸易地位

从空间的角度看，近代云南三关贸易地位的不同，是外部市场与内部区域即腹地特征共同作用的结果。

一　外部市场依赖路径与近代云南三关的贸易地位

就云南口岸而言，其外部市场，包括直接贸易对象和间接贸易对象两个部分。所谓直接贸易对象指的是海关贸易统计册明确说明进口货物来源和出口货物销售的国家和地区；间接贸易对象则是指经直接贸易对象而与之建立贸易关系的国家和地区。而蒙自、思茅、腾越在香港和仰光贸易网络中所处的不同位置直接地造成了其各不相同的市场依赖路径。

由表 3 - 3 可以看出，除了中国香港和越南（即海关年报统计中的交趾支那、东京和安南）以外，蒙自几乎没有其他的直接贸易对象，而以中国香港居于重要地位。至于其间接贸易对象，据表 3 - 4，主要有英、法、德、比、美、日、朝鲜、瑞典等国，以及中国内地。

表 3 - 3　　　1889—1912 年各直接贸易对象占蒙自进出口比重　　　单位:%

年份	进口		出口			年份	进口		出口		
	中国香港	越南	中国香港	越南	其他		中国香港	越南	中国香港	越南	其他
1889	74.31	25.69	82.97	16.03	1.00	1900	96.09	3.91	80.75	19.25	
1890	83.70	16.32	85.28	13.07	1.64	1901	96.79	3.21	81.96	18.04	
1891	83.54	16.46	88.17	11.82	0.01	1902	94.33	5.67	91.74	8.26	
1892	87.25	12.77	87.24	12.57	0.12	1903	79.31	20.69	84.06	15.94	
1893	92.80	7.20	83.45	16.55		1904	86.32	13.68	70.02	29.98	
1894	88.38	11.62	82.02	17.98		1905	78.00	22.00	73.00	27.00	
1895	93.03	6.97	79.52	20.48		1908	70.00	30.00	83.00	17.00	
1896	94.73	5.27	84.20	15.80		1909			86.00	14.00	
1897	96.89	3.11	81.95	18.05		1910	64.69	35.31	95.00	5.00	
1898	96.63	3.37	83.17	16.83		1911	65.00	35.00	97.40	2.60	
1899	97.93	2.07	83.20	16.80		1912			96.44	3.56	

资料来源：据《中国旧海关史料（1859—1948）》相关年份数据计算。

由表 3 - 5 可以看出，思茅的直接贸易对象，在 1902 年以前有越南、老挝和缅甸，从 1902 年起增加了暹罗。在进口方面，缅甸是思

表 3－4　　1928—1931 年蒙自进出口地区

国家和地区	进口值				出口值			
	1928 年	1929 年	1930 年	1931 年	1928 年	1929 年	1930 年	1931 年
安南	208096908	233436236	272255311	828384				463463
中国香港	692886	1425402	593890	1002478	28993118	163055802	128539877	5391908
比国				38164				
法国	9804161	5307301		332940	8179910	2904238	3061791	5181
德国				853937				
英国				535831				
美国			8255	595896				721
暹罗				2024283				5050
日本	49572	148156	119748	14608				350
朝鲜				74795				
荷属东印度	8223391	5358940	21347	50113				832
挪威				24431				
新加坡等处				117432				
瑞典								
其他欧洲诸国	1865842	4277035	884804	6473713	786311	295260	328250	5863905
中国	53476033	44426531	64241239		1596476	3316934	3219084	

资料来源：云南省志编纂委员会办公室整理《续云南通志长编》下册，1986 年，第 586—587 页。

说明：1928—1930 年货值单位为法郎，1931 年为海关两。来自中国的进口系指云南货物经由海防转入云南者，出口到中国系指云南货物经由海防转入内者。

表 3 - 5 　　　1897—1919 年各直接贸易对象占思茅进口出口比重　　　单位:%

年份	进口			出口		
	越南、老挝	缅甸	暹罗	越南、老挝	缅甸	暹罗
1897	14.96	85.04		22.63	77.37	
1898	14.94	85.07		20.57	79.43	
1899	16.54	83.46		18.77	81.23	
1900	13.78	86.22		23.11	76.89	
1901	12.11	87.89		42.59	57.41	
1902	15.60	84.40		41.23	55.70	3.07
1903	17.48	79.17	3.35	39.07	36.50	24.43
1904	24.07	66.01	9.72	42.83	40.99	16.18
1905	28.38	59.41	12.21	33.00	53.00	14.00
1906	—	—	—	36.00	63.00	1.00
1907	21.17	70.50	8.33	26.00	72.00	2.00
1908	30.88	69.06	0.06	35.58	61.85	2.57
1909	24.82	75.18		28.79	75.24	0.19
1911	25.25	74.75		20.43	51.85	27.73
1912	—	—	—	30.00	49.00	21.00
1913				50.00	39.00	11.00
1914	—	—	—	46.40	37.19	16.41
1915				19.31	66.82	13.87
1916				43.82	55.08	·1.10
1917	17.86	78.09	4.05	53.74	45.42	0.84
1918	38.50	61.69	—	61.13	38.87	
1919	16.89	83.11	—	—	—	—

资料来源：据《中国旧海关史料（1859—1948）》相关年份数据计算。

茅最大贸易对象，其次是越南、老挝，暹罗占思茅进口比值极低；在
出口方面，总体上也是以缅甸为最大贸易对象，但越南、老挝往往也
能占到 30% 左右的贸易份额，暹罗所占比重波动较大，这是因为出
口暹罗的货品极其单一，"大宗货物常运缅甸销售者则有盖毡磁器窑
货熟铁铁锅铁器烟丝等项，常运东京则有茶叶糖食熟铁铁器等项，常

运暹罗只有核桃粉丝二品而已"①。可见，暹罗与思茅的贸易联系并不紧密。至于思茅的间接贸易对象，由于资料缺乏，尚难以具体得知。

海关贸易报告指出：腾越"土货出口销场概在缅甸，亦犹进口洋货概以缅甸为来源也"②，可见缅甸是腾越关唯一重要的直接贸易对象。而其间接贸易对象，据表3-6，则有法、德、英、美、日、印度、比利时、挪威、中国香港等。

表3-6　　　　1937年腾越关进口货物来源地区　　　单位：海关金单位

国别	位次	输入价值	国别	位次	输入价值
缅甸	1	333759	美国	7	5067
印度	2	76558	中国香港	8	3396
英国	3	22131	日本	9	2725
德国	4	17159	法国	10	64
比利时	5	5492	澳洲	11	24
挪威	6	5389	其他	12	30065

资料来源：张竹邦：《滇缅交通与腾冲商业》，载《云南文史资料选辑》第29辑，云南人民出版社1986年版，第152页。

由于各口的直接贸易对象除中国香港外，都是云南长期以来的传统上的对外贸易对象，因而将三关对直接贸易对象和间接贸易对象的依赖情形作一分析，便可以看出各口与世界市场联系的差异。

表3-7反映的是1937年蒙自进口货物来源地区情形，可以看出，蒙自进口货物主要来自欧美地区，其中以法国货输入最多，其次为美、德、比、英等国，输入数量也不少，以上六国合计占该年蒙自外货进口总值4224469海关金单位③的83.43%，越南和中国香港则

①　《宣统三年思茅口华洋贸易情形论略》，中国第二历史档案馆、中国海关总署办公厅编：《中国旧海关史料（1859—1948）》第56册，第485页。
②　《宣统二年腾越口华洋贸易情形论略》，中国第二历史档案馆、中国海关总署办公厅编：《中国旧海关史料（1859—1948）》第53册，京华出版社2001年版，第498页。
③　郭垣：《云南省经济问题》，正中书局1940年版，第268页。

分别只占 5.25% 、1.95% 。这一状况说明，蒙自进口贸易的主要依赖不是直接贸易市场而是间接贸易市场，尤其是欧美，是蒙自最为重要的终端贸易市场。出口方面，据表 3 - 8，中国香港占最大份额，其次为英国、越南、美国、法国等，但常年居出口 80% 以上份额的锡，由于纯度不够大多需在中国香港精炼之后转销各地，如 1935 年，大锡经中国香港精炼后全部转销他国，其中美国 3704 长吨，占45.9% ；日本 1705 长吨，占 20.6% ；法国 1061 长吨，占 12.8% ；欧洲大陆 914 长吨，占 11.1% ；英国 875 长吨，占 10.6% 。[①] 由此可见，蒙自出口贸易也主要是依赖于其间接贸易对象。

表 3 - 7 　　　　　　　**1937 年蒙自关进口货物来源**　　　　单位：海关金单位

国别	位次	输入价值	国别	位次	输入价值
法国	1	1093239	瑞士	10	60288
美国	2	788719	挪威	11	46104
德国	3	501670	海峡殖民地	12	43883
荷属东印度	4	489393	瑞典	13	40853
比利时	5	372031	澳洲	14	36529
英国	6	279514	加拿大	15	16951
法属越南	7	221722	英属印度	16	14470
中国香港	8	82520	捷克	17	9565
日本	9	64052	其他	18	45961

资料来源：郭垣：《云南省经济问题》，正中书局 1940 年版，第 268 页。

表 3 - 8 　　　　　　　　**1937 年蒙自出口地区**　　　　　单位：国币元,%

国别	货值	百分比	国别	货值	百分比
中国香港	25327096	74.10	美国	395584	1.16
英国	4454741	13.04	法国	187316	0.55
越南	3799991	11.12	其他	11365	0.03

资料来源：郭垣：《云南省经济问题》，正中书局 1940 年版，第 272—273 页。

[①] 钟崇敏：《云南之贸易》，中华民国资源委员会经济研究所，1939 年，第 208 页。

表3-6是1937年腾越进口货物来源地的反映，可以看出，缅甸居于腾越进口最重要的地位，输入值占腾越该年外货进口总值501829海关金单位的66.51%，[①] 其他所有经缅甸转运而来的货物则只占腾越总输入外国货值33.49%的份额。这说明，腾越进口主要依赖于缅甸市场。出口方面，由于腾越最大宗的商品也主要是销售到缅甸市场，因而腾越的出口市场也主要是缅甸。这就说明，虽有不少国家和地区与腾越有贸易往来，但其与缅甸以外的市场之间贸易有限，作为直接贸易市场的缅甸是腾越贸易发展的主要市场依赖。

据海关贸易报告载，思茅"进口之货可分为两类，第一类系近边地方所产，第二类从西国南洋而来，第二类货来者无多"[②]，"洋货进口，除由边境运来货外，它类几可言无"[③]。出口货物，除茶以外，几乎全部于缅甸、越南沿途变卖，"不过肩挑负贩而已"[④]。由此可见，思茅与其间接贸易市场联系更是微弱。

这说明蒙自与全球贸易网络联系之紧密远胜于腾越、思茅，而这恰恰又是与各自所在的区域贸易网络——香港和仰光贸易网络在全球贸易网络中的地位直接相关的。前已述及，香港和仰光分别作为两个区域性贸易网络的中心，在全球贸易网络中的层次和地位，香港与世界各地联系的广泛及其紧密程度非仰光可比。那么，作为香港贸易网络的一个节点，蒙自自然相对易于实现与世界各地之间的贸易往来，各地的货物经香港转运从而成为蒙自进口贸易主要的构成部分，蒙自出口货物亦经香港贸易网络而销售到世界各地。何况，从蒙自到香港，在滇越铁路修通以前，陆路至蛮耗后可直接通过红河到达海防，再由海防海运达香港；从腾越到仰光，在缅甸境内虽有近代化的水、

---

① 张竹邦：《滇缅交通与腾冲商业》，《云南文史资料选辑》第29辑，云南人民出版社1986年版，第152页。

② 《光绪二十四年思茅口华洋贸易情形论略》，中国第二历史档案馆、中国海关总署办公厅编：《中国旧海关史料（1859—1948）》第28册，京华出版社2001年版，第287页。

③ 《中华民国三年思茅口华洋贸易情形论略》，中国第二历史档案馆、中国海关总署办公厅编：《中国旧海关史料（1859—1948）》第66册，京华出版社2001年版，第154页。

④ 《中华民国五年思茅口华洋贸易情形论略》，中国第二历史档案馆、中国海关总署办公厅编：《中国旧海关史料（1859—1948）》第74册，京华出版社2001年版，第228页。

陆交通网可资利用，但从腾越进入缅甸却只有旱路可走，且路途艰险。戴维斯调查发现，"以云南的两个城镇云南府和下关的大概路程来计算"，"到仰光大约要39—46天，到海防大约要16天"①。这还是在滇越铁路未通之前，充分表明蒙自沟通香港远比腾越沟通仰光容易。除缅甸的直接进口外，腾越货物的进口须经仰光转运，而腾越与仰光交通的艰难在增加了时间成本的同时也必然推高价值成本，这必然造成腾越贸易主要依赖于缅甸市场的局面。如前述，开埠后的思茅几乎游离于与云南对外贸易关系密切的香港和仰光贸易网络之外，而这恰恰是造成思茅的进口几乎完全依赖于直接贸易对象的主要原因。

不同的市场依赖路径反映出不同口岸外部市场广狭程度的不同。由于香港在全球贸易网络中的地位，蒙自进口货物来源广泛，而主要的出口货物亦可借香港中转输送到欧美、日本等对原料有着广泛需求的工业化国家，说明其外部市场是较为广阔的。腾越由于仰光在全球贸易网络中的地位不及香港，其外部市场空间不及蒙自广阔，但相比思茅却还是有一定的优势，这是因为，正如前文所述，仰光是构成印度港口体系和贸易网络的重要一环，因此，腾越贸易虽主要依赖缅甸市场，但尚有印度和其他英联邦市场可在一定程度上以为凭借。思茅贸易则唯有依赖邻国，其市场空间最为狭小。外部市场空间的大小与口岸贸易地位出现完全正相关的关系，充分说明以上不同的市场依赖路径直接影响了口岸各自的贸易发展，是造成近代云南三关贸易量相差悬殊的重要原因。

二 内部区域特征与近代云南三关的贸易地位

1. 腹地地形特征与三关贸易地位

中国地势西高东低，自西向东逐级呈阶梯状下降。青藏高原雄踞西部，海拔平均达4500米左右，是我国最高的一级地形阶梯；青藏高原外缘以北、以东地势显著降低，东以大兴安岭、太行山、巫山、雪峰山一线为界，构成我国第二级地形阶梯；在第二级地形阶梯边缘

① ［英］戴维斯：《云南：连接印度和扬子江的锁链——19世纪一个英国人眼中的云南社会状况及民族风情》，李安泰、何少英等译，云南教育出版社2000年版，第6页。

的大兴安岭至雪峰山一线以东，是第三级地形阶梯。① 蒙自、思茅、腾越三口岸贸易范围覆盖的云南全省以及贵州西南、四川西南的部分地区主体属于云贵高原，滇西北、川西南的部分地区则属于青藏高原，分别是第一阶梯、第二阶梯，以及两大阶梯的过渡地带的组成部分。

云贵高原是"一个割裂性的高原区域"，山高谷深、高差悬殊，地形异常破碎，"地面大部分由高峻与崎岖不平的地形组成，其间横亘着许多深谷和高山，绝少真正的平地"，"高山和深谷就是这里风景的特征。河道穿流山谷，往往使之下刻至两千呎的深度。这种峻急的峡谷在交通上成了严重的妨碍，这里几乎没有一条可航的河流。这里的高山耸立于地面上较之河流穿入地面更为夺目，较高的山脉竟有上升至高原平面上四千呎的。云南地势构造的趋势成南北方向，至贵州则偏向东西，崎岖的地形是本区的特征"②。相对而言，云南则是"一个更明显的高原"，因为它"包含着面积更大的平地"③，但即便如此，山地几占全省面积的95%，④ 仅有的平地也只是一个个零散而且狭小的山间盆地而已。

位于青藏高原东南边缘区域的滇西北、川西地区，为"险峻积雪的高山和深邃无比的峡谷"所环绕，"这高山与峡谷恒久地形成中国内地与西藏高原的障壁"，长江、湄公江、怒江三条大河"把这里刻成世界上仅见的峡谷"⑤，雪山、峡谷成为这一区域的重要特征。

总之，海拔高而且比降悬殊，地形破碎异常，高山深谷纵横，河流下切深，航运价值有限，是近代云南口岸贸易辐射地区最主要的环境特征之一。地形的复杂，造成交通的不便，影响贸易的发展，对云南的几个口岸而言，无一例外。但是，地形的复杂若就三个口岸辐射

---

① 详参赵济主编《中国自然地理》第二章《地貌》，高等教育出版社2005年版，第4—14页。

② ［美］葛勒石：《中国区域地理》，谌亚达译，正中书局1947年版，第220—221页。

③ 同上书，第220页。

④ 云南省地方志编纂委员会：《云南省志》卷1《地理志》，云南人民出版社1998年版，第220页。

⑤ 同上书，第232—233页。

的空间分别而言，却还是略有差异的。仅以云南来看，东部地区相对西部而言不仅海拔总体要低，而且坝区分布较多，地势相对平坦。地形的区域差异自然造成三个口岸各自腹地内交通情形的差异，地形对不同口岸贸易发展的制约作用也就不可等量齐观了。近代云南三个口岸贸易发展的不平衡，地形是一个重要的影响因素，对此，万湘澄《云南对外贸易概观》说：

> 翻开云南地图，由丽江西面的石鼓镇画一直线至石屏县城，在这条直线以西，是著名的云南峡谷山地区，以前叫作横断山脉区。此区的山河走向，由西北而东南，纵列并行，山高谷深，运输困难，对外贸易所受影响不小。直线以东，是云贵分割高原的湖地断裂带，山脉走向，先由西北而东南渐向东北、东、东南展开，中间有许多盆地和湖沼，人烟稠密，交通便利，对外贸易比较发达。[①]

以上所说"直线以东"为蒙自的贸易范围，"直线以西"的西北部和西南部分别是腾越和思茅的贸易范围，东部地形相对于西部的优势，显然是蒙自贸易区别于腾越、思茅得以发展较好的有利的条件。

2. 瘴疠分布的空间差异对三关贸易地位形成的影响

云南、贵州等地，在近代瘴疠仍有较为广泛的分布，但也并非处处烟瘴，即如潞江坝"坝中地势凹下，四山高遮，空气不得疏泄，故气候炎热……瘴毒最剧"[②]，而练地"在潞江之西，高黎贡山东麓，位置稍高，故烟瘴不大"[③]，龙陵"因地处高原，天气平和，决无炎瘴之苦"[④]，也就是说只有那些具备瘴疠产生条件的特定地区才存在

---

① 万湘澄：《云南对外贸易概观》，新云南丛书社1946年版，第31页。

② 李根源著，李根沄录：《滇西兵要界务图注》卷1《甲线·甲三十一号·惠人桥》，方国瑜主编：《云南史料丛刊》第10卷，云南大学出版社2001年版，第767页。

③ 李根源著，李根沄录：《滇西兵要界务图注》卷2《乙五号·练地上接蛮因》，方国瑜主编：《云南史料丛刊》第10卷，云南大学出版社2001年版，第788页。

④ 《光绪二十八年腾越口华洋贸易情形论略》，中国第二历史档案馆、中国海关总署办公厅编：《中国旧海关史料（1859—1948）》第36册，京华出版社2001年版，第329页。

瘴疬。即以云南而言，湿热的河谷地带瘴虐最容易滋生，而尤以怒江、澜沧江流域为甚，瘴疬集中分布于滇西南、滇南和滇东南沿边一带。

关于滇南地区瘴疬为害的情形，李文林 1932 年的考察云：

> 车里距云南省城二十五站，腾冲、缅宁距省城亦二十五站，吾人闻腾缅之事，造成人心理之恐怖与惊奇者，惟瘴气之一物。沿边为瘴区，已为一般人所公认，即往沿边必经之坡脚、罗里、扬武坝、青龙厂、元江、乾庄坝等地，亦属产瘴之乡……又有思茅南下必经之老君田、普腾城子、小猛养等地，亦为烟瘴极大之区。行人既抵普洱思茅，若再欲前往沿边，凡向人问及前途时，不拘知与不知，均骤然表现出恐怖与惊奇的神情，当局者亦惟有孤注一掷与不惜牺牲之勇气，方能前进。商人旅客，莫不如此，若公务人员，尤为毛骨悚然。毫无生趣！大有"云横秦岭家何在？雪拥蓝关马不前！"之慨……沿途瘴气，已足令行人丧胆，至十二版纳，恐无地无瘴，无瘴不毒也……车里之外，以余所经，如五福之猛满，澜沧之猛朗，双江之猛库，皆为瘴气极盛之区。[①]

以上反映的主要是滇南沿边一带瘴虐为害的情形。由此可见，即使迟至 20 世纪 30 年代这一区域的瘴疬之害还是非常严重的。

关于滇西南地区瘴疬为害的状况，张印堂《滇西经济地理》一书则有所反映：

> 北纬 24.5 度云县以南之河谷盆地，如孟萨坝、孟定坝、户板坝、孟底坝、蒙黑坝、镇康坝等地，点钟人士向称之为"夷方"或"烟瘴区"，因尽为摆夷人所居，故一般人均视之为死窟，畏之若水火，故有"穷走夷方急走厂"（夷方即瘴区，厂乃矿厂），"出门要去卡斯瓦，先把老婆嫁"（卡斯瓦即保山以南之

---

① 李文林：《到思普沿边去》，张研、孙燕京主编：《民国史料丛刊》第 714 册，大象出版社 2009 年版，第 476—477 页。

瘴区坝地，言如去断无生还之望）等谚语。因为有这些对烟瘴的种种传说，致非至山穷水尽，率皆裹足不前，因此，滇缅边境人迹罕至，真相莫名明……云县全县有十五万人口，在近五年内因瘟疫而死亡者，在三分之一以上，城内在二十七年有四千人，当年因虐瘟而死者即在一千五百人以上。城东二十五里之孟朗村内有三百户，于二十七年一年中，死绝人家，竟达七十户以上。死亡多在秋冬之际，因夏季已种病源，秋深即行爆发，故临近各县之人民，大都不敢前往，人工非常困难。当作者到达县城时，见人烟甚为稀少，远不及城北村镇之繁荣，且市民均面黄肌瘦，十之八九穿白戴孝，户户均贴蓝白丧联，景象至为凄惨，偶有少数结婚红联，据闻系恐子嗣断绝而提前结婚者。由此可见恶性疟疾为害之烈，确有过于洪水猛兽。滇缅间之贸易，向仅限于冬季，大约均霜降后去，清明前归，每至雨季无人往来，此种现象，对贸易之方面影响甚大。①

至于云南全省瘴疠的区域分布，贺宗章《幻影谈》说："滇居温带，其后平和……惟高山则寒，澜江则热。烟瘴最盛之域，为西南缅、越连界之九龙江、元江州、威远厅、蒙自所属之蛮耗、文山之新街、安平之河口、南溪，以及江外三猛各土司地，滇越铁路所经之南溪、白河，广南所属之剥隘、古障，迤西之腾、永，怒江所经与缅、越接壤等处。"② 贺氏曾于1894—1911年在云南任官，以上文字应该说是关于云南瘴疠区域分布较为准确的记载，此番描述大致可以作为近代云南瘴疠区域分布的一般情形。结合以上两段时人的描述，大致可以看出近代云南瘴疠分布的空间差异：一是全省北部地区几乎没有瘴疠，瘴疠主要分布于南部边境一带；二是分布区域和为害程度以滇南沿边为甚，其次为滇西南，再次则是滇东南。滇南主要是思茅的贸易区域，滇西南主要是腾越的贸易区域，滇东南则为蒙自的贸易区

① 张印堂：《滇西经济地理》，张研、孙燕京主编：《民国史料丛刊》第863册，大象出版社2009年版，199—201页。
② 贺宗章：《幻影谈》下卷《杂记》，方国瑜主编：《云南史料丛刊》第12卷，云南大学出版社2001年版，第133页。

域，即以此瘴疠的分布来看，瘴疠对各口岸贸易发展的影响，当以思茅最大，其次为腾越，蒙自相对较轻。

除此之外，瘴疠对思茅贸易发展的不利影响还在于思茅口岸所在地本身就是瘴疠肆虐严重的地方。1897年思茅海关贸易报告："思茅地隔两日，即为瘴乡，人民时患热虐。而近城一带，水土甚属平和，城内外居民，颇称繁衍。"① 据此可知，开埠之初，思茅尚无瘴虐。1901年思茅海关贸易报告："本年夏间，雨水淋沥，既多且大，瘟病发泄，传染者十之六七，死亡之人，闻六百有余。此病向来所无，今年始有，俗名打摆子。"② 瘴虐从此开始在思茅流行，对此，海关贸易报告几乎每年都有提及，由于瘴毒肆虐年复一年，以至于1910年海关贸易报告以"本处节交夏令，淫雨淋漓，瘴毒蛮烟"言思茅贸易发展的不利情形。③

综上所述，可以概括为：在近代云南口岸贸易的辐射地区，瘴疠的分布是存在空间差异的，瘴疠为害以思茅最重，其次是腾越，再次为蒙自，近代云南三关不同贸易地位的形成，瘴疠所起的作用不应忽视。

3. 交通的区域差异是三关贸易地位形成的重要因素

如前述，云南三关各自贸易区内的地形是存在差异的。受此影响，三关各自贸易区内的交通情形也略有不同，而交通的差异是造成云南三关贸易地位埠别差异的重要原因。

首先是可资利用的交通方式的差异。滇越铁路修通以前，蒙自虽也主要依赖骡马运输，但除此之外，尚有红河水道可为之转运货物，而思茅、腾越所有贸易唯有依靠骡马驮运。早在蒙自开埠前，红河就已是通往越南贸易的重要通道，所谓"滇南所产铜、铅、铁、锡、鸦片烟，取道红河出洋；各项洋货又取道红河入滇，愈行愈熟，已成

---

① 《光绪二十三年思茅口华洋贸易情形论略》，中国第二历史档案馆、中国海关总署办公厅编：《中国旧海关史料（1859—1948）》第26册，京华出版社2001年版，第267页。

② 《光绪二十七年思茅口华洋贸易情形论略》，中国第二历史档案馆、中国海关总署办公厅编：《中国旧海关史料（1859—1948）》第34册，京华出版社2001年版，第313页。

③ 《宣统二年思茅口华洋贸易情形论略》，中国第二历史档案馆、中国海关总署办公厅编：《中国旧海关史料（1859—1948）》第53册，京华出版社2001年版，第491页。

通衢"①。蒙自开埠后，红河的交通作用得到进一步的发挥，出口之"货物均由骡马驮至蛮耗，用蓬船载赴河口"②，进口货物也主要经红河运抵蛮耗，再由骡马驮运蒙自，进而转输各地。正如亚当·斯密指出的那样"水运方式为各式各样的产业打开了一个更为广阔的市场，而这样的市场是陆路运输无法支撑的"③，红河就像是"一条新的为商业而开的高速路"④，为蒙自的贸易发展提供了交通上的便利。所谓"滇南口岸洋货可通者惟蒙自，水路甚近，运货捷速"⑤，红河水运是保证蒙自贸易发展优势的重要因素。

其次为交通的艰险程度不一。总体而言，云南境内交通艰险可谓无处不有，但具体到三关贸易区域，还是略有差异的。大致说来，在云南境内，其迤东一带地形比较简单，平坦地面也相对较多；迤西地面，除腾冲至八莫一带相对平坦外，余皆处处高山深谷；迤南尤其是思茅及其周边无不为崇山峻岭包围。⑥ 与之相应，西部和西南一带的交通也就显得尤为艰险了，1907 年腾越海关贸易报告说："云南迤西道路异常辛苦，上高山则疑若登天，下陡路则几同赴壑，羊肠鸟道，修之实难。"⑦ 1928 年东亚同文书院调查指出"云南府—元江之间的大道仅有一条，洋货杂货都通过这一条大道被搬入到思茅方向"，但这条"险峻的道路实在难走，使行者感到实在太困难了"⑧。艰险的道路不仅制约运输效率，而且还会增加运输成本，如思茅一带驮马的

---

① 束世澂：《中法外交史》，上海商务印书馆 1929 年版，第 20 页。

② 《光绪三十年蒙自口华洋贸易情形论略》，中国第二历史档案馆、中国海关总署办公厅编：《中国旧海关史料（1859—1948）》第 40 册，京华出版社 2001 年版，第 361 页。

③ ［英］G. L. 克拉克等编：《牛津经济地理学手册》，刘卫东等译，商务印书馆 2005 年版，第 170 页。

④ 《MENGTZU TRADE REPORT, FOR THE YEAR 1889》，中国第二历史档案馆、中国海关总署办公厅编：《中国旧海关史料（1859—1948）》第 15 册，京华出版社 2001 年版，第 574 页。

⑤ 《光绪二十四年思茅口华洋贸易情形论略》，中国第二历史档案馆、中国海关总署办公厅编：《中国旧海关史料（1859—1948）》第 28 册，京华出版社 2001 年版，第 285 页。

⑥ 万湘澄：《云南对外贸易概观》，新云南丛书社 1946 年版，第 31—45 页。

⑦ 《光绪三十三年腾越口华洋贸易情形论略》，中国第二历史档案馆、中国海关总署办公厅编：《中国旧海关史料（1859—1948）》第 45 册，京华出版社 2001 年版，第 441 页。

⑧ 东亚同文书院第 24 期学生调查：第 21 回支那经济调查报告书，第 9 卷云南事情调查，第 7 编交通调查，调查时间：1928 年，第 20 页。

运费就是大理—八莫间驮马运输费用的 1.2—1.5 倍。① 因此，在一定意义上可以说，"决定云南各通商口岸对外贸易盛衰的因素，不在距离交换市场的远近，而在交通运输的难易"②，交通越艰险贸易越难以发展。换句话说，运输的难易程度是近代云南三关贸易地位的重要影响因素。

最后则是交通空间布局的不平衡。交通空间布局的不平衡，体现在两个方面，一是传统的驿路路网的布设的空间不平衡，二是现代交通发展的空间不平衡。

传统交通主要是驿路，为马帮运输交通干道。据《新纂云南通志》云南铁路公路未兴前的通省大道即清代云南出省驿道干线，大致可以概括为迤东、迤西、迤南三大干线。迤东线包括昆明—曲靖—平彝（今富源）—普安—安顺—贵阳；昆明—曲靖—宣威—毕节—叙永—泸县；昆明—会泽—昭通—盐津—宜宾三条线路，分别为云南向东进入四川、贵州的主要交通线路。迤西线包括昆明—下关—丽江—维西—阿墩子（今德钦）—巴安（今巴唐）；昆明—禄丰—楚雄—下关—保山—腾冲—八莫；昆明—武定—元谋—会理—西昌三条线路，分别为滇藏、滇缅以及云南进入四川西南的主要交通路线。迤南线，除昆明—百色一线外，还包括由昆明东南而出，经呈贡、晋宁、江川、宁州、通海、蒙自、蛮耗，经红河水运而达海防一线和昆明—玉溪—元江—普洱—思茅—车里两条线路，分别为滇桂、滇越以及本省西南交通主要线路，据此绘图 3－4：可以清楚地看出，驿路的布设以蒙自腹地区域最为密集，其次是腾越，然后才是思茅，可以说，驿路利用的条件，对三关而言，腾越不如蒙自，思茅则又不如腾越。

两地之间的空间距离一般很难改变，但交通方式可以不同。现代化交通工具不仅比传统运输方式迅捷，而且运输成本也往往更低，"马驮运费，每吨每哩约合印币二十一阿那，而汽车运费，估计仅须

---

① ［日］薄井由：《清末民初云南商业地理初探——以东亚同文书院大旅行调查报告为中心的研究》，博士学位论文，复旦大学，2003 年，第 117 页。

② 万湘澄：《云南对外贸易概观》，新云南丛书社 1946 年版，第 45 页。

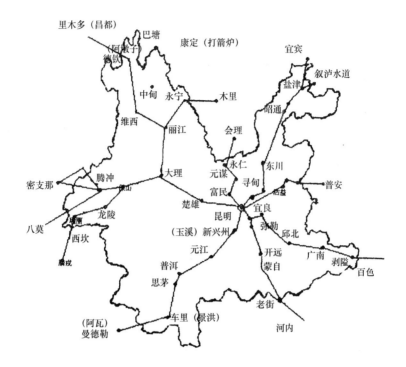

图 3 - 4　抗战前云南驿路交通示意

六阿那"①。云南三关各自腹地区域内，现代交通即铁路公路布设与驿路一样也是很不平衡的。在云南东部地区，1910 年滇越铁路全线通车，1912 年又开始修筑云南历史上第一条独立的民营铁路——个碧石铁路。1918 年，个碧石铁路蒙自到碧色寨段通车，1921 年个碧全线通车，1933 年延伸到石屏。与之相反的是，在云南西部地区，不仅铁路与之无缘，即便是公路，如图 3 - 5，也是与东部相去甚远。

　　形成这一局面的原因固然是多方面的，但即以多次倡议修筑的滇缅铁路每每被搁置来看，地形的影响不可谓不大，对此，1906 年腾越关贸易报告就曾指出：

---

　　① 《中国海关十年报告（1922—1931）》，中国第二历史档案馆、中国海关总署办公厅编：《中国旧海关史料（1859—1948）》第 157 册，京华出版社 2001 年版，第 587 页。

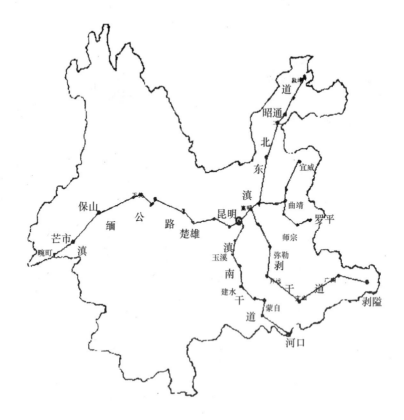

图 3 - 5　1940 年前后云南公路分布示意

　　再就滇缅铁路相接而论，言之似属匪艰，行之实属维艰，若系认真考究，首先之难在于择路，曾经有人议及其路有二，一为新街路，即经过腾越者是也，一为潞江路，即经过昆仑渡者是也。谓宜于腾越一条者有之，谓宜于昆仑渡一条者亦有之，尚莫知其孰为至善。揆厥议主昆仑渡一条者，或取其易于建造，抑因别故称便，均不可定。而要之，两路均属不易措手，缘其地实非为建造铁路之所宜者，试观山路则如彼崎岖，经费应如何浩大，而其尤难者轨道之宽窄非与中国他处已有之铁路若合符节不可，而况无论何路均须经过澜沧江（即湄江），该江两岸均系石峡，峭同壁立，此又铺设轨道难而又难之处也。种种费事，即使委曲图成，孰能料将来于往来商务可以确收其利乎？[1]

由此可见，地形更为复杂、需要更多投资、更多技术问题难以解决显然是影响西部地区现代交通建设难有进展的重要原因。

正如海关贸易报告"铁路通达之便有三，一运费撙节，二载运稳妥，三投递迅速，斯三者适足以发达商务"[2] 所言，滇越铁路开通后，"凡由蒙驮运货物至云南府者将必经由铁道运去，较向时甚为便捷"[3]，从而在很大程度上促进了蒙自贸易的进一步发展，"自铁路修复后，东京输入之货恐后争先"[4]，出口货物数额也大为增加，尤其是大锡，通车的当年即出口 6195 吨，比前一年增加 50%，并且因交通便利，"降低了成本，刺激了锡价，从而逐步增加了产量，提高了质量，在国际锡市上一跃而居第五位"[5]。根据海关贸易统计，从 1910 年到 1930 年，蒙自贸易总值从 11911663 海关两增长到 21213037 海关两，二十年增长了 1.78 倍。不仅贸易量大为增长，而且开始出现多年连续的出超，这在滇越铁路修通以前简直是不可想象的。在同一时期，思茅的贸易不仅没有增长，反而出现连年下滑的局面；腾越贸易虽然不无增长，但显然无法与蒙自相比，1930 年相比 1910 年，二十年增长了 1.38 倍。可以说，1910 年以后，蒙自在三关中优势地位的进一步加强，显然是与现代的便利运输分不开的。

在一定程度上可以说，地形的差异造成了近代云南现代交通在空间上的不平衡发展，而现代交通的不平衡发展又进一步加剧了蒙自、思茅、腾越三关贸易地位的埠别差异。

① 《光绪三十二年腾越口华洋贸易情形论略》，中国第二历史档案馆、中国海关总署办公厅编：《中国旧海关史料（1859—1948）》第 44 册，京华出版社 2001 年版，第 412 页。
② 《宣统元年蒙自口华洋贸易情形论略》，中国第二历史档案馆、中国海关总署办公厅编：《中国旧海关史料（1859—1948）》第 50 册，京华出版社 2001 年版，第 461 页。
③ 《宣统二年蒙自口华洋贸易情形论略》，中国第二历史档案馆、中国海关总署办公厅编：《中国旧海关史料（1859—1948）》第 53 册，京华出版社 2001 年版，第 486 页。
④ 《宣统三年蒙自口华洋贸易情形论略》，中国第二历史档案馆、中国海关总署办公厅编：《中国旧海关史料（1859—1948）》第 56 册，京华出版社 2001 年版，第 449 页。
⑤ 龚自知：《法帝国主义利用滇越铁路侵略云南三十年》，《云南文史资料选辑》第 16 辑，云南人民出版社 1986 年版，第 8 页。

总之，山高谷深，道路崎岖，运输困难，是影响云南三关贸易发展的共同原因。但蒙自有红河航运和滇越铁路等现代交通，而云南东部地区海拔相对较低，又多平衍的坝区，从而形成蒙自对外贸易发展的优势；腾越和思茅，唯有依赖落后的骡马运输，又因云南西部地区地形尤为复杂，交通也远比东部艰险，"腾越下关间的大峡谷区域切割很深，运输维艰，这便决定了腾越口对外贸易的劣势，思茅口在万山丛错中，途程险远，交通阻绝，对外贸易数额，更属微小"①。"实无怪迤东之商务兴也勃焉，驾乎迤西之上，夫迤东之地不特天时地利较胜迤西，而其天然之形势尤在与船路、车路相去不远"②，"滇南交通异常阻滞，所有建设铁轨俾与缅路衔接，及在元江、把边江、布固江行驶汽船之计划，亦均归之泡影"，"至于山道，多如羊肠，崎岖难行"③，可以说，是地形的差异造成了交通的不同，而交通的不同是近代云南三关贸易地位形成的重要原因。

4. 从人口的区域差异看腹地供需对三关贸易不平衡发展的影响

近代云南三关，虽然说蒙自的腹地相对最大，其次是腾越，然后才是思茅，但并不能因此说，这必然就造成三关贸易地位也以此次序排列，这是因为贸易发展虽与市场空间的大小相关，但市场的空间大小并不必然决定贸易的规模，"贸易是供给与需求的体现"④，贸易规模决定于市场供需状况，供需两旺贸易规模则大，反之则小。而影响供需状况最主要的因素，一个是人口数量，一个是经济发展水平，那么，我们就从这两个方面来看腹地供需对不同口岸贸易地位的塑造。

表 3 – 9 是 1932 年云南省民政厅调查的全省各市县局人口数字统计，以滇越铁路通车前三关的腹地人口数量比较，表中 121 个市县局，大致上，昆明市、昆明县、呈贡县、宜良县、易门县、安宁县、

---

① 万湘澄：《云南对外贸易概观》，新云南丛书社 1946 年版，第 45 页。

② 《光绪三十二年腾越口华洋贸易情形论略》，中国第二历史档案馆、中国海关总署办公厅：《中国旧海关史料（1859—1948）》第 44 册，京华出版社 2001 年版，第 412 页。

③ 《中国海关十年报告（1922—1931）》，中国第二历史档案馆、中国海关总署办公厅编：《中国旧海关史料（1859—1948）》第 157 册，京华出版社 2001 年版，第 570 页。

④ ［意］卡洛·M. 奇波拉：《欧洲经济史》第 2 卷，徐璎、吴良健译，商务印书馆1988 年版，第 389 页。

禄丰县、罗次县、崇明县、昆阳县、武定县、元谋县、禄劝县、澄江县、玉溪县、江川县、路南县、曲靖县、沾益县、陆良县、罗平县、鲁甸县、宣威县、马龙县、广通县、双柏县、牟定县、盐兴县、蒙自县、个旧县、建水县、河西县、峨山县、石屏县、通海县、开远县、文山县、马关县、师宗县、弥勒县、邱北县、华宁县、西畴县、曲溪县、姚安县、大姚县、永仁县、盐丰县、镇南县、屏边县、金河设治局计51个县（市、局）为蒙自的腹地，人口共计5317219人，占全省总人口11795486人的45.08%；宁洱县、景谷县、墨江县、思茅县、元江县、新平县、澜沧县、镇沅县、景东县、江城县、双江县、车里县、五福县、佛海县、镇越县、六顺县、宁江设治局17个县（局）为思茅的腹地，人口共计1051462人，占全省总人口的9.00%；腾冲县、龙陵县、保山县、大理县、顺宁县、镇康县、永平县、祥云县、洱源县、邓川县、云龙县、凤仪县、云县、漾濞县、华坪县、蒙化县、弥渡县、鹤庆县、剑川县、中甸县、丽江县、维西县、兰坪县、永北县、宾川县、缅宁县、平和设治局、莲山设治局、盈江设治局、陇川设治局、瑞丽设治局、潞西设治局、泸水设治局、德钦设治局、福贡设治局、碧江设治局、贡山设治局计37个县（局）为腾越的腹地，人口共计3047350人，占全省总人口的25.83%。由此看来，三关当中，不仅以蒙自的腹地最为广阔，腾越次之，思茅最小，而且各自腹地的人口数量也是以蒙自最多，腾越次之，思茅最少。

经济学的研究表明：在收入水平和购买力大体相同的条件下，人口数量的多少直接决定了市场规模和市场发展的空间，人口数量与市场规模成正比。这是从人作为消费者方面来讲，其实人在作为消费者的同时，还兼具作为生产者的身份，作为生产者，在生产力水平和生产关系相差不大的情况下，人口数量便是生产能力的象征，区域人口越多经济也往往越发达。具体到各口岸贸易的发展，则是腹地人口多，代表市场需求大，口岸进口贸易规模自然就大；腹地人口多，代表腹地产出多，可供转化为商品的货量也就大，口岸出口贸易规模相应地也就大。由此看来，近代云南三关贸易的不平衡发展，在很大程度上可以说，为各口岸腹地人口数量所代表的产需量的不同所决定。

不同的人代表的消费和生产能力是不相同的，因此，即使人口数量相同，但如果人口结构不同，则对贸易发展的意义显然也就不同。云南是一个边疆多民族省份，不同的民族经济发展水平往往存在显著差异，同一民族在不同的地方因环境的不同经济发展也不无差异。一般说来，近代云南经济发展的差异，一方面是民族间的差异，即少数民族经济比汉族落后，山居民族比平原民族落后，另一方面则是边疆与内地的差异，即边疆地区比内地落后。

关于近代云南民族的地理分布，郭垣在《云南省经济问题》一书中指出：

> 就地理的分配讲来，至逊清末季，滇省各地均有汉族居住，各县边隅虽间有其他种族，但为数极少，无足记述。但环居在滇边周围各地的种族，则种类复杂，在滇省人口上占重要地位，要略讲来可分为中（中甸）维（维西）沿边种族、腾（腾冲）保（保山）沿边种族、澜沧沿边种族、普思沿边种族、河（口）麻（麻栗坡）沿边种族等这五个边疆区域。[①]

由此可见，边疆地区即少数民族聚居地区，那也便是经济相对落后的地区。以此具体到三关的腹地，河麻沿边是蒙自的贸易范围，中维、腾保沿边为腾越的贸易范围，澜沧、普思沿边为思茅的贸易范围。可以说，相对更大的腹地为少数民族聚居的边疆地区，是腾越、思茅贸易难以企及蒙自贸易的一个重要原因。

总之，正如海关报告所说，"思茅地方，辟处边陲，人烟稀少，购买力弱，山地贫瘠，荒芜居多，纵使开垦，生产亦薄，环境如此不利，贸易焉能起色"[②]，"滇之西南……有许多地方非原系火山即中含矿质，不适耕种，亦有可以耕种之地，而又苦于人口太稀。论各处之

---

① 郭垣：《云南省经济问题》，正中书局1940年版，第4页。

② 《中国海关十年报告（1922—1931）》，中国第二历史档案馆、中国海关总署办公厅编：《中国旧海关史料（1859—1948）》第157册，京华出版社2001年版，第561页。

贸易情形本各有不同，而滇省西南更有甚焉"①，与蒙自相较，腾越、思茅腹地区域内人口相对稀少、经济相对落后，而尤以思茅为甚，可见人口与经济发展的区域差异即腹地产需量的不同是影响云南三关贸易不平衡发展的重要原因。

表 3 - 9　　　　　　　　　1932 年云南各市县局人口统计

地方	人口	地方	人口	地方	人口
昆明市	143700	蒙自县	131587	镇康县	126367
昆明县	184552	个旧县	93780	永平县	44403
呈贡县	77526	建水县	198165	祥云县	121710
宜良县	110706	河西县	74602	洱源县	53832
易门县	61037	峨山县	59123	邓川县	40061
安宁县	61565	石屏县	155969	云龙县	77434
禄丰县	41064	通海县	72382	凤仪县	58634
罗次县	53234	开远县	96048	云县	129757
嵩明县	107088	文山县	181231	漾濞县	28091
昆阳县	63086	马关县	197374	姚安县	105310
武定县	129274	广南县	244879	华坪县	79589
元谋县	39163	富州县	88950	蒙化县	192163
禄劝县	121785	泸西县	152613	弥渡县	109987
澄江县	70389	师宗县	49315	鹤庆县	86560
玉溪县	140016	弥勒县	113918	剑川县	71335
江川县	65215	邱北县	65039	中甸县	28591
路南县	92377	华宁县	97206	丽江县	132582
曲靖县	113977	西畴县	167080	维西县	42628
沾益县	156362	曲溪县	33712	兰坪县	51588
陆良县	177142	宁洱县	70470	大姚县	82231
罗平县	121138	景谷县	87846	永仁县	82933
寻甸县	143169	墨江县	118314	盐丰县	32271

① 《光绪三十四年腾越口华洋贸易情形论略》，中国第二历史档案馆、中国海关总署办公厅编：《中国旧海关史料（1859—1948）》第47册，京华出版社2001年版，第447页。

续表

地方	人口	地方	人口	地方	人口
宣威县	317578	思茅县	24224	镇南县	90354
马龙县	46979	元江县	76002	永北县	116113
平彝县	120263	新平县	53997	宾川县	107721
会泽县	282159	澜沧县	156225	威信县	43365
巧家县	190083	镇沅县	58656	金河设治局	31226
昭通县	206200	景东县	179810	屏边县	72772
大关县	100504	缅宁县	92322	平和设治局	11621
永善县	152857	江城县	25288	宁江设治局	8885
绥江县	83274	双江县	54322	莲山设治局	21003
鲁甸县	64916	车里县	41159	盈江设治局	20982
镇雄县	308535	五福县	25108	陇川设治局	8963
彝良县	185483	佛海县	22314	瑞丽设治局	21090
楚雄县	143432	镇越县	17604	潞西设治局	39618
广通县	44347	六顺县	31238	泸水设治局	17098
双柏县	73948	腾冲县	291349	德钦设治局	6419
牟定县	96474	龙陵县	98056	福贡设治局	16480
盐兴县	28087	保山县	371733	碧江设治局	14956
盐津县	53338	大理县	92558	贡山设治局	8333
顺宁县	215623				

资料来源：郭垣：《云南省经济问题》，正中书局1940年版，第14—15页。

第三节　小结

近代云南三关的外部市场，存在以香港、仰光为中心的两个区域性贸易网络，云南对外贸易主要是通过这两个贸易网络进行的。如果以邻国作为三关的直接贸易对象，将通过香港或仰光而与三关建立贸易往来的国家和地区作为其间接贸易对象，就会发现：三关当中，蒙自贸易主要依赖其间接贸易对象；腾越贸易主要依赖其直接贸易对象——缅甸，但毕竟还是与不少的国家和地区有着一定的贸易往来；思茅贸易则几乎完全依赖于其直接贸易对象。

不同的市场依赖路径反映出不同口岸外部市场广狭程度的不同。由于香港是全球贸易网络的重要组成部分，蒙自作为其节点之一，易于与世界市场建立较为广泛的联系；腾越由于仰光在全球贸易网络中的地位不及香港，其外部市场空间不及蒙自广阔，但相比思茅却还是有一定的优势；思茅贸易则唯有依赖邻国，外部市场空间最为狭小。外部市场空间的大小与口岸贸易地位出现完全正相关的关系，充分说明以上不同的市场依赖路径直接影响了口岸各自的贸易发展，是造成近代云南三关贸易地位不同的重要原因。

腹地是口岸贸易发展的依托，是口岸进口货物主要的销售地和出口货物的主要来源地，口岸贸易演进的特征，从区域的角度讲，是腹地自然生态和经济社会塑造的结果。本章虽然并没有综合考察区域内所有因素对近代口岸贸易发展的制约与塑造，然而以上所述的几个方面，可以说是区域典型特征的体现，完全可以说明问题。近代云南三关贸易所辐射的地区，主要集中在云南省内，各自的腹地自然存在一些共同的自然生态和经济社会面相，口岸贸易的发展自然也就呈现共同的一面。与此同时，各自腹地区域特征又显然是各不相同的，也正是这种不同，才使不同口岸呈现出不同的贸易景象来，不同口岸的贸易地位实际上也是其腹地区域优势的另一种体现。

近代中国不同口岸的贸易地位是如何形成的，是一个值得关注的问题。对这一问题的回答，有强调口岸自身的区位优势者，也有强调区域（腹地）作用者，还有强调口岸制度与环境者，等等，不一而足。笔者认为，从空间视角看，口岸是连接腹地和外部市场两个扇面的节点，口岸贸易地位的形成必然是两个扇面共同塑造的结果。因此，既不能忽视对腹地区域特征及其与口岸贸易发展关系的考察，也不能不重视外部市场对口岸贸易的塑造作用，否则，就难以对中国近代的口岸做出正确的认识，也就难以对近代对外贸易发展做出合理的评价。

第四章 外部市场、内部区域与近代
云南口岸贸易的变动趋势

第一节 雨水、瘴疠：腹地自然生态与近代云南
口岸贸易的季节性波动

随着 1889 年、1897 年、1902 年蒙自、思茅、腾越等口岸的先后开放，近代云南对外贸易进入了口岸贸易的时代。有关近代云南口岸贸易的研究，已经发表了不少的成果，但是，口岸贸易的波动与变动趋势并没有引起论者的真正注意。尽管早在 60 多年前万湘澄就曾指出地形、雨水和瘴疠是决定云南对外贸易的三大自然因素，但他只是集中探讨了这些自然因素对三关贸易地位不同的影响，认为："云南西北、西南和东部的三个通商口岸贸易范围内，以思茅口的地形为最坏，雨水和烟瘴也最大，腾越口次之，蒙自口最好。所以蒙自口的贸易最发达，腾越口次之，思茅最少。"[①] 除此之外，几乎没有论者注意到降雨对近代云南口岸贸易的影响，而只是将瘴疠作为影响近代云南三关贸易地位不同的因素之一。而实际上，雨水和瘴疠不仅是云南三关贸易地位形成的重要自然因素，也是影响近代云南口岸贸易波动的重要原因。

口岸的贸易辐射空间范围也就是经济地理学所说的该口岸的腹地。如本书第二章第一节所述，近代云南口岸的腹地主要包括云南全省和川西南、黔西南、黔西北地区。本节主要利用《中国旧海关史

---

① 万湘澄：《云南对外贸易概观》，新云南丛书社 1946 年版，第 59—60 页。

料（1859—1948）》,[①] 通过对腹地降雨、瘴疠发生的特征与近代云南口岸贸易波动关联性的分析，来探讨腹地自然生态对口岸贸易季节性波动的塑造作用。

一　从运货骡马数量的变化看口岸贸易的季节波动

在整个近代，诸如铁路、公路等现代化的交通建设在云南的发展都非常缓慢。建设完成的铁路仅有滇越铁路和个碧石铁路，虽说对云南对外贸易不无推进作用，但毕竟建成时间较晚，而且通达性不强，不是近代云南对外贸易主要的商品运输方式。公路方面，1913年，滇南绅商倡议修筑公路，但真正得到实践则已是七八年后的事了。1921年，修成昆明至黄土坡马路，1924年从黄土坡延展到碧鸡关，总计16.4公里。1928年，修通昆明至安宁段公路，计34公里。在此之后，公路修筑的步伐才有所加快，1928年，云南公路累计通车里程68.2公里，1929年便增加到了354.3公里，至1936年共计完成公路里程3712.9公里。[②] 但是，由于路况不良，汽车数量有限（参见表4-1），效益不高，公路运输的作用难以得到真正发挥。

因此，"云南的交通只得以马、骡、驴及苦力为依赖，除此而外，别无他法"[③]，在这当中，人的力气与耐力毕竟有限，苦力不可能发挥重要作用，驴的力气也嫌小，"仅在平坝地区作短途运输"[④]，因而，只有马、骡，以其速度快、力气大、耐力强、善于攀爬陡峭的山路，"是等兽类体格强健、能穿行于峻坂之间，如骡，据说负重二百余斤，一日可行十五英里的山路"[⑤]，从而成为在云南复杂与艰险的地形环境下承担起长途运输任务的必然的选择，即"云南地处高

---

① 中国第二历史档案馆、中国海关总署办公厅编：《中国旧海关史料（1859—1948）》，京华出版社2001年版。
② 《云南公路交通史》公路篇第1册，第189页，转引自吴兴南《云南对外贸易——从传统到现代化的历程》，云南民族出版社1997年版，第300—301页。
③ 东亚同文会编：《支那省别全志》第3卷《云南省》，1917年，第236页。
④ 王明达、张锡禄：《马帮文化》，云南人民出版社2008年版，第3页。
⑤ 东亚同文会编：《支那省别全志》第3卷《云南省》，1917年，第236页。

原，崇山峻岭，交通不便，久有山国之称，虽金沙江上游经过云南，但水流湍急，险滩甚多，也无法通航，因此，内地交通运输，主要依靠马帮驮运。"① 这也就是说，近代云南对外贸易，马帮运输是其主要运输方式。

表 4 - 1   **抗战前云南省运营汽车数量**   单位：辆

时间		官营	商营	合计
1929—1932 年		14		14
1933 年 2 月开放商车		14	16	30
1934 年		14	38	52
1935 年	上半年	19	58	77
	下半年	21	160	181
1936—1937 年 3 月		24	168	192

    资料来源：黄恒蛟主编：《云南公路运输史》，人民交通出版社 1995 年版，第 106 页。

    受资料的限制，我们缺乏近代云南海关贸易统计月报和季报的统计数据，但中国旧海关史料给我们提供了一些连续年份每个季节运输商品的骡马数量的具体统计数字，从而可以从一个侧面反映出贸易量随季节波动的状况。

    据表 4 - 2，1890—1919 年，云南三关第一季度和第四季度运货骡马的数量远多于第二季度和第三季度。具体而言，蒙自关第一季度和第四季度运货骡马数量为第二季度和第三季度的 1.28 倍，思茅关为 1.27 倍，腾越关为 1.74 倍，三关平均为 1.41 倍。

表 4 - 2   1890—1919 **年蒙自、思茅、腾越三关各季运货骡马数量**

单位：匹

海关名	第一季度	第二季度	第三季度	第四季度
蒙自	40013	36183	25429	39022
思茅	8048	7902	797	3026

---

①   解乐三：《云南马帮运输概况》，《云南文史资料选辑》第 9 辑，1965 年，第 184 页。

续表

海关名	第一季度	第二季度	第三季度	第四季度
腾越	26244	18934	8910	22267
平均	24768	21006	11712	21438

资料来源：据《中国旧海关史料（1859—1948）》历年统计数据整理计算。

说明：蒙自系 1890—1919 年共计 30 年的平均数，思茅系 1898—1919 年共计 22 年的平均数，腾越系 1903—1919 年共计 17 年的平均数。

据表 4-2 绘制图 4-1，可以清楚地看出：云南三关运货骡马数量均以第一季度为最多，然后在第二季度出现下降，第三季度降到最少，之后又开始上升，第四季度相对第三季度有了明显的增加。

由运货骡马数量的季节变化来看贸易的季节波动，大致可以得出这样的结论：近代云南三关商品进出以冬春相对畅旺，为贸易旺季，夏秋萎缩，为贸易淡季，特别是秋季，贸易最为惨淡，口岸贸易有着非常明显的随季节波动的特征。

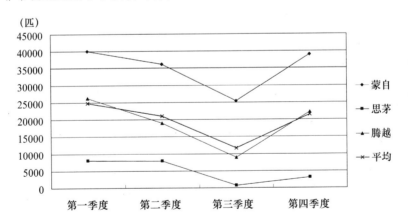

图 4-1　1890—1919 年蒙自、思茅、腾越三关各季运货骡马数量波动

资料来源：据表 4-2 绘制。

二　雨水与口岸贸易的季节性波动

西南"各地多雨的时间都为五月至十月，所谓雨季是……各地雨量自三月份起逐渐增多，至八月而至最高点，自此以后逐渐减少，

十一月又回至二三月之状态"①。具体到云南口岸的腹地的降水情形，如表4-3，普遍说来，云南各地降水主要集中在第二季度和第三季度，降水总量大，降水时日多；第一季度和第四季度降水总量较少，降水时日较少。前者可视为雨季，后者则为干季。降水量最多、降水时日最多的是第三季度，大约全年降水量、降水时日的1/2都集中在这个季节里；降水量最少、降水时日也最少的是第一季度，此间的降水总量还不及全年降水总量的1/10，降水时日也只有全年降水日数的1/10左右。这是因为云南地处北半球低纬高原，处在两大季风系统的结合部，夏季既受到发源于赤道以南印度洋面上的西南季风的支配，也受到东亚季风的影响，其季风气候有其特殊性，因此，经典的以冬夏平均风向反相为特点的季风概念在云南并不适用，云南的季风气候，主要表现在雨量的季节变化上。② 川西南和贵州的大部分地区，季风气候形成的机制和云南一样，气候的总体特征与云南大体一致，干湿季也很是分明。川西南地区年降水800—1100毫米，大部分集中于6—9月；③ 黔西南地区年降水量1300—1500毫米，夏秋两季约占57%—79%；④ 黔西北地区年均降水量800—1400毫米，夏季即占50%左右。⑤

　　结合前述，不难看出，云南口岸腹地范围内降水较多的夏秋二季即雨季对应的是云南口岸贸易的淡季，其中，秋季降水量最多，降水时日也最多，贸易则最为惨淡；降水较少的冬春二季即干季对应的是云南口岸贸易的旺季，其中，春季降水量相对最少，降水时日也最少，贸易则最为畅旺。由此可见，云南口岸贸易的季节性波动与腹地降水的季节分配情形是高度一致的。难道这种高度的一致只是一种巧合吗？

---

① 蒋君章：《西南经济地理》，商务印书馆1947年版，第38页。

② 杨煜达：《清代云南季风气候与天气灾害研究》，复旦大学出版社2006年版，第50页。

③ 刘清泉主编：《四川省经济地理》，新华出版社1997年版，第13页。

④ 陈永孝主编：《贵州省经济地理》，新华出版社1993年版，第12—13页。

⑤ 同上书，第440页。

表 4 - 3　　昆明、大理、蒙自、思茅、腾冲各季降水总量及降水日数

单位：厘米，日

地名	第一季度		第二季度		第三季度		第四季度	
	降水总量	降水日数	降水总量	降水日数	降水总量	降水日数	降水总量	降水日数
昆明	35.8	6.3	264.3	26.0	503.2	48.3	186.9	21.0
大理	171.3	20.2	331.0	36.8	751.8	58.8	144.5	17.8
蒙自	51.0	12.0	298.0	35.0	491.0	50.0	122.0	19.0
思茅	19.7	4.1	511.9	42.9	1009.6	70.6	210.8	20.7
腾冲	95.2	17.6	434.8	51.0	753.8	69.9	208.3	22.1
平均	74.6	12.0	368.0	38.3	701.9	59.5	174.5	20.1

资料来源：据云南省志编纂委员会办公室整理《续云南通志长编》（上册，1985 年）相关数据整理计算。

说明：昆明、大理为 1906—1914 年共计 9 年的平均数，蒙自为 1907—1929 年共计 23 年的平均数，思茅为 1924—1926 年共计 3 年的平均数，腾冲为 1913—1926 年共计 14 年的平均数。

　　腾越海关贸易报告指出："若论现在之路，有时七日不能行走或一礼拜余"，"自本口以至大理，内有数段难行之路，若届大雨时行，商旅则鲜有出于其途。"[①]"观本口现在之景况，实因道途迢远，山路崎岖，盘运艰难为费过巨，以至懋迁一道未能兴也勃焉，且至雨水时生意绝迹"[②]，"当雨水天时，商务萧条固为常年所有之事"[③]。"论本口商务之态，每值年终，常居优胜，盖自十月以至五月，概为贸易期，而此期间，尤以年底为适中之候"[④]。思茅海关贸易报告说"夏秋雨季，大雨滂沱，以致水患频仍"，"而道路交通，平时尚且不良，

①《光绪二十九年腾越口华洋贸易情形论略》，中国第二历史档案馆、中国海关总署办公厅编：《中国旧海关史料（1859—1948）》第 38 册，京华出版社 2001 年版，第 348 页。
②《光绪三十四年腾越口华洋贸易情形论略》，中国第二历史档案馆、中国海关总署办公厅编：《中国旧海关史料（1859—1948）》第 47 册，京华出版社 2001 年版，第 448 页。
③《中华民国二年腾越口华洋贸易情形论略》，中国第二历史档案馆、中国海关总署办公厅编：《中国旧海关史料（1859—1948）》第 62 册，京华出版社 2001 年版，第 813 页。
④《中华民国三年腾越口华洋贸易情形论略》，中国第二历史档案馆、中国海关总署办公厅编：《中国旧海关史料（1859—1948）》第 66 册，京华出版社 2001 年版，第 169 页。

至此雨水而后，几乎全行隔绝"①。"盖本处节交夏令，淫雨淋漓，瘴毒蛮烟，行人受恐，路滑泥沟，骡马行艰，是以来往货物咸系停息矣"②，"每当暑热天时，雨水淋淋，商务几全停滞"③。蒙自海关贸易报告称："蒙自地方虽不同牛庄、天津两口每到冬令数月封河，而红江一带每至夏日，雨水涨发，激流汹涌，而贸易者必须数月停帮，与四月中旬即虑途中骤遇大水，不敢开帮，至八月间水落平时，始能放船北上。一年之内未能常川，运货实与牛庄、天津大同小异也。"④传统的骡马和木船受制于自然条件，不利于在雨季的运输，可想而知。而被称为最不受天气影响的铁路运输，一到雨季，也往往因路基塌陷、桥梁被毁，运输中断的情况时有发生（参见表4-4），蒙自贸易往往因此而陷入停顿。

表4-4　　　　1909—1919年滇越铁路中断运行情况一览

年份	中断情形
1909	自5月15日开始，大雨时行，地陷山颓，由河口至蒙自一带铁路累遭倾败，至9月中旬尚无火车往来，迨至十月上旬修补完备，复经开车。
1911	自5月开始即大雨滂沱，历3月之久，铁路第九十一基罗密达附近桥梁被坠落岩石拆分为两段，蒙自至云南府铁路中断6月有余。
1915	七八两月大雨不断，河口至云南府铁路倾塌崩陷不可胜数，输运货物阻塞两月有余。
1917	七八月间大雨滂沱，由河口至弥拉地一段铁路崩塌多处，交通阻断，直到9月底才恢复通车。
1918	当5月间，在铁路第三百三十七基罗密达处，有一桥梁被水冲倒，铁路停车即自此始。南溪与红河水势陡涨，泛滥洋溢，沿河两岸之木料建筑物均被冲没，而山上巨石亦相继崩坠。直至年底，铁路虽已修复，火车仍未敢遽通。

资料来源：据《中国旧海关史料（1859—1948）》第50、56、70、78、82册整理。

---

① 《中华民国四年思茅口华洋贸易情形论略》，中国第二历史档案馆、中国海关总署办公厅编：《中国旧海关史料（1859—1948）》第70册，京华出版社2001年版，第209页。
② 《宣统二年思茅口华洋贸易情形论略》，中国第二历史档案馆、中国海关总署办公厅编：《中国旧海关史料（1859—1948）》第53册，京华出版社2001年版，第491页。
③ 《中华民国三年思茅口华洋贸易情形论略》，中国第二历史档案馆、中国海关总署办公厅编：《中国旧海关史料（1859—1948）》第66册，京华出版社2001年版，第154页。
④ 《光绪十六年蒙自口华洋贸易情形论略》，中国第二历史档案馆、中国海关总署办公厅编：《中国旧海关史料（1859—1948）》第16册，京华出版社2001年版，第227页。

由此可见，雨季不利交通，影响贸易的进行。云南口岸贸易的季节性波动与腹地降水季节分配情形的高度一致不是一种巧合，而是贸易受降水影响的结果。也就是说，腹地降水的季节性特征是近代云南口岸贸易季节性波动的重要原因。

三　瘴疠与口岸贸易的季节性波动

根据最新的研究成果，瘴疠是特定自然生态条件下，以气体或液体方式，对人、畜的生理健康机能及生命构成极大危害乃至使其丧失生命为认识特征，以疟疾为主要的病理表现形式，包含闷哑、失聪、背重、浮肿、伤寒等多种病毒性、传染性在内的疾病群。[①]

湿热的气候是滋生瘴疠的温床，因此，世界上最著名的瘴区主要分布在潮湿多雨的热带、亚热带地区。近代云南口岸贸易所及的主要区域，据当时的记载，很多地方都有瘴疠的存在，"翻开云南地图，将石屏、屏边、马关画直线连接起来，在线的外面，凡1200公尺以下地方，大部分都为烟瘴区域；思茅、普洱两坝和其他海拔1400公尺左右的地方，也为烟瘴所笼罩。"[②] 但因干湿季分明、雨热同期的气候特征，在这些地方，瘴疠的发生又具有明显的时间特性。不同的地方因微气候的差异，瘴疠发作到来时间的早晚、持续时间的长短会有不同，但大致说来，一年当中，5月至10月，天气炎热，降水较多，自然是瘴疠集中发作的时期，所谓"秋瘴宁我毒，夏水胡不夷"[③]，这是一般的情形。

瘴虐一旦横行，往往造成极大危害，"每夏秋，乡人死于瘴者十有六七"[④]，"道旁青冢丛列，皆为马夫瘴故"[⑤]。因此，但凡进入瘴

① 周琼：《清代云南瘴气与生态环境变迁研究》，中国社会科学出版社2007年版，第77页。
② 万湘澄：《云南对外贸易概观》，新云南丛书社1946年版，第53页。
③ 张九龄：《夏日奉使南海在道中作》，《全唐诗》卷47，上海古籍出版社1986年版，第145页。
④ 民国《龙陵县志》卷15《艺文志下》，1917年刊本。
⑤ 《光绪二十四年思茅口华洋贸易情形论略》，中国第二历史档案馆、中国海关总署办公厅编：《中国旧海关史料（1859—1948）》第28册，京华出版社2001年版，第286页。

期，人人唯恐躲之不及，[①] 往来人马也为之受阻，所有瘴区无不是："清明至霜降，行人过此不能住宿，宿则多中哑瘴而死。故当瘴期发生时，商旅为之裹足。是时，坝中汉人亦皆迁往山上，无复敢以身尝试者。"[②] 以下张印堂对滇西地区的调查，尤为详细地说明了瘴疠的发作是如何不利于贸易的进行：

> 北纬 24.5 度云县以南之河谷盆地，如孟萨坝、孟定坝、户板坝、孟底坝、蒙黑坝、镇康坝等地，点钟人士向称之为"夷方"或"烟瘴区"，因尽为摆夷人所居，故一般人均视之为死窟，畏之若水火，故有"穷走夷方急走厂"（夷方即瘴区，厂乃矿厂），"出门要去卡斯瓦，先把老婆嫁"（卡斯瓦即保山以南之瘴区坝地，言如去断无生还之望）等等谚语。因为有这些对烟瘴的种种传说，致非至山穷水尽，率皆裹足不前，因此，滇缅边境人迹罕至，真相莫明……云县全县有十五万人口，在近五年内因瘟疫而死亡者，在三分之一以上，城内在二十七年有四千人，当年因虐瘟而死者即在一千五百人以上。城东二十五里之孟朗村内有三百户，于二十七年一年中，死绝人家，竟达七十户以上。死亡多在秋冬之际，因夏季已种病源，秋深即行爆发，故临近各县之人民，大都不敢前往，人工非常困难。当作者到达县城时，见人烟甚为稀少，远不及城北村镇之繁荣，且市民均面黄肌瘦，十之八九穿白戴孝，户户均贴蓝白丧联，景象至为凄惨，偶有少数结婚红联，据闻系恐子嗣断绝而提前结婚者。由此可见恶性疟疾为害之烈，确有过于洪水猛兽。滇缅间之贸易，向仅限于冬季，大约均霜降后去，清明前归，每至雨季无人往来，此种现象，对

---

① 《光绪三十三年腾越口华洋贸易情形论略》："此路（咕喱戛至蛮线——笔者按）天气之毒，有足令人可怖者。一年中自五月至于八月，或炎火流金，或大雨如注，骤晴骤雨，瘴疠逼人。本地人向处高原，此数月之内，断不敢下乔木而入幽谷，纵以重利饵之，亦不敢舍性命而轻于尝试。"见中国第二历史档案馆、中国海关总署办公厅编《中国旧海关史料（1859—1948）》第 45 册，京华出版社 2001 年版，第 439 页。

② 李根源著，李根沄录：《滇西兵要界务图注》卷 1《甲线·甲三十一号·红木树》，方国瑜主编：《云南史料丛刊》第 10 卷，云南大学出版社 2001 年版，第 767 页。

贸易之方面影响甚大。[①]

夏秋时节，瘴疠集中发作，经瘴区或到瘴区进行贸易，人人视之畏途，贸易往往因之陷入停顿。由此可见，瘴疠发生的时间特性也是造成近代云南口岸贸易呈现季节性波动的重要原因。

总之，夏秋两季，降水集中，又是瘴疠最盛之时，交通不畅，贸易为之萧条；冬春时节，降雨稀少，瘴疠之害较轻，一年之中，大半贸易在此间进行。近代云南口岸贸易的季节性波动是雨水与瘴疠共同作用的结果。

第二节　外部市场、内部区域与近代云南口岸贸易的年际变动趋势

一　资料、方法和概念

贸易增长是反映贸易趋势的一个重要指标。涉及近代云南对外贸易的相关记述与研究，也都或多或少地谈及这一问题。例如，《续云南通志长编》说："云南山岳盘结，交通梗阻，故在滇越铁路未通以前，进出口货物量与均值甚微小。迨滇越路成，交通称便，于是对外贸易，乃得顺利发展。惟民国以来，历天灾人祸及金融变态之影响，对外贸易消长无定。"[②] 吴兴南《云南对外贸易——从传统到近代化的历程》认为"开埠通商后，云南对外贸易的发展是惊人的"，1910—1941年，云南"对外贸易出现了一种超常的发展态势，云南对外贸易进入了鼎盛发展时期"，从1942年起，云南"对外贸易陷入了长期的停滞状态"[③]。董孟雄、郭亚非《云南地区对外贸易史》指出：近代云南对外贸易，"从总体来说，确实是在逐渐发展的。即使是在排除通货膨胀的因素影响后观察，也仍然如此。无论是输出输

---

① 张印堂：《滇西经济地理》，张研、孙燕京主编：《民国史料丛刊》第863册，大象出版社2009年版，第199—201页。

② 云南省志编纂委员会办公室整理：《续云南通志长编》下册，1986年，第565页。

③ 吴兴南：《云南对外贸易——从传统到近代化的历程》，云南民族出版社1997年版，第141、184、315页。

入的量和值，以及商品品种，都呈现逐渐上升的趋势"①。但是，尚无专文对近代云南口岸贸易作系统的研究，即使是已有的研究，还存在数据处理上有失严谨的情形。如前引吴兴南一书中说："光绪十五年（1889 年）蒙自开埠，当年云南蒙自海关进口的货值就达 62300海关两，次年上升到 466089 海关两，一年时间约增加了 7.5 倍。从光绪十五年（1889 年）到宣统元年（1909 年）的 21 年间，云南进口货逐年成倍、几十倍、上百倍增加。"② 但是，蒙自开关于 1889 年8 月 24 日，海关所载该年的贸易量只是开关后三个多月内的进出口值，而以此为基数来看以后每年在此基础上的增长倍数，并由此断言贸易发展的速度，显然是有失严谨的，得出的结论必然是夸大其词的。而更重要的是，已有的相关研究成果所用资料或为二手，或不系统，由于资料占有的不全，或多或少地存在从影响贸易增长的因素推导贸易变动趋势的嫌疑，从而使其不是建立在对连续数据的梳理的基础上探讨近代云南对外贸易的变动趋势，而是生硬地将近代云南对外贸易划分为几个阶段探讨贸易的变化态势。

我们知道，为了及时地掌握口岸贸易与其所在地区的情况，近代中国海关从 1860 年起就开始按照西方的管理与统计理念，建立起了一套严格的申报、汇总和出版体制，并基本持续到 1948 年。③ 2001年 170 卷本的《中国旧海关史料（1859—1948）》影印出版，收集了年度贸易统计和贸易报告组成的年刊和十年报告，④ 为系统地研究中国近代口岸贸易提供了极大方便。其中，关于云南三个海关——蒙自、思茅、腾越的贸易统计和贸易报告（包括年报和十年报告）理应成为研究近代云南口岸和对外贸易研究不可或缺的资料。尤其是在贸易增长变动趋势的研究方面，由于其连续性和统计口径的一致性，海关资料具有其他资料难以企及的优越性；海关报告对历年各海关贸

① 董孟雄、郭亚非：《云南地区对外贸易史》，云南人民出版社 1998 年版，第 62 页。
② 吴兴南：《云南对外贸易——从传统到近代化的历程》，云南民族出版社 1997 年版，第 141 页。
③ 吴松弟、方书生：《中国旧海关统计的认知与利用》，《史学月刊》2007 年第 7 期。
④ 中国第二历史档案馆、中国海关总署办公厅编：《中国旧海关史料（1859—1948）》，京华出版社 2001 年版。

易情形的记述之详细与准确恐怕也是没有其他哪种资料可以相比的。但迄今为止，在有关近代云南对外贸易的研究中，这些资料却并未得到足够的重视和充分利用，让人不无感到遗憾。

因此，本节主要利用《中国旧海关史料》，通过贸易额和贸易增长率的变化来考察近代云南口岸贸易的变动趋势，通过对蒙自、思茅和腾越三个口岸的贸易变动趋势的分别考察，在比较的基础上，总结出云南口岸贸易变动趋势的埠别差异，并在已有研究的基础上对影响贸易变动趋势的原因加以分析与探讨。

需要说明的是，尽管旧海关资料以其编制时间之长，内容之广泛，表达方法之科学，而成为研究中国近代史最为系统完整的资料，① 但是，由于记值方法和造册方式限制，海关进出口贸易统计数字存在的缺陷却是不容忽视的。因此，进行必要的修正就成为对其正确利用的前提。通过编制和利用进出口贸易指数作为较有效的修正手段之一，为论者所强调。② 本书关于贸易变动趋势的分析，均利用南开价格指数对进出口货值作了修正。③

另外，海关贸易统计其体例多有变化，以《中国旧海关史料》而言，1889—1919 年的分关贸易统计是分洋货和土货两项进行统计的，前者又分为"从外国和香港进口净值""从本国口岸进口净值""进口总值""复出口国外和香港净值""复出口国内口岸净值""复出口净总值""进口净总值"数项；后者则包括"进口总值""复出口国外净值""复出口国内口岸净值""复出口净总值""进口净总值""土货出口国外净值""土货出口国内口岸净值""土货出口总

---

① 吴松弟、方书生：《一座尚未充分利用的近代史资料宝库——中国旧海关系列出版物述评》，《史学月刊》2005 年第 3 期。

② 何廉《中国进出口物量指数、物价指数及物物交易率指数编制之说明 1867—1930》（《经济统计季刊》1932 年第 1 期）指出："研究进出口贸易趋势及其相互关系，必须有物量指数和物价指数以为根据。否则对于贸易之涨落，殊难得一极准确之测试。"

③ 南开价格指数为天津南开大学经济研究所编制的各种价格指数的统称。我们这里指的是其中的中国进出口贸易物量物价指数（1867—1937），该项指数分为未调节指数与调节指数两种。未调节指数是以某一固定时期为基期计算的进出口物量物价对基年的百分数。直接列入的商品项目一般占进（出）口总值的 60%—70%。未列入的商品则采用估算法进行推算，计算公式采用 I. 费希尔的"理想公式"。调节指数应用数学方法，采用二次方程抛物线作长期趋势线，与未调节指数进行对比计算求得离差值。

值"；然后是"进出口贸易总值"和"净进出口贸易总值"。1920—
1931 年则缺各分关贸易统计及报告，其相关贸易统计包含在全国贸
易统计总册之中，有"海关贸易货价计值关平银按关全数"一表，
统计项目分为"洋货进口净数""土货进口净数""土货出口总数"
"进出口净数"四种。1931 年以后的贸易统计则只按照货物类分别统
计。受此限制，在此我们只能将统计下限定为 1930 年。但由于统计
体例存在差异，为了能将研究时限顺利延至 1930 年，我们又用海关
贸易总册当中"海关直接对外贸易货值按关总数"一表与"海关贸
易货价计值关平银按关全数"一表相互对照恢复了 1920—1930 年的
数据。至于统计上限，由于口岸开放当年的贸易统计只是海关设立以
后的贸易额，因此，分别定为：蒙自，1890 年；思茅，1897 年；腾
越，1903 年。

最后，需要交代的是，本书涉及的几个概念，其含义分别是指：
1. 净贸易额 = 总贸易额 - 复出口；2. 增长率 = 本期增长量/前期输出
（入）量 × 100%；3. 年平均增长率为历年增长率之算术平均数。

二　总体印象：云南全省口岸贸易的年际变动趋势

全省口岸贸易的整体增长趋势是不同口岸共同作用的结果，据表
4 - 5，从 1889 年开埠一直到 1930 年，云南口岸贸易总体上呈现出一
种快速增长大态势，从贸易额来看，进口从 1890 年 1560450 海关两
增长到了 1930 年 16883794 海关两，出口由 910493 海关两增长到
7221625 海关两，总贸易则从 2470943 海关两增长到 24105419 海关
两，后者分别是前者的 10.82、7.93 和 9.76 倍；从增长率看，进口、
出口以及总贸易年均增长率分别是 8.66%、8.54% 和 7.67%。这样
的一种增长趋势，不仅是云南对外贸易史上绝无仅有的，而且即便是
与东部沿海口岸相比，也未必逊色。[1] 从进口和出口对总贸易增长的
贡献率看，进口比出口多出 0.12 个百分点，这说明：在此期间，云

---

[1]　如北方最大口岸天津，1867—1930 年，贸易年均增长分别是：进口增长率
5.55%，出口增长率 7.77%，总贸易增长率 5.32% [参见佳宏伟《区域分析与口岸贸
易——以天津为中心（1867—1931）》，博士学位论文，厦门大学，2007 年，第 54—55
页]，分别低于云南 3.11、0.77 和 2.35 个百分点。

南口岸贸易收支虽呈恶化的趋势，但在进口和出口两方面尚能基本保持一个平衡的增长态势。

表 4 - 5　　　　1890—1930 年云南口岸贸易额及其增长趋势

单位：海关两,%

年份	净进口总值	进口增长率	出口总值	出口增长率	净贸易总值	净贸易总值增长率
1890	1560450		910493		2470943	
1891	2446336	56.77	1115249	22.49	3561585	44.14
1892	2901679	18.61	1432597	28.46	4334276	21.70
1893	3410045	17.52	1447252	1.02	4857297	12.07
1894	1977514	- 42.01	1786593	23.45	3764107	- 22.51
1895	2737145	38.41	1930964	8.08	4668109	24.02
1896	2424793	- 11.41	1472511	- 23.74	3897304	- 16.51
1897	3549616	46.39	1647678	11.90	5197294	33.36
1898	3727405	5.01	2013427	22.20	5740832	10.46
1899	5275406	41.53	2468922	22.62	7744328	34.90
1900	4162349	- 21.10	3431906	39.00	7594255	- 1.94
1901	5255936	26.27	4394054	28.04	9649990	27.07
1902	5574225	6.06	4740466	7.88	10314691	6.89
1903	6294579	12.92	3143691	- 33.68	9438270	- 8.50
1904	9212557	46.36	5465411	73.85	14677968	55.52
1905	7942725	- 13.78	5608738	2.62	13551463	- 7.67
1906	9289237	16.95	6009645	7.15	15298882	12.89
1907	9052836	- 2.54	4184056	- 30.38	13236892	- 13.48
1908	6571243	- 27.41	6135816	46.65	12707059	- 4.00
1909	8371739	27.40	5282709	- 13.90	13654448	7.46
1910	6521267	- 22.10	7607503	44.01	14128770	3.47
1911	5937676	- 8.95	7899852	3.84	13837528	- 2.06
1912	9766326	64.48	14190823	79.63	23957149	73.13
1913	11199334	14.67	11835907	- 16.59	23035241	- 3.85

续表

年份	净进口总值	进口增长率	出口总值	出口增长率	净贸易总值	净贸易总值增长率
1914	9191319	−17.93	8518562	−28.03	17709880	−23.12
1915	8968678	−2.42	9823010	15.31	18791688	6.11
1916	7965362	−11.19	8582835	−12.63	16548197	−11.94
1917	8926167	12.06	12890585	50.19	21816752	31.84
1918	11639970	30.40	11227759	−12.90	22867729	4.82
1919	11909321	2.31	10668759	−4.98	22578080	−1.27
1920	11405229	−4.23	12328438	15.56	23733667	5.12
1921	12002058	5.23	7760963	−37.05	19763021	−16.73
1922	15491078	29.07	8666690	11.67	24157768	22.24
1923	16064916	3.70	7793120	−10.08	23858036	−1.24
1924	17183161	6.96	8562405	9.87	25745566	7.91
1925	19896617	15.79	10560394	23.33	30457011	18.30
1926	21045146	5.77	7699683	−27.09	28744829	−5.62
1927	17668104	−16.05	8032551	4.32	25700655	−10.59
1928	17449022	−1.24	7736203	−3.69	25185225	−2.01
1929	15378966	−11.86	7204843	−6.87	22583809	−10.33
1930	16883794	9.78	7221625	0.23	24105419	6.74
年均增长率		8.66		8.54		7.67

资料来源：据《中国旧海关资料（1859—1948）》历年统计数据整理并计算。

　　但是，这种增长并非一种直线式的上升，而是在剧烈的波动中实现的，如图4-2、图4-3所示。因此，如果要用一句最为简洁的话概括近代云南口岸贸易的增长趋势，那就是：波动中的增长，即总趋势的增长和实现过程的剧烈波动。

　　三　分关描述：蒙自、思茅、腾越三关的年际贸易增长趋势及其差异

　　（一）蒙自

　　见表4-6，可以看出：蒙自在1890—1930年长达41年的时间

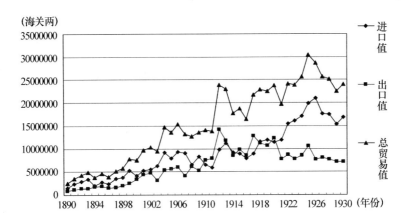

图 4 - 2　1890—1930 年云南口岸贸易额变化趋势

资料来源：据表 4 - 5 绘制。

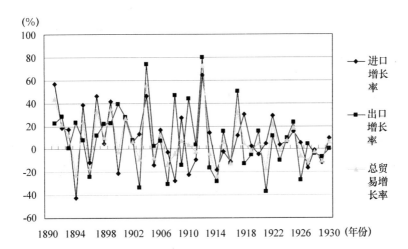

图 4 - 3　1890—1930 年云南口岸贸易增长率变化趋势

资料来源：据表 4 - 5 绘制。

里，若以净贸易总值增长率来看，年均增长率达 7.63%，总体上呈现出一种明显的上升态势。但是，这种上升具有明显的阶段性特征，1912 年以前，呈现出的是一种快速的上升态势，年均增长率高达12.99%；1912 年以后，增速大为放慢，年均增长率仅为 1.08%，见图 4 - 4。

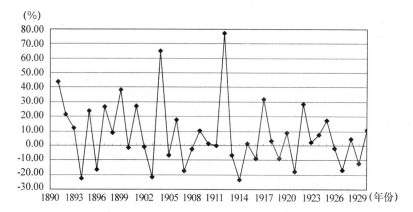

图 4 - 4　1890—1930 年蒙自净贸易总值增长率

资料来源：据表 4 - 6 绘制。

表 4 - 6　　　　1890—1930 年蒙自贸易额及其增长趋势　　　单位：海关两,%

年份	净进口 总值	进口 增长率	出口总值	出口 增长率	净贸易 总值	净贸易总值 增长率
1890	1560450		910493		2470943	
1891	2446336	56. 77	1115249	22. 49	3561585	44. 14
1892	2901679	18. 61	1432597	28. 46	4334276	21. 70
1893	3410045	17. 52	1447252	1. 02	4857297	12. 07
1894	1977514	- 42. 01	1786593	23. 45	3764107	- 22. 51
1895	2737145	38. 41	1930964	8. 08	4668109	24. 02
1896	2424793	- 11. 41	1472511	- 23. 74	3897304	- 16. 51
1897	3334301	37. 51	1600207	8. 67	4934508	26. 61
1898	3412850	2. 36	1956358	22. 26	5369208	8. 81
1899	5020299	47. 10	2414483	23. 42	7434782	38. 47
1900	3961553	- 21. 09	3382924	40. 11	7344477	- 1. 21
1901	4977874	25. 65	4344099	28. 41	9321973	26. 92
1902	4727492	- 5. 03	4514180	3. 92	9241672	- 0. 86
1903	4435889	- 6. 17	2829987	- 37. 31	7265876	- 21. 38
1904	6953873	56. 76	5052343	78. 53	12006216	65. 24
1905	5912696	- 14. 97	5300704	4. 92	11213400	- 6. 60

续表

年份	净进口总值	进口增长率	出口总值	出口增长率	净贸易总值	净贸易总值增长率
1906	7534296	27.43	5677710	7.11	13212006	17.82
1907	7257734	−3.67	3650952	−35.70	10908686	−17.43
1908	5091401	−29.85	5566330	52.46	10657731	−2.30
1909	7041544	38.30	4725680	−15.10	11767224	10.41
1910	4953483	−29.65	6958180	47.24	11911663	1.23
1911	4531471	−8.52	7377381	6.02	11908852	−0.02
1912	7721840	70.40	13372290	81.26	21094130	77.13
1913	8612646	11.54	11066270	−17.24	19678916	−6.71
1914	7138601	−17.11	7950510	−28.16	15089111	−23.32
1915	6229433	−12.74	9099377	14.45	15328810	1.59
1916	5967267	−4.21	8023857	−11.82	13991124	−8.73
1917	6318910	5.89	12114565	50.98	18433475	31.75
1918	9031673	42.93	9955300	−17.82	18986973	3.00
1919	8462858	−6.30	8827355	−11.33	17290213	−8.94
1920	7953796	−6.02	10852155	22.94	18805951	8.77
1921	9342970	17.47	6085372	−43.92	15428342	−17.96
1922	12434757	33.09	7410561	21.78	19845318	28.63
1923	13630579	9.62	6634294	−10.48	20264873	2.11
1924	14702696	7.87	7065413	6.50	21768109	7.42
1925	16200070	10.18	9337923	32.16	25537993	17.32
1926	18391284	13.53	6682535	−28.44	25073819	−1.82
1927	14445058	−21.46	6436439	−3.68	20881497	−16.72
1928	14747555	2.09	7107109	10.42	21854664	4.66
1929	12761802	−13.46	6436622	−9.43	19198424	−12.15
1930	14880519	16.60	6332518	−1.62	21213037	10.49
年均增长率		8.85		8.78		7.63

资料来源：据《中国旧海关史料（1859—1948）》历年统计数据整理并计算。

若以贸易总额来看，以上趋势表现得则更为明显。前一阶段，贸易值由 1890 年的 2470943 海关两增加到 1912 年的 21094130 海关两，增加了近 8 倍，堪称惊人；后一阶段，贸易总值从 1912 年的 21094130 海关两增加到 1930 年的 21213037 海关两，则只增加了 0.01 倍，即使以 1925 年的贸易额即最高贸易额 25537993 与 1912 年相比，也只增加了 0.21 倍，见图 4-5。

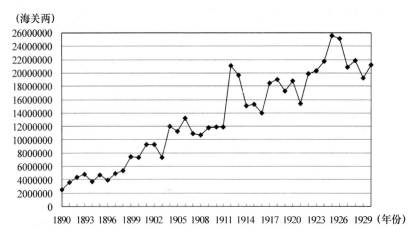

(海关两)

图 4-5　1890—1930 年蒙自净贸易总值变化趋势

资料来源：据表 4-6 绘制。

　　贸易总值增长趋势是进口贸易和出口贸易趋势共同作用的结果。由图 4-6 可以看出，在 41 年内，与总贸易的增长趋势相一致，不论是进口贸易，还是出口贸易，其增长率在 1912 年以前相对较高，呈一种快速增长的态势，年均增长率分别高达 12.02% 和 17.09%；1912 年以后，进口增长率降到 4.97%，出口增长甚至呈现出负值，为 -1.37%。由此看来，尽管在整个时段内，进口贸易和出口贸易都为总贸易的增长发挥重要作用，年均增长率分别达 8.85% 和 8.78%，但 1912 年前，出口贸易年均增长率大于进口贸易年均增长率 5.07 个百分点；1912 年以后情况发生逆转，进口贸易年均增长率竟大于出口贸易 6.34 个百分点。

　　从进、出口贸易在总贸易中所占比重来看，同样可以看出这一现象。进口贸易占总贸易比重最高达 73.35%，最低为 36.61%，平均

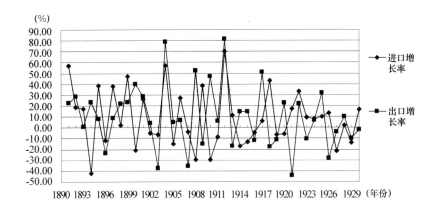

图4-6 1890—1930年蒙自进口、出口贸易增长率

资料来源：据表4-6绘制。

为56.93%；出口贸易最高则为65.72%，最低为26.65%，平均为43.07%。由此看来，二者虽然是此消彼长的关系，但从长时段内看，二者尚能大体保持平衡。但是，1912年以前，虽然仅有1908年、1910年、1911年、1912年四年出超，但出口贸易占总贸易的比重，却从1890年的36.85%上升至1912年的63.39%，呈现一种平稳的上升态势；1912年以后，从1913年至1920年虽然有8年的出超，但出口贸易所占比重，却逐渐下降，见图4-7。

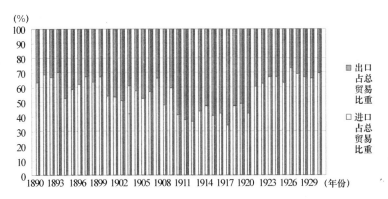

图4-7 1890—1930年蒙自进口、出口贸易占总贸易比重

资料来源：据表4-6绘制。

（二）思茅

根据表 4 - 7，1897—1930 年，思茅关，从总贸易来看，其贸易额基本上一直在开埠当年的 262785 海关两上下徘徊，少有较大的突破，最高额出现在开埠的第二年，但也只是 371624 海关两，最低的 1930 年只有 97748 海关两，仅及 1897 年的 1/3 左右。在长达 34 年的时间里，思茅贸易虽在总体上有所增长，但极其缓慢，年均增长率只有 0.53%。而且，这种低速的增长，是在极其剧烈的波动中进行的，不论是贸易额，还是贸易增长率，一次增长之后往往就是一次下降，如此交替，直至 1925 年后近乎直线的下降，见图 4 - 8、图 4 - 9。

表 4 - 7　　　　　　　1897—1930 年思茅贸易额及其增长趋势　单位：海关两,%

年份	净进口总值	进口增长率	出口总值	出口增长率	净贸易总值	净贸易总值增长率
1897	215315		47470		262785	
1898	314555	46.09	57069	20.22	371624	41.42
1899	255107	- 18.90	54438	- 4.61	309545	- 16.70
1900	200795	- 21.29	48982	- 10.02	249777	- 19.31
1901	278062	38.48	49955	1.99	328017	31.32
1902	188651	- 32.16	44656	- 10.61	233307	- 28.87
1903	191327	1.42	40253	- 9.86	231580	- 0.74
1904	254304	32.92	48792	21.21	303096	30.88
1905	252670	- 0.64	46106	- 5.50	298776	- 1.43
1906	258979	2.50	34009	- 26.24	292988	- 1.94
1907	257685	- 0.50	54705	60.86	312390	6.62
1908	145621	- 43.49	45553	- 16.73	191174	- 38.80
1909	171559	17.81	47087	3.37	218646	14.37
1910	156657	- 8.69	42700	- 9.32	199357	- 8.82
1911	197999	26.39	35256	- 17.43	233255	17.00
1912	219578	10.90	48784	38.37	268362	15.05
1913	184890	- 15.80	39360	- 19.32	224250	- 16.44

续表

年份	净进口总值	进口增长率	出口总值	出口增长率	净贸易总值	净贸易总值增长率
1914	207280	12. 11	34067	- 13. 45	241347	7. 62
1915	201720	- 2. 68	30673	- 9. 97	232393	- 3. 71
1916	169388	- 16. 03	21904	- 28. 59	191292	- 17. 69
1917	251736	48. 62	27905	27. 39	279641	46. 19
1918	199016	- 20. 94	27440	- 1. 67	226456	- 19. 02
1919	176620	- 11. 25	29462	7. 37	206082	- 9. 00
1920	227693	28. 92	54422	84. 72	282115	36. 89
1921	135947	- 40. 29	33048	- 39. 27	168995	- 40. 10
1922	213050	56. 72	34659	4. 87	247709	46. 58
1923	175792	- 17. 49	31451	- 9. 26	207243	- 16. 34
1924	145227	- 17. 39	29745	- 5. 42	174972	- 15. 57
1925	217981	50. 10	19413	- 34. 74	237394	35. 68
1926	202922	- 6. 91	88009	353. 36	290931	22. 55
1927	209619	3. 30	110461	25. 51	320080	10. 02
1928	132764	- 36. 66	14715	- 86. 68	147479	- 53. 92
1929	96585	- 27. 25	12698	- 13. 70	109283	- 25. 90
1930	84366	- 12. 65	13382	5. 38	97748	- 10. 56
年均增长率		0. 77		8. 55		0. 53

资料来源：据《中国旧海关史料（1859—1948）》历年统计数据整理并计算。

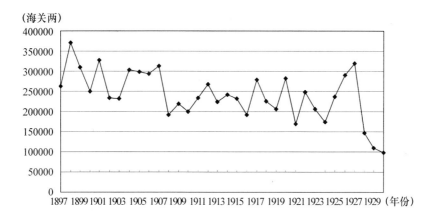

（海关两）

图 4 - 8　1897—1930 年思茅净贸易总值变化趋势

资料来源：据表 4 - 7 绘制。

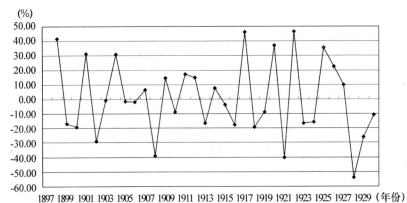

图 4 - 9 1897—1930 年思茅净贸易总值增长率

资料来源：据表 4 - 7 绘制。

同时，还可以清楚地看出，进口和出口对贸易总趋势的贡献率显然不同，出口贸易年均增长率大于进口年均增长率 7.78 个百分点，出口贸易年均增长率则为 8.55%，进口贸易年均增长率则仅为0.77%。但是，却并没有因此而使进、出口贸易占总贸易的比重发生趋向性的变化。1897—1907 年出口贸易平均占总贸易的份额为16.64%，1908—1918 年为 15.36%，1919—1930 年则为 17.25%，而在整个的 34 年时间里，出口贸易平均占总贸易的份额为 16.74%。因此，可以说，尽管出口贸易增长率远远大于进口贸易的增长率，进口贸易甚至呈现出下降的趋势，但进口贸易依然具有绝对优势，为总贸易的主体部分，如图 4 - 10、图 4 - 11、图 4 - 12 所示。

（三）腾越

根据表 4 - 8，腾越关在从 1903 年到 1930 年的 28 年的时间里，若以总贸易增长率分析，虽然波动较大，但总体上呈现出一种增长的态势，年平均增长率为 3.84%。若以贸易总额分析，其增长趋势则更为明显，1919 年是腾越贸易额的最高点，为 5081784 海关两，为1903 年的 2.62 倍，1919—1930 年贸易额虽然渐趋下降，至 1930 年达到最低点，为 2794633 海关两，尚比 1903 年多出 853819 海关两，如图 4 - 13、图 4 - 14 所示。

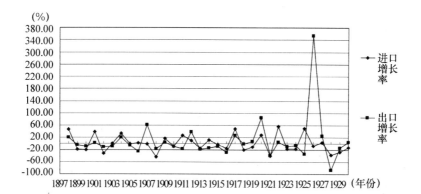

图 4 - 10　1897—1930 年思茅进口、出口贸易增长率变化趋势

资料来源：据表 4 - 7 绘制。

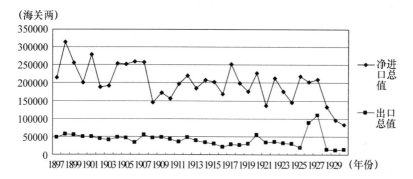

图 4 - 11　1897—1930 年思茅进口、出口贸易额变化趋势

资料来源：据表 4 - 7 绘制。

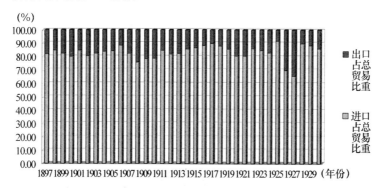

图 4 - 12　1897—1930 年思茅进口、出口贸易占总贸易比重

资料来源：据表 4 - 7 计算绘制。

表4-8　　　　　1903—1930年腾越贸易额及其增长趋势　　　　单位：海关两,%

年份	净进口总值	进口增长率	出口总值	出口增长率	净贸易总值	净贸易总值增长率
1903	1667362		273452		1940814	
1904	2004381	20. 21	364276	33. 21	2368657	22. 04
1905	1777360	- 11. 33	261928	- 28. 10	2039288	- 13. 91
1906	1495963	- 15. 83	297926	13. 74	1793889	- 12. 03
1907	1537417	2. 77	478400	60. 58	2015817	12. 37
1908	1334221	- 13. 22	523933	9. 52	1858154	- 7. 82
1909	1158636	- 13. 16	509943	- 2. 67	1668579	- 10. 20
1910	1411128	21. 79	606623	18. 96	2017751	20. 93
1911	1208206	- 14. 38	487215	- 19. 68	1695421	- 15. 97
1912	1824908	51. 04	769748	57. 99	2594656	53. 04
1913	2401798	31. 61	730277	- 5. 13	3132075	20. 71
1914	1845437	- 23. 16	533984	- 26. 88	2379421	- 24. 03
1915	2537525	37. 50	692961	29. 77	3230486	35. 77
1916	1828707	- 27. 93	537074	- 22. 50	2365781	- 26. 77
1917	2355521	28. 81	748115	39. 29	3103636	31. 19
1918	2409281	2. 28	1245019	66. 42	3654300	17. 74
1919	3269842	35. 72	1811942	45. 54	5081784	39. 06
1920	3223740	- 1. 41	1421860	- 21. 53	4645600	- 8. 58
1921	2523141	- 21. 73	1642543	15. 52	4165684	- 10. 33
1922	2843271	12. 69	1221471	- 25. 64	4064742	- 2. 42
1923	2258545	- 20. 57	1127374	- 7. 70	3385919	- 16. 70
1924	2335239	3. 40	1467247	30. 15	3802486	12. 30
1925	3478566	48. 96	1203059	- 18. 01	4681625	23. 12
1926	2450940	- 29. 54	929139	- 22. 77	3380079	- 27. 80
1927	3013427	22. 95	1485651	59. 90	4499078	33. 11
1928	2568704	- 14. 76	614379	- 58. 65	3183083	- 29. 25
1929	2520579	- 1. 87	755523	22. 97	3276102	2. 92
1930	1918908	- 23. 87	875725	15. 91	2794633	- 14. 70
年均增长率		3. 22		9. 64		3. 84

资料来源：据《中国旧海关史料（1859—1948）》历年统计数据整理并计算。

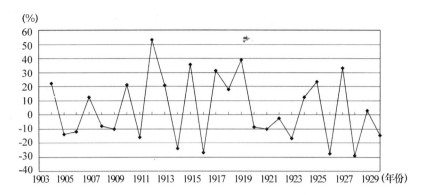

图 4-13　1903—1930 年腾越总贸易增长率

资料来源：据表 4-8 绘制。

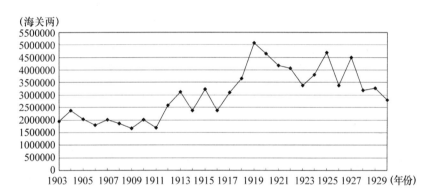

图 4-14　1903—1930 年腾越净贸易总值变化趋势

资料来源：据表 4-8 绘制。

　　但是，进口贸易和出口贸易对总贸易增长趋势的贡献率同样也不相同，出口贸易年均增长率比进口贸易增长率高 6.42 个百分点，进口年均增长率为 3.22%，出口则为 9.64%。因此，虽然腾越贸易一直处于入超地位，但是出口贸易在贸易总额中所占比重则逐渐增大，1903—1910 年出口贸易占总贸易的比重平均为 22.25%，1911—1920 年上升到 28.38%，1921—1930 年则增至 30.13%；与此相反，进口贸易在整个贸易中总体上则呈现出一种下降的趋势，见图 4-15、图 4-16。由此可见，尽管腾越贸易虽一直为入超，但贸易收支状况，却呈日渐改善之势。

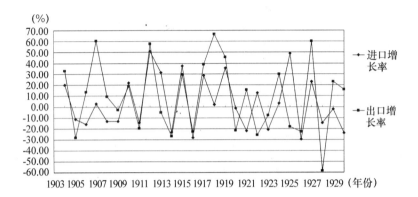

图 4-15　1903—1930 年腾越进口、出口贸易增长率

资料来源：据表 4-8 绘制。

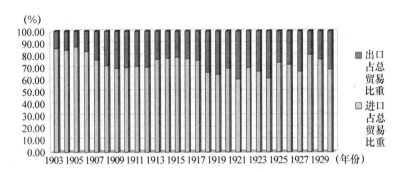

图 4-16　1903—1930 年腾越进口、出口贸易占总贸易比重

资料来源：据表 4-8 计算绘制。

　　将三关的贸易变化趋势作一比较，可以发现：从总贸易额看，蒙自和腾越均有不同程度的增长，其中又以蒙自的增长幅度为大，1930年的贸易额为 1890 年的 8.59 倍，至于腾越，1930 年的贸易额只为 1903 年的 1.44 倍；而与蒙自、腾越不同是，1930 年相较于 1897 年，思茅的贸易额不仅没有增加，而且大为减少，前者仅为后者的 37.20%。若以总贸易增长率来看，蒙自年均增长 7.63%，思茅 0.53%，腾越 3.84%，蒙自高腾越 3.79 个百分点，腾越又比思茅高 3.31 个百分点，增长率和贸易额所反映的贸易变化趋势一致。而以进口和出口对各关贸易增长的贡献率来看，蒙自年均进口增长率高于出口 0.07 个百分点，思茅和腾越却是出口分别高于进口 7.78 个百分点、6.42 个百分点，蒙自与思茅、腾越在进口和出口增长趋势上的差异显而易见，反映出三关贸易收支存在较大的不同。总之，各关贸易变动趋势虽有相同的一面，但更多的是不同。

四　外部市场与内部区域：近代云南口岸贸易变动趋势形成的空间机制

吴兴南指出对外贸易重心的转移和对外贸易新格局的形成是近代云南对外贸易两个最显著的变化之一。[①] 但笔者以为，重心的转移与新格局的形成作为一种空间上演进的结果，如果没有因此带来对外贸易在量和质上的变化，那么，从审视近代云南对外贸易发展的角度看，单纯地关注这种空间的演进就没有多少意义可言。换句话说，关注空间，不是就空间而空间，而是将空间作为一种视角，探讨空间格局的形成与近代云南口岸贸易变动趋势之间的关系。笔者认为，尽管影响近代云南口岸贸易变动趋势的因素是多方面的，相关论著也作过一些探讨，但是，口岸的辐射区域与其外部市场网络是决定近代云南口岸贸易变动趋势的主要因素，其他所有相关因素基本上都是通过这两个方面而起作用的。这是因为：就贸易层面而言，口岸的主要功能在于：中国所产土货需借助于通商口岸运销到国际市场上，外国输入的洋货亦需通过通商口岸转销于各地。在这一过程中，口岸起内、外两个扇面的连接点的作用。因此，从空间的视角来看，对于口岸与口岸贸易特征的形成机制的探讨也就应该既要重视外部市场也不能忽视内部区域，两者必须兼顾。也就是说，区域经济社会特征和口岸如何通过区域经济网络与世界市场体系建立联系在很大程度上决定了口岸的地位和口岸作用的发挥，以及口岸贸易特征的形成。

正如有论者所指出的那样"云南与周边东南亚各国有陆路相连的优势，早在秦汉之际，便源于亲缘地理亲缘族情基础发展起亲缘经

---

① 吴兴南：《云南对外贸易——从传统到近代化的历程》，云南民族出版社 1997 年版，第 293—294 页。

济，历经古代朝贡通道商路的拓展、南方丝绸之路的开拓，与周边东南亚国家建立起较密切的经济交往关系"①，邻近国家和地区是云南对外贸易传统区域，经过长期的发展，早在近代以前，云南即与越南、老挝、缅甸、印度等周边国家和地区形成了经济互补性较强的跨国性地区贸易圈。在1889年蒙自开埠之前，随着英法殖民者侵入南亚、东南亚地区，从表面上看，云南与这些国家的交往已经转变为与英、法的关系，但事实上云南的对外贸易依然还是限于原有的传统区域范围内，大致仍属中南半岛地区贸易的范畴，云南与世界经济的联系并不是很紧密。1889年之后，云南对外贸易对象的国家和地区大为增加，对此，《新纂云南通志》说"以贸易之国别言，本省贸易范围遍及英、美、日、法等国"②，云南与世界经济的联系大为拓展。我们知道，由于地理的原因，1889年之后，云南对外贸易以"安南、印度、香港为主要市场"③，"但香港为一转运口岸，本省向香港输出入之货物，其来处及去处有英国、欧洲大陆各国、美洲、日本、澳洲、印度、新加坡等地，及我国沿海口岸。向印度、安南输出入之货物系由他处转来，或转往他处者亦有之。"④ 由此可见，开埠之后，云南传统上的对外贸易对象更多地起到的是货物进出的转口作用，云南对外贸易已远远突破了地区贸易的范畴，开始日益深入地卷入世界市场网络体系，成为世界市场网络体系的组成部分。

与此同时，与1889年之前云南处于近代中国口岸贸易格局的末端和边缘的位置相比，1889年之后，不仅云南的对外贸易基本上通过本省口岸进行，而且，由于云南"为西南边防重镇，亦为西南国际贸易要冲，故川、黔、桂等省货物，皆以云南为转运之枢纽"⑤，云南口岸辐射的主要区域除了云南本省外，还包括了贵州、四川、西

---

① 郭亚非：《云南与东南亚各国的早期经济交往》，《云南师范大学学报》1997年第2期。

② 龙云、卢汉修，周钟岳、赵式铭等纂：《新纂云南通志》卷144《商业考二》，云南人民出版社2007年点校本，第7册，第111页。

③ 同上。

④ 云南省志编纂委员会办公室整理：《续云南通志长编》下册，1986年，第584页。

⑤ 龙云、卢汉修，周钟岳、赵式铭等纂：《新纂云南通志》卷144《商业考二》，云南人民出版社2007年点校本，第7册，第112页。

藏、广西等省区的部分地区。

　　总之，1889 年之后，随着蒙自、思茅、腾越等口岸的先后开放，云南对外贸易实现了货物来源地与销售地在空间上的拓展，对外有着突破了地区贸易范畴的广阔的世界市场可资依托，对内有着超出本省范围的广大西南地区以为支撑，从而保证了云南对外贸易的持续增长。

　　至于云南对外贸易增长的波动，是近代中国口岸贸易一般性特征的反映，① 当然具体的原因还是：一方面，虽然随着蒙自、思茅、腾越等口岸的开放，云南口岸贸易日益成为全球贸易的一个组成部分，但是由于云南没有属于自己的出海口，与世界市场的联系毕竟相对有限，进口货物来源与出口货物销地相对单一；另一方面，云南口岸辐射的西南地区经济上普遍落后，产出不多，商品输出不稳定，消费水平低下，购买能力不强，② 而且，区域内地形复杂、交通不便，③ 更是加剧了市场供需的不稳定。可以说，近代云南口岸贸易增长的剧烈波动是外部市场和内部区域因商品供需不稳定而相互作用的必然结果。

----

　　① 近代中国口岸贸易增长之波动，可从班思德《最近百年中国对外贸易史》（海关总税务司署统计科译印，1931 年）"最近五十年中外贸易统计表"、武育幹《中国国际贸易概论》（商务印书馆 1932 年版）"近六十年来中国对外贸易细表"窥其一斑。
　　② 如《海关十年报告（1922—1931）》就说：蒙自口"进口货物，不论洋土产品，必须价廉，方可销售"，"思茅地方，僻处边陲，人烟稀疏，购买力弱，山地贫瘠，荒芜居多，纵使开垦，生产亦薄"，"滇边人民，性多守旧，外洋奢侈品，如烟酒之类，向鲜购用"。《中国旧海关史料》第 158 册，第 547、561、579 页。
　　③ 以云南为例，东亚同文书院学员调查称：其道路"千仞险壑突兀，往往人于云际，即使猿猴攀跻亦为之愁，交通之不便可不言自明矣"，"昔李白《蜀道难》谓'蜀道之难，难于上青天'，倘谪仙再生，至于云南，或掷笔长叹而弗能述云南道路之险状哉"（东亚同文会编：《支那省别全志》第 3 卷《云南省》，东亚同文会发行，1917 年，第 235—236 页）。法国里昂商会考察团对蒙自到昆明一路的描述则说："我们走过的这一地区比想象的要起伏不定。根据我们所作的气压观察，蒙自海拔 1370 米，第二天我们便下到了 1280 米深谷，随后在面甸又恢复到蒙自的海拔。上升到 1540 米后又下到美丽的临安坝子。真正的攀登是从新坊开始的。通过一个 1840 米的山口后，道路又重新下到馆驿（1580 米）……随后的海拔保持在 1850 米左右，然后便迅速上升至 2200 米以上（关岭，本条路线的最高点），随后道路便一直下到云南府坝子。云南府城本身的海拔为 2000 米，坝子最北边为 1850 米。"〔法国里昂商会编：《晚清余晖下的西南一隅——法国里昂商会中国西南考察纪实（1895—1897）》，徐枫、张伟译，云南美术出版社 2008 年版，第 35—36 页〕

但是，蒙自、思茅、腾越三关，一方面，其对外的具体联系基本上是各自别为一体，另一方面，其对内则是对作为整体的云南口岸辐射区域进行空间上的分割，从根本上讲，也就是这种外部联系与内部区域的差异造成了三关贸易变动趋势的不同。

所谓"云南一地极处高壤，毗连香港、海防、漾贡三派市场之首"①，云南三关的对外市场联系首先是，也是直接地与香港、海防、仰光的联系。但是，"中国各通商口岸除北海、海口两埠外，无与东京轮船直达者"②，东南亚各港口也往往与香港直接通航，大多情况下海防需经香港的中转才能实现与其他港口相联系。也就是说，海防在很大程度上扮演的是香港支线港的角色，是香港贸易网络中的一个节点。因此，云南三关实际上也就分别成为香港和仰光贸易网络的组成部分。具体来讲，由于地理位置与贸易路线走向共同作用的结果，蒙自扮演的是香港贸易网络节点的角色，腾越起到的则是将云南对外贸易与仰光贸易网络联系起来的作用，而思茅，无论是与仰光还是与香港，联系都不是很紧密。

以香港为中心和以仰光为中心构成的区域贸易网络是全球贸易网络的组成部分，正是由这样一个又一个的区域贸易网络构成了全球贸易大网络。在全球贸易大网络中，不同的区域网络具有不同的层级。已有研究表明：香港乃是将中国和东南亚、日本以及欧美连接起来的一个中心节点。③ 而"缅甸对外贸易的对象国家，在殖民统治时期集中于印度及其他英帝国属土，其中印度占缅甸输出及输入 1/2 以上"④，这也就是说，缅甸作为英属印度的一个省，仰光只是构成印度港口体系和贸易网络的一环而已，仰光网络只是以加尔各答或孟买为中心的区域贸易网络的组成部分。从而，与世界经济的联系，香港

---

① 《光绪二十六年蒙自口华洋贸易情形论略》，中国第二历史档案馆、中国海关总署办公厅编：《中国旧海关史料（1859—1948）》第 32 册，京华出版社 2001 年版，第 285 页。

② 《宣统三年蒙自口华洋贸易情形论略》，中国第二历史档案馆、中国海关总署办公厅编：《中国旧海关史料（1859—1948）》第 57 册，京华出版社 2001 年版，第 447 页。

③ ［日］滨下武志：《近代中国的国际契机：朝贡贸易体系与近代亚洲经济圈》，朱荫贵、欧阳菲译，中国社会科学出版社 1999 年版，第 234 页。

④ 赵松乔：《缅甸地理》，科学出版社 1958 年版，第 173 页。

比仰光更为密切，辐射面更广，香港贸易国际化的程度大于仰光，香港网络在全球贸易网络中的地位也非仰光网络可比，结果是香港的贸易市场较为广泛，仰光的贸易市场就显得相对狭窄。

香港与仰光在全球贸易网络中扮演的角色和地位的不同，直接影响了云南三关口岸贸易特征的形成。具体表现在，主要通过香港与世界经济建立联系的蒙自，不仅进口货物来源广泛，而且主要的出口货物亦可借香港中转输送到欧美、日本等对原料有着广泛需求的工业化国家，说明其外部市场是较为广阔的。腾越由于仰光在全球贸易网络中的地位不及香港，其外部市场空间不及蒙自广阔，但相比思茅却还是有一定的优势，这是因为，正如前文所述，仰光是构成印度港口体系和贸易网络的重要一环，因此，腾越贸易虽主要依赖缅甸市场，但尚有印度和其他英联邦市场可在一定程度上以为凭借。思茅贸易则唯有依赖邻国，其市场空间最为狭小。外部市场空间的大小会直接影响到进出口贸易的稳定，市场空间越大，贸易对象越广，贸易的稳定性也相应地就越强，反之就越弱。由此可见，近代云南三关之中，以蒙自口岸贸易的增长速度最快，贸易量也最大，波动也相对最小，腾越次之，思茅最次，是与它们联系的外部市场网络直接相关的。

蒙自、思茅、腾越三关对作为整体的云南口岸辐射区域进行的空间分割，万湘澄《云南对外贸易概观》的描述，已如第二章第一节所述，为省去回头翻检之烦，特再征引如下：

> 翻开云南地图，由丽江西面的石鼓镇画一直线至石屏县城，在这条直线以西，是著名的云南峡谷山地区，以前叫作横断山脉区。此区的山河走向，由西北而东南，纵列并行，山高谷深，运输困难，对外贸易所受影响不小。直线以东，是云贵分割高原的湖地断裂带，山脉走向，先由西北而东南渐向东北、东、东南展开，中间有许多盆地和湖沼，人烟稠密，交通便利，对外贸易比较发达。
>
> 在云南地图上，通过缅宁、弥渡画一直线与上述直线相交，这条线的西北是云南西北部，这条线的东南，与上述直线的锐角区域内，是云南的西南部。就对外贸易上说：西北部大体上是腾

越口的贸易范围，这个区域内的商品，多数由腾越口进出。西南部大体上是思茅口的贸易范围，商品多由思茅口进出。在两直线交点以下，石石直线以东，是云南的东部，大体上是蒙自口的贸易范围，商品多由蒙自口进出。①

但是，以上空间仅限于云南本省范围内，实际上，从总体上看，蒙自的主要辐射区域除了云南东部外，还包括贵州西部；除了云南西北部，四川的西南部也是腾越的主要辐射区域；思茅的主要贸易范围则基本上限于云南西南部。② 这也就是说，近代云南三关，蒙自的贸易辐射空间最大，其次是腾越，思茅最小。各口岸贸易主要的辐射地区，也就是它们主要的进口商品销售地和出口商品来源地，因此，其范围的广狭，在一定程度上可以反映出它们吸纳进口商品与提供出口商品的能力。当然，如果在一个较大区域内，出产寥寥，经济落后，而在一个较小的区域内却是物产丰饶，经济发达，那么，较小的区域反而比较大的区域更易于销纳更多的商品和提供更多的商品。下面，我们就从这两个方面来简单分析一下近代云南三关各自的辐射区域是如何在塑造蒙自、思茅、腾越的贸易变动趋势中发挥作用的。

李中清和蓝勇的研究表明，清代云南的经济重心已从西部转移到东部，③ 而至云南开埠以后，云南东西部经济发展水平的差异进一步加强。

作为蒙自贸易范围的东部地区"人烟稠密，交通便利"④，使得贸易不仅相对易于进行，而且对进口商品的需求相对畅旺、稳定；再加上出产相对丰饶，能够为蒙自的出口提供较多的货物，仅大宗商品

① 万湘澄：《云南对外贸易概观》，新云南丛书社1946年版，第31页。
② 据本书第二章第一节可知蒙自、思茅、腾越三关贸易的主要辐射空间即腹地实际上是发生过多次变化的，我们这里只是就其基本稳定时的情形而言。
③ ［美］李中清：《明清时期中国西南的经济发展与人口增长》，《清史论丛》第5辑，中华书局1984年版，第50—102页；蓝勇：《明清时期西南地区城镇分布的地理演变》，《中国历史地理论丛》1995年第1辑。
④ 万湘澄：《云南对外贸易概观》，新云南丛书社1946年版，第31页。

而言，就有锡、皮革、猪鬃、茶叶、药材、火腿，以及铅、锌等，[①]特别是其中的锡，产地个旧地近蒙自，产量大、国际市场需求旺盛，从而成为支撑蒙自出口贸易的最大宗商品，常居蒙自出口总货值的80%以上。作为腾越贸易范围的滇西北地区，"有许多地方非原系火山即中含矿质，不适耕种，亦有可以耕种之地，而又苦于人口太稀"[②]，人口少，对进口商品的需求难以旺盛，出产寡，则较难支撑腾越出口贸易的快速发展。思茅贸易范围的滇西南地区，甚至连作为口岸城市的思茅地区都是"人烟稀疏，购买力弱，山地贫瘠，荒芜居多，纵使开垦，生产亦薄"[③]，何况其他地方，市场需求不大，出口贸易不旺也就可想而知了。由此可见，近代云南三关，蒙自贸易范围内物产相对丰饶，经济相对发达，从而保证了其进出口贸易的较快增长，且波动较小；腾越和思茅贸易范围内土地普遍贫瘠，出产匮乏，而且人口稀少，从而使得此二关的贸易增长速度远不及蒙自，且波动相对剧烈。但是，腾越毕竟还有来自四川西南的黄丝以为大宗出口商品，且在缅甸市场有较大需求，再加上大理等地经济尚且比较发达，可以支撑腾越贸易以一定的速度发展。思茅出口之最大宗的货物是来自滇南所产普洱茶，但其"口味与外国稍有不宜"[④]，"本味又未洽西人之口"[⑤]，基本上限于在缅甸、柬埔寨等邻国销售，出口数量并不是很多，无力支撑思茅出口贸易的增长；又因思茅进口之大宗商品棉花不仅要受到降水变化的极大制约，而且思茅等地进口棉花基本上是用来纺纱以织成土布，而土布市场却是日渐萎缩。从而造成思茅进出口贸易增长缓慢，甚至下降的局面。

① 龙云、卢汉修，周钟岳、赵式铭等纂：《新纂云南通志》卷144《商业考二》，云南人民出版社2007年点校本，第7册，第112页。

② 《光绪三十四年腾越口华洋贸易情形论略》，中国第二历史档案馆、中国海关总署办公厅编：《中国旧海关史料（1859—1948）》第47册，京华出版社2001年版，第447页。

③ 《海关十年报告（1922—1931）》，思茅，中国第二历史档案馆、中国海关总署办公厅编：《中国旧海关史料（1859—1948）》第157册，京华出版社2001年版，第561页。

④ 《光绪二十三年思茅口华洋贸易情形论略》，中国第二历史档案馆、中国海关总署办公厅编：《中国旧海关史料（1859—1948）》第26册，京华出版社2001年版，第267页。

⑤ 《光绪二十五年思茅口华洋贸易情形论略》，中国第二历史档案馆、中国海关总署办公厅编：《中国旧海关史料（1859—1948）》第30册，京华出版社2001年版，第299页。

"蒙自所出土货无多，惟有将大锡运至香港卖银采办洋货，除此别无他计，无论或赢或歉，均难舍此别图"①，其出口数量的多少直接关乎蒙自进出口贸易的起伏与变化。但从总体上看，大锡的产量是不断增加的，所以，不仅保证了蒙自出口贸易的稳定，而且同时保证了蒙自进口贸易和出口贸易的相对平衡。而腾越、思茅出口之原材料商品因英属印、缅等地工业发展的需要有一定的市场，特别是腾越出口的黄丝不仅成为缅甸丝绸制品的主要原料，而且其中的部分丝绸制品还返销云南，与此同时，又由于滇西北、滇西南等腾越、思茅贸易范围内由于经济的落后，对工业品的进口没有多大需求，从而使得进口和出口对总贸易增长的贡献，出口贸易比进口贸易大。

第三节　小结

但凡谈到近代中国口岸贸易增长波动问题的研究，一般只注意到了贸易增长的年际变化，本节则以不同季节运货骡马数量的变化作为切入点，分析发现：近代云南三关商品进出以冬春相对畅旺，为贸易旺季，夏秋萎缩，为贸易淡季，特别是秋季，贸易最为惨淡，口岸贸易有着非常明显的随季节波动的特征。

口岸贸易的变化与波动，应该说是多种因素共同作用的结果。但从腹地区域因素对口岸贸易的变化与波动进行细致探讨的成果却并不多见，而仅有的相关研究又往往注重分析区域市场、区域交通等人文因素对口岸贸易趋势的塑造作用，区域自然因素几乎总是被作为论述人文因素的大背景，而并没有给予足够的重视。本章则通过对腹地区域降雨、瘴疠发生的特征与近代云南口岸贸易波动关联性的分析，认为：近代云南口岸贸易的季节波动与腹地区域降雨的季节变化和瘴疠发生的时间特性，高度契合；雨水和瘴疠是影响近代云南口岸贸易波动的重要原因。我们以区域重要环境因子探讨口岸贸易波动性特征的形成，应该说，有助于理解腹地自然生态对口岸贸易的塑造作用这一

---

① 《光绪二十一年蒙自口华洋贸易情形论略》，中国第二历史档案馆、中国海关总署办公厅编：《中国旧海关史料（1859—1948）》第 23 册，京华出版社 2001 年版，第 247 页。

被忽视的问题。

　　近代中国开放的通商口岸为数众多，不论"约开"还是"自开"，作为特殊时代的产物，固然有其共同的一面，但因内部和外部各种条件的不同，其差异性则又是显而易见的。仅以本书所论云南口岸贸易变动趋势来看，在波动的过程中实现贸易的增长不仅是云南口岸贸易的整体特征，而且也是各口岸贸易变动趋势的共同特征，但是具体到增长幅度，变动程度，进、出口贸易对总贸易趋势的贡献率，以及收支状况等，口岸之间又无不存在差异。

　　可以说，不从整体上把握口岸贸易发展的特征，就难以在宏观上对口岸的时代特性有一个正确的认识，但如果因此而忽略了对不同口岸贸易差异性的考察，要想对其有一个全面而正确的认识显然又是难以做到的。以往的研究，较多地忽略口岸间的差异从而出现以个别口岸的研究来论中国近代口岸的整体特征，或对不同口岸的共性注意不够而过分强调所研究的个别口岸的"突出特征"，都是有失全面的。

　　对于口岸贸易特征形成原因探讨，可以从不同的视角得出不同的结论。但我们认为，口岸贸易特征的形成在根本上是由其所扮演的角色决定的，是由口岸所联系的外部市场和内部区域共同塑造的结果。本章对近代云南口岸贸易变动趋势和蒙自、思茅、腾越三关贸易趋势差异的形成是如何受制于外部市场和内部区域的分析就较好地说明了这一点。

第五章 外部市场、内部区域与近代
云南口岸贸易的商品结构

第一节 近代云南口岸贸易的商品结构

商品结构是指某国或某一地区在一定时期内，进出口商品构成以及某种商品在该国或者地区的进出口贸易中所占的比重和地位。关于近代云南各口岸贸易的商品构成，海关贸易统计有专项的大宗进出口货量统计。[①] 我们不打算对此中的所有商品进行分析，而是主要考察最大宗商品占各口贸易的比重及其变化。

一 蒙自

蒙自进口货物种类繁多，以大宗而言，则有棉纱、棉花、烟类、纸张、煤油、海味等数种，[②] 其中又以棉纱居于历年进口货物之首，为最大宗进口货物，常占蒙自进口总货值一半以上的份额。如表 5 - 1，1889—1904 年、1910—1937 年棉纱进口年均占蒙自进口总货值的 60.13% 和 50.41%，其他各大宗货物，以烟丝和棉花居于其次地位，但最多时也只及棉纱货值的一半左右，而煤油、纸张、瓷器等所占比重就更低了。可以说，蒙自进口贸易是在棉纱垄断下的贸易。

---

① 1904 年前，海关对各关进出口货物数量和货物价值均作分类统计，自 1905 年起，由于海关贸易统计体例的变化，海关出版物缺载货物价值的分类统计。

② 龙云、卢汉修，周钟岳、赵式铭等纂：《新纂云南通志》卷 144《商业考二》，云南人民出版社 2007 年点校本，第 7 册，第 112 页。

表5-1 1889—1904年、1910—1937年蒙自部分大宗进口商品
货值占总进口额百分比（%）

年份	棉纱	棉花	烟丝	纸烟	煤油	纸	年份	棉纱	棉花	烟丝	纸烟	煤油	纸
1889	33.59	8.86	17.29	—	0.43	6.69	1916	53.92	0.05	1.38	3.00	3.67	1.02
1890	41.20	5.14	20.97	—	0.03	2.01	1917	57.11	—	1.39	3.22	2.81	0.88
1891	37.97	7.48	15.89	—	0.16	2.18	1918	55.93	0.24	0.44	3.76	1.91	1.07
1892	54.67	7.23	18.79	—	0.09	1.14	1919	58.62	0.98	0.55	6.57	4.01	0.92
1893	72.63	3.37	9.80	—	0.10	0.29	1920	63.31	1.96	0.36	4.23	3.2	0.79
1894	53.87	6.42	16.57	—	0.19	2.48	1921	64.55	1.06	0.81	3.94	2.68	1.09
1895	72.02	3.34	12.99	—	0.20	0.73	1922	56.66	0.89	1.83	0.74	4.59	0.94
1896	69.00	1.06	10.97	—	0.22	1.44	1923	53.49	1.40	1.27	3.72	3.5	1.54
1897	74.92	0.38	8.38	—	0.12	0.85	1924	44.28	0.86	0.99	3.52	3.99	1.24
1898	74.72	0.47	7.44	—	0.31	0.83	1925	32.43	0.93	0.97	2.61	5.07	0.79
1899	71.98	0.03	3.92	—	0.24	0.94	1926	45.61	0.92	1.17	2.21	3.36	1.49
1900	59.71	0.04	9.29	—	0.54	0.87	1927	44.37	1.01	1.10	4.04	3.5	1.52
1901	62.45	0.03	8.27	—	0.91	0.67	1928	48.85	0.63	0.67	5.98	5.94	1.35
1902	67.18	0.04	5.10	—	1.65	0.71	1929	47.01	1.01	0.63	3.88	4.99	1.41
1903	54.62	0.08	7.12	—	0.68	0.94	1930	56.87	0.94	0.60	1.18	2.94	1.03
1904	61.54	0.07	4.03	—	0.60	1.17	1931	51.55	1.31	1.06	1.38	2.99	1.20
1910	57.24	0.05	2.65	0.59	2.17	1.35	1932	51.44	0.72	0.53	1.87	6.00	1.56
1911	45.09	0.06	1.52	0.94	2.85	1.91	1933	36.19	0.33	0.50	1.41	5.34	1.76
1912	60.00	0.06	2.69	0.94	2.54	0.96	1934	44.3	0.99	0.43	2.22	4.76	1.64
1913	47.41	0.08	2.62	0.94	3.25	1.35	1935	50.12	0.77	0.42	3.62	4.15	1.89
1914	50.52	0.53	2.64	0.97	3.41	1.04	1936	39.45	0.09	0.57	4.57	4.08	1.79
1915	54.66	0.54	3.33	2.59	6.26	1.34	1937	40.61	1.18	0.63	4.09	2.89	1.85

资料来源：1889—1904年据《中国旧海关史料（1859—1948）》提供数据计算；
1910—1937年据钟崇敏《云南之贸易》（中华民国资源委员会经济研究所，1939年）相关
数据整理。

蒙自出口货物以锡、皮革、猪鬃、茶叶、药材、火腿，以及铅、锌等金属品为大宗，[①] 其中又以锡为最大宗出口商品，常居出口总货值的80%以上，最多时甚至高达95%，其他所有出口商品合计往往还不及大锡出口值的1/3。尤其是，滇越铁路通车以后，随着大锡出口进一步增加，其所占蒙自出口贸易的比重也相应增加，如在1889—1904年，大锡出口值平均占蒙自出口总值比重为80.87%，而在1910—1937年，所占比重上升到了87.81%（参见表5-2）。由此可见，蒙自出口商品与进口一样也具有显著的单一货品垄断的特征，并且其垄断性还远甚于进口。蒙自出口贸易几乎可以说是大锡主导下的贸易。以大锡在出口贸易中的独断地位，正如海关贸易报告所说："蒙自所出土货无多，惟有将大锡运至香港卖银采办洋货，除此别无他计，无论或赢或歉，均难舍此别图"[②]，其出口数量的多少直接关乎蒙自进出口贸易的起伏与变化。

二 思茅

1922—1931年的海关十年报告说：思茅"主要进口货物为棉花、缅甸梭罗布、鹿角、鹿皮、煤油、棉纱等"[③]。但实际上，除棉花外，其他几种主要进口货物不仅数量少，而且难以称为具有长期性之大宗商品，"缅甸梭罗布步趋下游，国产土布代之而兴"，"鹿角初甚畅旺，继见衰落，今则寥寥无几"，"棉纱、煤油分别自十四年（1925）及十八年（1929）起始见本埠统计之中，其进口数目均属无多"[④]。因此，真正能称为大宗进口货物者只有棉花，如表5-3，1897—1937年，棉花进口平均占思茅进口总值的75.99%，棉花在思茅进口贸易之中的垄断性地位由此可见一斑。关于出口之货，"普洱茶一向

---

① 龙云、卢汉修，周钟岳、赵式铭等纂：《新纂云南通志》卷144《商业考二》，云南人民出版社2007年点校本，第7册，第112页。

② 《光绪二十一年蒙自口华洋贸易情形论略》，中国第二历史档案馆、中国海关总署办公厅编：《中国旧海关史料（1859—1948）》第23册，京华出版社2001年版，第247页。

③ 《中国海关十年报告（1922—1931）》，中国第二历史档案馆、中国海关总署办公厅编：《中国旧海关史料（1859—1948）》第157册，京华出版社2001年版，第562页。

④ 同上。

表5-2 1889—1904年、1910—1937年蒙自部分大宗出口商品货值占总出口额百分比（%）

年份	锡	生黄/水牛皮	未硝山羊皮	猪鬃	茶叶	药材
1889	81.76				5.21	0.19
1890	84.83				3.93	0.06
1891	85.99				3.32	0.57
1892	84.59				4.14	0.40
1893	81.68				3.38	0.50
1894	80.73				1.55	0.28
1895	78.68				2.67	0.48
1896	79.67				1.46	0.43
1897	78.66				1.03	0.70
1898	79.11				1.29	0.95
1899	80.18				1.50	0.78
1900	79.52				0.74	0.18
1901	80.13				1.01	0.33
1902	89.96				1.11	0.16
1903	80.32				2.13	0.52

年份	锡	生黄/水牛皮	未硝山羊皮	猪鬃	茶叶	药材
1916	85.71	2.98	0.46	0.16	0.97	0.98
1917	90.00	1.34	1.02	0.27	0.39	0.40
1918	88.07	1.93	1.57	0.55	0.31	0.65
1919	81.31	3.73	5.96	0.32	0.69	0.77
1920	86.76	2.76	1.53	0.48	0.28	0.63
1921	80.54	2.61	4.19	0.64	0.88	1.03
1922	89.57	0.53	1.51	1.17	0.60	1.20
1923	85.95	2.07	1.44	1.82	0.91	1.24
1924	90.10	2.57	0.64	0.97	0.44	0.75
1925	87.85	5.76	0.70	0.45	1.10	0.38
1926	85.25	6.80	1.28	0.96	1.00	0.61
1927	85.16	5.28	1.24	1.39	0.88	0.83
1928	81.33	7.62	2.94	0.94	0.66	1.29
1929	80.02	8.33	1.83	0.86	0.73	1.19
1930	80.37	5.46	1.90	1.39	0.62	1.19

续表

年份	锡	生黄/水牛皮	未硝山羊皮	猪鬃	茶叶	药材
1931	83.81	4.02	1.79	2.1	0.90	2.75
1932	88.84	0.99	0.53	1.37	0.95	2.20
1933	90.22	1.58	1.28	0.91	0.65	2.25
1934	88.84	2.61	1.41	1.05	0.75	1.97
1935	90.22	0.90	1.28	1.2	0.52	1.37
1936	88.84	2.68	1.56	1.14	0.28	1.01
1937	91.19	2.59	1.40	2.31	0.32	0.80

年份	锡	生黄/水牛皮	未硝山羊皮	猪鬃	茶叶	药材
1904	68.05				0.93	0.56
1910	93.82	0.58		0.01	0.54	0.18
1911	92.15	0.60		0.03	0.29	0.10
1912	96.14	0.92	0.02	0.19	0.19	0.31
1913	94.75	1.43	0.01	0.08	0.35	0.35
1914	91.27	0.98	0.08	0.08	0.29	0.80
1915	90.63	0.90	0.12	0.14	0.67	0.71

资料来源：1889—1904 年据《中国旧海关史料（1859—1948）》提供数据计算；1910—1937 年据钟崇敏《云南之贸易》（中华民国资源委员会经济研究所，1939 年）相关数据整理。

为本口贸易大宗"①，只因思茅地近产茶之区，以至"滇南思普一带恒以花、茶为大宗，而坐贾行商无不争利于二物内"成为思茅贸易之一般情形。②但是，由于"普茶口味与外国稍有不宜"③，"未洽西人之口"④，致使其出口市场受限，出口数量和占思茅出口货值比重除个别年份外，并不是很高（参见表5-3）。只是在各出口货物当中相较而言，"惟茶叶尚可称述耳"⑤，也正因为如此，钟崇敏在《云南之贸易》一书中才有思茅出口货物"欲在其中寻出比较有长期性质之大宗货物，诚属难事。不获已，谨择出最近五年占出口总值百分之八十以上之茶叶为代表"之说。⑥

表5-3　　1897—1937年棉花、茶叶占思茅进口、出口贸易百分比（%）

年份	棉花占总进口比重	茶叶占总出口比重	年份	棉花占总进口比重	茶叶占总出口比重
1897	84.30		1918	84.66	16.67
1898	90.06	1.79	1919	84.41	29.41
1899	81.58		1920	88.42	15.79
1900	71.37	1.82	1921	87.99	29.51
1901	80.98	12.72	1922	97.86	28.36
1902	77.29	12.50	1923	87.11	31.34
1903	80.61	8.93	1924	74.68	21.54
1904	78.90		1925	81.49	6.82

---

① 《中华民国元年思茅口华洋贸易情形论略》，中国第二历史档案馆、中国海关总署办公厅编：《中国旧海关史料（1859—1948）》第59册，京华出版社2001年版，第468页。

② 《宣统三年思茅口华洋贸易情形论略》，中国第二历史档案馆、中国海关总署办公厅编：《中国旧海关史料（1859—1948）》第56册，京华出版社2001年版，第457页。

③ 《光绪二十三思茅口华洋贸易情形论略》，中国第二历史档案馆、中国海关总署办公厅编：《中国旧海关史料（1859—1948）》第26册，京华出版社2001年版，第267页。

④ 《光绪二十五年思茅口华洋贸易情形论略》，中国第二历史档案馆、中国海关总署办公厅编：《中国旧海关史料（1859—1948）》第30册，京华出版社2001年版，第299页。

⑤ 《中华民国三年思茅口华洋贸易情形论略》，中国第二历史档案馆、中国海关总署办公厅编：《中国旧海关史料（1859—1948）》第66册，京华出版社2001年版，第154页。

⑥ 钟崇敏：《云南之贸易》，中华民国资源委员会经济研究所，1939年，第275页。

年份	棉花占总进口比重	茶叶占总出口比重	年份	棉花占总进口比重	茶叶占总出口比重
1905	70.53	1.54	1926	89.02	2.39
1906	61.84	2.08	1927	80.65	
1907	76.36	1.20	1928	77.57	
1908	67.28	1.49	1929	82.04	
1909	72.05	7.46	1930	83.95	
1910	70.92	19.67	1931	45.05	
1911	81.96	8.00	1932	69.39	20.51
1012	84.55	17.91	1933	53.18	79.61
1913	79.17	36.07	1934	51.16	66.01
1914	79.83	33.93	1935	56.26	78.36
1915	76.01	5.88	1936	52.16	69.06
1916	79.44	17.07	1937	63.12	62.37
1917	80.33	27.66	平均	75.99	23.50

资料来源：据钟崇敏《云南之贸易》（中华民国资源委员会经济研究所，1939 年）相关数据整理。

三 腾越

腾越进口货物主要来自缅甸、印度，以棉纱为最大宗，如表5-4，在1902—1937年间，棉纱进口平均占腾越进口总值的57.03%。随棉纱之后，棉花也是腾越进口之重要商品，如表5-4，在1902—1937年间，棉花进口平均占腾越进口总值的12.47%。

表5-4　1902—1937年棉纱、棉花占腾越进口贸易百分比 （%）

年份	棉纱	棉花	年份	棉纱	棉花
1902	59.70	11.26	1920	60.10	18.50
1903	36.67	14.13	1921	67.75	15.24
1904	48.59	10.54	1922	72.40	9.56
1905	42.04	20.95	1923	71.86	9.82

续表

年份	棉纱	棉花	年份	棉纱	棉花
1906	44.96	11.90	1924	67.24	10.36
1907	49.72	14.46	1925	68.66	11.42
1908	44.07	9.89	1926	58.36	12.70
1909	44.55	12.29	1927	53.23	8.50
1910	59.57	3.10	1928	50.35	5.72
1911	60.03	2.33	1929	57.55	11.02
1912	70.14	2.99	1930	56.39	10.35
1913	64.54	4.17	1931	52.81	18.54
1914	58.84	9.42	1932	62.87	20.89
1915	64.96	12.48	1933	57.45	20.50
1916	64.38	12.48	1934	51.48	20.65
1917	69.51	3.76	1935	44.30	31.75
1918	78.00	1.45	1936	19.29	18.91
1919	75.33	9.04	1937	45.38	27.83

资料来源：据钟崇敏《云南之贸易》（中华民国资源委员会经济研究所，1939年）相关数据整理。

　　总体上，在进口贸易中之地位，棉花进口尽管远不及棉纱重要，但由图5－1来看，棉纱与棉花在占腾越进口比重上实存在此消彼长的关系，大致在1920年之前，棉纱进口比重总体上升，棉花进口比重趋于下降，而在此之后，棉花比重上升，棉纱趋于下降。腾越进口的棉花大部来自缅甸，主要产自伊洛瓦底江流域，所进口棉纱概来自印度，而印度棉纱作为半成品，其原料棉花重要来源亦为缅甸。在英国占领缅甸以前，棉花是缅甸输入云南最主要的商品，英国占领缅甸后，将缅甸作为一个省置于印度总督的管辖之下，其生产开始须为英国殖民经济的需要服务，为了在世界上占领更为广阔的市场，英国大力在印度发展棉纺业，缅甸所产棉花也就开始主要输出到印度，从而使云南棉花的进口受到一定限制。与此同时，进口棉纱因"价廉质优"而广受欢迎，早在腾越开埠之前，印度棉纱已开始经由腾越一线交通输入云南，开埠之后，棉纱输入日渐增加，棉纱成为腾越进口的最大宗商品。但随着国内棉纺业的发展，国产棉纱开始较多地输入云南，"近来沪埠所产棉纱及杂货，由邮包运进者渐多"①，腾越进口贸易中棉花所占比重的上升和棉纱所占比重的下降，并非棉花进口数量的绝对增加，而是国产棉纱对印度棉纱进口的替代使其进口数量下降所致。

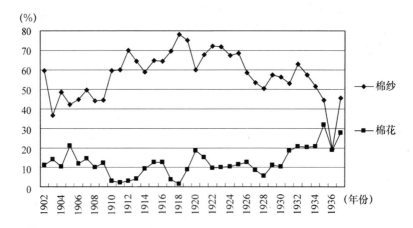

图 5 - 1　1902—1937 年棉纱和棉花占腾越进口总值比重变化趋势
资料来源：据表 5 - 4 绘制。

　　腾越出口商品主要有黄丝、牛羊皮、药材、土布等，而以黄丝居首，如表 5 - 5，1902—1937 年间，黄丝历年出口值平均占腾越出口总值的 72.15%，由此可见，黄丝是腾越出口贸易唯一处于绝对支配地位的商品，而且其支配地位还不断加强，如 1902—1910 年 9 年间，黄丝历年出口平均占腾越出口总值的 52.14%，下一个 9 年则上升为72.72%，再一个 9 年又上升到 80.09%，至 1929—1937 年间更是高达 83.66%。腾越所出口的黄丝，绝大多数来自四川，而其出口市场主要限于缅、印，尤其是缅甸，由于丝绸是缅甸人民主要的衣料来源，因而对生丝有着持续的需求。而国际生丝价格的持续上涨使生丝

---

　　① 《海关十年报告，1922—1931》，蒙自，中国第二历史档案馆、中国海关总署办公厅编：《中国旧海关史料（1859—1948）》第 158 册，京华出版社 2001 年版，第 548 页。

出口货值增加，以及进入 20 世纪 20 年代后云南商人自办缫丝厂增加生丝产量和 1933 年开始政府免除生丝出口税，[①] 凡此种种，使黄丝出口在腾越出口贸易中的地位愈显突出。

表 5－5　　　　1902—1937 年黄丝占腾越出口贸易百分比（％）

年份	百分比	年份	百分比	年份	百分比	年份	百分比
1902	72.72	1911	65.32	1920	77.53	1929	73.49
1903	60.95	1912	67.45	1921	81.96	1930	78.02
1904	66.22	1913	69.48	1922	80.11	1931	74.90
1905	66.40	1914	69.44	1923	77.83	1932	87.56
1906	54.87	1915	60.45	1924	86.06	1933	94.03
1907	34.94	1916	68.81	1925	83.58	1934	87.27
1908	33.85	1917	79.63	1926	83.71	1935	85.55
1909	38.30	1918	89.11	1927	84.94	1936	89.63
1910	41.01	1919	84.78	1928	65.11	1937	82.52

资料来源：据钟崇敏《云南之贸易》相关数据整理。

总之，正如 1917 年腾越海关贸易报告所说，"滇缅交易以来，人所共知进出口最大宗之货即系棉、丝两种，盖本口贸易盛衰之现象，应视此两种货物多寡以为衡"[②]，棉纱、黄丝是腾越进出口贸易执牛耳之货物，腾越贸易之兴衰观此二物之增减便可一目了然。

第二节　腹地供需结构与近代云南口岸进出口商品的构成特征

一　腹地供需对口岸进出口商品构成的影响

腹地供需情形对口岸进出口商品构成的影响，海关贸易报告每每提及。据海关贸易报告的记述，腹地供需与进出口商品构成的关系，

①　吴兴南：《云南对外贸易——从传统到近代化的历程》，云南民族出版社 1997 年版，第 285 页。

②　《中华民国六年腾越口华洋贸易情形论略》，中国第二历史档案馆、中国海关总署办公厅编：《中国旧海关史料（1859—1948）》第 78 册，京华出版社 2001 年版，第 259 页。

大致可以概括为以下三种情形：

一是腹地可供出口的产品构成口岸出口商品，如 1907 年蒙自关贸易报告就指出："土货出口无非地中所产，或植物或矿物，必须藉天时而得，近来天旱频行，人民甚众，纵有出产之物虽供内地之需，安有多物出口也。"[①] 1898 年思茅关贸易也说："本关出口货物无可推为大宗，迤南地面所产皆未合于出口。"[②] 而新产品的出现即意味着出口商品种类的增加，如 1910 年蒙自关贸易报告所说"大理府所产之土毡以及黄牛角、水牛角、铁锅、石黄均有加增，农家产物如牛火腿鸡与鸭蛋亦觉兴旺，鸡蛋运往缅甸，从光绪三十四年起有 9500 枚，本年则增至 325150 枚"[③]，便是对这一情形的反映。

二是腹地需求在很大程度上决定了口岸进口商品构成状况，如 1890 年蒙自关即"因本省向产铜铁，故无此货进口"[④]。1911 年，蒙自关五金和丝绸进口甚少，海关贸易报告的解释是："五金之类进口寥寥，因运费太多，本省又有出产，是以由外洋输入者甚稀，至各色丝绸大半由四川运入，本省亦有出产，进口亦属无多。"[⑤] 再如，煤油进口无多，是由"滇省风俗甚为黑暗，傍晚甚少灯光，无论工商总以日上三竿方能办理事务，以致销售各煤油迟钝无比"所造成。[⑥] 1907 年腾越关贸易报告所说"若论印度棉纱仍是进口大宗货物，考

① 《光绪三十三年蒙自口华洋贸易情形论略》，中国第二历史档案馆、中国海关总署办公厅编：《中国旧海关史料（1859—1948）》第 45 册，京华出版社 2001 年版，第 429 页。

② 《光绪二十四年思茅口华洋贸易情形论略》，中国第二历史档案馆、中国海关总署办公厅编：《中国旧海关史料（1859—1948）》第 28 册，京华出版社 2001 年版，第 288 页。

③ 《宣统二年腾越口华洋贸易情形论略》，中国第二历史档案馆、中国海关总署办公厅编：《中国旧海关史料（1859—1948）》第 53 册，京华出版社 2001 年版，第 498 页。

④ 《光绪十六年蒙自口华洋贸易情形论略》，中国第二历史档案馆、中国海关总署办公厅编：《中国旧海关史料（1859—1948）》第 16 册，京华出版社 2001 年版，第 228 页。

⑤ 《宣统三年蒙自口华洋贸易情形论略》，中国第二历史档案馆、中国海关总署办公厅编：《中国旧海关史料（1859—1948）》第 56 册，京华出版社 2001 年版，第 450 页。

⑥ 《光绪三十三年蒙自口华洋贸易情形论略》，中国第二历史档案馆、中国海关总署办公厅编：《中国旧海关史料（1859—1948）》第 45 册，京华出版社 2001 年版，第 428 页。

查内地人工织造土布，每年需纱甚多，可惜本地不能自种"，"羊毛制成之货销路不宽，故进口少"，"杂货类日本雨伞较之去年甚形减色，其故由于大多乐于购用西国雨伞"，更是对这一情形的反映。①

三是进口替代产品的出现必然使进口商品构成发生变化，即以烟丝为例，1893年蒙自关进口"烟丝不过五千八百余两，上年八千七百余两"，之所以有如此之减少者，乃"因本省所出烟丝渐多，自然广东烟丝所用渐少"②。并且随本地烟丝的进步，烟丝进口只能是日趋减少，对此，1911年蒙自关贸易报告便有记述："烟丝价值虽比上年略高而进口格外短少，本年只得2483担，上年5635担，西历1906年7691担，1901年1169担，查其短少之故，系因本省附近地方及省蒙适中之通海所出产之烟叶渐有起色。"③再比如煤油，1908年腾越关该货"进口大为减色"，便是因为"本地亦产一种可以点灯之油，名曰柏油，本岁结实既繁，榨油加广，价值复廉，购之以代煤油甚为合算"④。1916年蒙自海关贸易报告所说"数年前，本省设立自来火公司数厂，自来火进口，因而逐年递减"⑤，也是对这一情形的反映。

总之，不同口岸进出口商品结构的差异，在很大程度上，是对腹地供需结构的不同的反映。

二　腹地需求与口岸进口商品结构的形成

海关对进出口货物种类的统计多有变化，因此，很难据海关统计的货物种类数量的变化来看贸易结构的不同，如据海关统计，1904

---

① 《光绪三十三年腾越口华洋贸易情形论略》，中国第二历史档案馆、中国海关总署办公厅编：《中国旧海关史料（1859—1948）》第45册，京华出版社2001年版，第440页。

② 《光绪十九年蒙自口华洋贸易情形论略》，中国第二历史档案馆、中国海关总署办公厅编：《中国旧海关史料（1859—1948）》第21册，京华出版社2001年版，第239页。

③ 《宣统三年蒙自口华洋贸易情形论略》，中国第二历史档案馆、中国海关总署办公厅编：《中国旧海关史料（1859—1948）》第56册，京华出版社2001年版，第450页。

④ 《光绪三十四年腾越口华洋贸易情形论略》，中国第二历史档案馆、中国海关总署办公厅编：《中国旧海关史料（1859—1948）》第47册，京华出版社2001年版，第450页。

⑤ 《中华民国五年蒙自口华洋贸易情形论略》，中国第二历史档案馆、中国海关总署办公厅编：《中国旧海关史料（1859—1948）》第74册，京华出版社2001年版，第211页。

年蒙自进口货物为 160 种，1905 年骤变为 44 种，若据此以为进口货物种类在两年间发生了巨大的变化，那就特错大错了。但是，同期内，不同海关进出口货类的统计口径是大体一致的，因而，不同口岸在同一时期内进出口货物种类数量的差异，既是外部市场供需结构差异的反映，也是腹地供需结构不同的体现。

基于这一认识，据表 5 - 6，1905—1919 年，蒙自进口货物种类平均为 49 种，思茅 19 种，腾越 21 种，思茅和腾越均不及蒙自的 1/2，可见蒙自进口货物相对多样，而思茅、腾越则显得比较单一。需要说明的是，在探讨三关进口货物种类数量的差异时，应特别注意海关统计的特点，即海关在统计进出口货物时，存在将同一种货物以产地不同而别为一种进行统计的情况。以蒙自和腾越进口最大宗之货洋纱为例，腾越历年进口只有印度纱，而蒙自进口者则有印度纱、日本纱、东京纱，甚至有些年份还有英国纱和香港纱的进口，在海关统计中，仅此一项，蒙自进口货物种类数即比腾越多出 2—4 个数值。这说明进口货物来源结构的差异是造成三关进口货物种类数量差异的重要原因。当然这只是就"供"的方面来讲，从"需"的方面来看，腹地需求是不同口岸进口商品结构差异形成的内部原因。

表 5 - 6　　1905—1919 年云南三关大宗进出口货物种类数统计

年份	进口货物种类数			出口货物种类数		
	蒙自	思茅	腾越	蒙自	思茅	腾越
1905	44	21	19	22	25	12
1906	44	22	20	20	25	11
1907	44	22	19	20	25	11
1908	43	22	18	22	24	11
1909	44	21	18	22	24	12
1910	43	21	19	21	22	16
1911	45	17	19	25	20	16
1912	45	19	19	21	22	16
1913	46	16	19	22	21	15
1914	47	18	22	23	19	11
1915	45	19	22	19	21	12

续表

年份	进口货物种类数			出口货物种类数		
	蒙自	思茅	腾越	蒙自	思茅	腾越
1916	44	18	22	20	20	12
1917	63	17	28	34	18	13
1918	67	16	28	33	19	14
1919	69	18	28	34	19	13
平均	49	19	21	24	22	13

资料来源：据《中国旧海关史料（1859—1948）》历年统计数据整理计算。

　　需求可分为消费性需求和生产性需求，因此，需求结构又可分为消费性需求结构和生产性需求结构。消费性需求结构主要决定于经济状况，一般而言，经济越发达，人们的支付能力越高，消费性需求就越多样。自清代以来，云南东部的经济就已超过西部。腾越关贸易报告："滇边人民性多守旧，外洋奢侈品，如烟酒之类，向鲜购用，西装尤为罕见，仅呢帽革履，间有用者耳。"[1] 思茅关贸易报告："棉纱、煤油，分别自十四年及十八年起，始见本埠统计之中，其进口数目，均属无多，殆因价格昂贵问津者稀。"[2] 蒙自关贸易报告："本埠进口货物，不论洋土产品，不论价廉方克销售。"[3] 由此可见，经济水平的区域差异虽然会影响消费性需求结构的区域差异，但是，在还基本都是传统的农业社会的前提下，这种差异并不明显。这也就是说，云南三关进口货物种类数量的差异，从区域的角度来看，并非主要因各自腹地消费性需求结构的差异所造成。

　　生产性需求结构决定于产业结构，产业结构多样，其需求结构自然多样。就传统产业来看，三关腹地虽因地理环境的差异而略有不

---

　　① 《海关十年报告，1922—1931》，腾越，中国第二历史档案馆、中国海关总署办公厅编：《中国旧海关史料（1859—1948）》第 157 册，京华出版社 2001 年版，第 579 页。

　　② 《海关十年报告，1922—1931》，思茅，中国第二历史档案馆、中国海关总署办公厅编：《中国旧海关史料（1859—1948）》第 157 册，京华出版社 2001 年版，第 562 页。

　　③ 《海关十年报告，1922—1931》，蒙自，中国第二历史档案馆、中国海关总署办公厅编：《中国旧海关史料（1859—1948）》第 157 册，京华出版社 2001 年版，第 547 页。

同，但尚不至于对三关进口商品结构产生太大影响。如表 5-7，在滇越铁路通车前，据不完全统计，云南近代工业企业共有 20 多家，全部分布在省之东部的昆明、呈贡、建水、东川、宣威、昭通等地，而以昆明最多。随着全省工业的发展，云南近代工业的分布在局部地方虽有所改变，但区域分布的不平衡依然如故，大多数的工业企业仍集中在东部。由于近代工业在创办之初，或生产原料，或生产机器往往需从国外进口，尤其是机械制造业，即使到了 20 世纪 30 年代，所用原材料依然大多依赖进口。尤其是钢材，在整个近代时期，似乎始终都没有改变依赖进口的格局。[①] 而这些由于近代工业而产生的腹地需求，其各货自然主要由蒙自进口而来（参见表 5-8）。因此，要说生产性需求结构对三关进口结构的差异起了什么作用的话，那应该主要是因近代产业分布的不平衡而引起腹地区域生产性需求的不同。

表 5-7　　　　　1889—1910 年云南工业企业创办情况

业别	厂名	厂址	创设时间	创办人	资金	工人数	经营状况
采矿	蒙自官商公司	蒙自、个旧	1904		250 万元		官商合办，1909 年改为个旧锡务公司
	福寿公司	云南襄允等地	1906		12 万两		商办，开采铜铅
	宝华公司	昆明	1908		4 万—34 万元		官办，1909 年改为官商合办，在文山、开远开采锑出口
玻璃	开成玻璃公司	昆明	1904	方公辅			商办
造币	度支部云南造币分厂	昆明	1905			200	官办，铸铜银币

---

①　陈征平：《云南工业史》，云南大学出版社 2007 年版，第 445 页。

业别	厂名	厂址	创设时间	创办人	资金	工人数	经营状况
火柴		嵩明	1905		5万两		商办
		建水	1905				商办，1910年因火被毁
	裕通火柴公司	昆明	1908	华子厚	3万元		商办
	松茂火柴公司	昆明、昭通	1909	郭价	1万元		商办
	协和火柴厂（云兴火柴公司）	昆明	1909	刘茂	0.5万元		商办
	云祥火柴公司	东川	1909		1.2万元		商办
	德昌火柴公司	东川	1909		0.6万元		商办
	（云昌火柴公司）隆昌火柴公司	昆明	1910	刘椿			商办
帽鞋	华盛店	昆明	1906	陈鹏九	1万元	38	商办，生产皮鞋、皮包等
	昆明市幼孩工厂	昆明	1909	耿荣昌	0.9万元	270	官办，生产鞋帽、布匹、线带等
制革	光华公司	昆明	1907	邱开明	3万两		商办
	云南陆军制革厂	昆明	1908			200	官办，产品军用
纺织	呈贡纺织公司	呈贡	1909	李萌忠	0.1万元		商办

续表

业别	厂名	厂址	创设时间	创办人	资金	工人数	经营状况
卷烟	荣兴烟草公司	昆明	1909	蔡荣九	0.6万元		商办
	六合兴旺有限公司	昆明	1910	李松茂	0.025万元		商办
食品	宣威火腿股份有限公司	宣威	1909	陈时铨	2万元		商办
	民新罐头公司	昆明	1910	毛锐之	1万元		商办
	云丰机器面粉有限公司	昆明	1910	陈天禄	10万元		商办
电力	耀龙电灯公司	昆明	1909	王筱斋等	25万—75万元		商办
印刷	云南官印局	昆明	1910				官办,石印、铅印
制茶	云霁茶庄	地点不详	1910	周肇京	2万元		商办
机具	广同昌铜铁机器公司	昆明	1910	周桐	0.6万元	20	商办,产品铁门、栏杆、机器具

资料来源:谢本书等《云南近代史》,云南人民出版社1993年版,第160—162页。

表5-8 20世纪30年代云南主要机械制造企业原料来源情况一览表

企业名称	原材料购买来源
华安工厂	主要原材料为各种圆铁、扁铁、方铁、角铁、铁板、杂铁、生铁、铸铜、锡块及硬钢等,除铸铜、锡块为本省产外,其余均购自香港、海防等处
德昌工厂	主要原料:法国铁板,年需1吨;法国角铁,年需半吨;本省土铁年需1吨
永协隆机器厂	所用原料主要是钢材等,多数从安南和香港两地购来

续表

企业名称	原材料购买来源
市立民生工厂	原料以本省出产为多
振亚机械厂	主要原料法国产洋铁、钢铁、铅皮，德国洋铁及本省生铁、铜、木料等
云南电器制铜厂	原料以铜铁需要最多，铜概系向本生产铜各地购用，铁亦尽量采用土产，惟钢及其他药料等，则多向外购买
五金器具制造厂	所需原材料五金科以钢铁为主，其次为铜铝等金属，钢是外国货，大半由德国输入，铁及其他金属为本省产品

资料来源：陈征平：《云南工业史》，云南大学出版社 2007 年版，第 445 页。

以上是从整体上来看腹地需求对口岸进口商品构成的影响，不妨再从各关最大宗的进口商品来具体看看腹地需求是如何决定口岸进口商品结构的。织布业是以"耕织"为特征的农户经济的支柱，是中国传统社会最为重要的产业之一。云南大多地方四季如春，日温差较大，对保暖性较强的棉织品有着天然的需求，但气候条件又决定了云南大多地方不适宜种植棉花，因为棉花是喜温喜光的短日照作物，怕低温霜冻，怕阴雨渍涝，而云南夏秋之交过多雨水极不利于棉花生长，[1] 因此，云南棉纺织所需原料只能从外地而来。在近代以前，云南和全国其他地方一样，家庭所需和投入市场的棉布生产一般均需前后经过纺纱、织布两个主要环节，"纺"与"织"紧密结合。鸦片战争后，随着洋纱的大量输入，直接采用洋纱织布开始在各地变得越来越普遍。在蒙自开关以前，洋纱已进入云贵不少地区，所谓土纱质次价高，洋纱精细便宜，而土布历来结实耐穿，群众素有穿土布的习惯，对价高质薄的洋布很难接受，而用洋纱制成的土布成本较低，[2] 纺与织的分离在云贵也开始成为一种较为普遍的现象。也正是有这种广泛的需求，洋纱便自然而然地成为蒙自和腾越关最大宗的进口商品。但与蒙自、腾越不同，思茅却以棉花为数量第一位的进口商品，1898 年思茅关进口洋纱 200 担，对于为何进口如此之少，海关贸易

---

[1]　行政院农村复兴委员会《云南省农村调查》：云南棉花产量不多"其原因以夏秋之交，雨水太多，棉桃不能开放以至于腐烂"，商务印书馆 1935 年版，第 47 页。

[2]　李珪主编：《云南近代经济史》，云南民族出版社 1995 年版，第 70 页。

报告认为是因"本地纺织人户恶用洋纱"，并由此推断"即后洋纱价廉，恐民仍喜用土纱耳"①，这一推断可谓一语成谶，自开关直至抗战前，思茅只有少数年份有棉纱的进口，而且数量极少。思茅及其附近地区，尽管"查各房机式深堪配用洋纱"，但用洋纱织出的布匹虽细密有余，却"未若土布之坚致牢实，惬于市好"②，因而所产土布仍有一定的市场，"本地织成之布，坊间染制颜色，仍发销内地各处"③，"本口所织土布，就本地染成，此布通行内地，销口亦宽"④，因此，"本处妇女多赖自行纺线以资糊口"⑤，"思茅几乎每一住户都从事纺纱，每一个家庭都自己拥有旧式的纺车和纺机"⑥，"土人皆善自纺织其布，虽粗率而甚牢实，土人不遗余力制之，以裕其用"⑦。由此可见，在贸易主要区域内，纺与织依然较为紧密地结合在一起，腹地对棉花有较大需求而几乎不需要棉纱，是思茅进口商品最大宗商品迥异于蒙自、腾越的根本原因。

三　腹地产出与口岸出口商品结构的形成

各关出口货物种类数，据表 5 - 6，蒙自平均为 24 种，思茅 22 种，腾越 13 种，三关相差不是很大，这固然可以从外部市场需求的角度理解，但更主要的原因则应该是三关腹地产出可供转化为商品的物产都比较缺乏，"若考云南之利权，似乎全赖矿产"⑧，"除锡之外，

① 《光绪二十四年思茅口华洋贸易情形论略》，中国第二历史档案馆、中国海关总署办公厅编：《中国旧海关史料（1859—1948）》第 28 册，京华出版社 2001 年版，第 287 页。
② 《光绪二十六年思茅口华洋贸易情形论略》，中国第二历史档案馆、中国海关总署办公厅编：《中国旧海关史料（1859—1948）》第 32 册，京华出版社 2001 年版，第 291 页。
③ 《光绪二十七年思茅口华洋贸易情形论略》，中国第二历史档案馆、中国海关总署办公厅编：《中国旧海关史料（1859—1948）》第 34 册，京华出版社 2001 年版，第 309 页。
④ 《光绪二十八年思茅口华洋贸易情形论略》，中国第二历史档案馆、中国海关总署办公厅编：《中国旧海关史料（1859—1948）》第 36 册，京华出版社 2001 年版，第 323 页。
⑤ 《光绪三十四年思茅口华洋贸易情形论略》，中国第二历史档案馆、中国海关总署办公厅编：《中国旧海关史料（1859—1948）》第 47 册，京华出版社 2001 年版，第 444 页。
⑥ 彭泽益编：《中国近代手工业史资料》第 2 卷，中华书局 1962 年版，第 465 页。
⑦ 《光绪二十七年思茅口华洋贸易情形论略》，中国第二历史档案馆、中国海关总署办公厅编：《中国旧海关史料（1859—1948）》第 34 册，京华出版社 2001 年版，第 309 页。
⑧ 《光绪三十四年蒙自口华洋贸易情形论略》，中国第二历史档案馆、中国海关总署办公厅编：《中国旧海关史料（1859—1948）》第 47 册，京华出版社 2001 年版，第 439 页。

滇中未有大宗出产"①,"蒙自所出土货无多,惟有将大锡运至香港卖银采办洋货,除此别无他计,无论或赢或歉,均难舍此别图"②,"本省迤西一带土产之可以能受运缅花费者,甚属寥寥"③,"本地土产太微"④,"迤南一带,人少山多,本地土产寥寥无几"⑤,海关贸易报告的这些叙述无不说明了这一点。

在腹地产出相对单一的情况下,腹地产出最多并为外部市场所需求的商品自然成为口岸出口最大宗的商品,具体到三个口岸,蒙自为锡,思茅为茶,腾越则为黄丝,最大宗出口商品各不相同。

锡产地集中于个旧地区,产量丰富,大锡是现代工业所需的重要原料,早在蒙自开埠前就已经是云南对外输出最重要的货物,开埠后,锡的出口几乎全部经蒙自关进行。大锡对蒙自的意义,正如哈巴安所说:"吸引我为贸易统计写这样一个引言的不是蒙自的位置的物理方面,而是它恰好处于全省商业分配的中心的位置,由于它的极丰富的矿产资源而注定会变得富有和人口稠密。"⑥ 由于大锡产地与蒙自的位置关系,大锡必然地成为蒙自最为大宗的出口商品。

茶叶,正如海关报告所说:"惟普茶一项产数众多,概系运往内地行销",因其"口味与外国稍有不宜"⑦,"本味又未洽西人之口"⑧,

---

① 《宣统二年蒙自口华洋贸易情形论略》,中国第二历史档案馆、中国海关总署办公厅编:《中国旧海关史料(1859—1948)》第53册,京华出版社2001年版,第488页。

② 《光绪二十一年蒙自口华洋贸易情形论略》,中国第二历史档案馆、中国海关总署办公厅编:《中国旧海关史料(1859—1948)》第23册,京华出版社2001年版,第247页。

③ 《光绪三十一年腾越口华洋贸易情形论略》,中国第二历史档案馆、中国海关总署办公厅编:《中国旧海关史料(1859—1948)》第41册,京华出版社2001年版,第413页。

④ 《光绪三十三年腾越口华洋贸易情形论略》,中国第二历史档案馆、中国海关总署办公厅编:《中国旧海关史料(1859—1948)》第45册,京华出版社2001年版,第438页。

⑤ 《光绪二十八年思茅口华洋贸易情形论略》,中国第二历史档案馆、中国海关总署办公厅编:《中国旧海关史料(1859—1948)》第36册,京华出版社2001年版,第322页。

⑥ 《MENGTZU TRADE REPORT, FOR THE YEAR 1889》,中国第二历史档案馆、中国海关总署办公厅编:《中国旧海关史料(1859—1948)》第15册,京华出版社2001年版,第673页。

⑦ 《光绪二十三年思茅口华洋贸易情形论略》,中国第二历史档案馆、中国海关总署办公厅编:《中国旧海关史料(1859—1948)》第26册,京华出版社2001年版,第267页。

⑧ 《光绪二十五年思茅口华洋贸易情形论略》,中国第二历史档案馆、中国海关总署办公厅编:《中国旧海关史料(1859—1948)》第30册,京华出版社2001年版,第299页。

出口数量并不是很多。而茶叶成为思茅第一位的出口商品，主要原因就是思茅地近茶叶产地。在1933年以前，由于受外部市场需求结构的影响，茶叶以蒙自为首要出口口岸，^① 但其出口数量远远不及大锡，而思茅腹地区域除茶之外，别无其他大宗出产可以提供出口，茶叶也就自然地成为思茅最大宗的出口商品了；1933年以后，思茅成为云南茶叶出口的首要口岸，而茶产区的扩展和茶叶产量的提高都使茶叶作为思茅最大宗出口商品的地位进一步加强。

"四川气候温和，适于养蚕，古称蚕丛之国"^②，"为我国著名之黄丝产区"^③。近代，四川蚕丝产额和输出额在全国都具有很重要的地位。1933年，全国共产蚕丝252000担，其中四川为35000担，占13.9%，居广东、浙江之后，为我国第三产丝大省。1912—1936年，川丝历年出口在全国蚕丝输出量中之地位，除去1912年和1935年外，概占全国输出量的10%以上，最多的1918年曾达31%。^④ 由于缅甸对黄丝的需求，川丝经云南出口有着悠久的历史。在腾越开放后，其腹地区域内产额最大货物非黄丝莫属，而且又有着较旺的市场需求，黄丝成为腾越最大宗出口商品自然也就没什么可奇怪的了。

第三节　外部市场网络与近代云南口岸进出口商品的构成特征

一　外部市场网络与近代云南口岸进口贸易

（一）外部市场网络与云南口岸外国货进口格局：以棉纱为例

洋纱是蒙自和腾越最重要的进口货物。而海关贸易报告又以不同产地称呼各种洋纱，并有较为具体的进口数量的记述，这就为从洋纱这一具体货物品类入手分析外部市场网络与云南口岸进口贸易的关系

---

① 详参下节。
② 张其昀：《中国经济地理》，商务印书馆1930年版，第59页。
③ 钟崇敏、朱寿仁：《四川蚕丝产销调查报告》，中国农民银行经济研究处印行，1944年，第1页。
④ 同上书，第5页。

提供了一定的便利，因此，以下即以棉纱进口为例对外部市场网络与
云南口岸外国货进口之间的关系再稍作论析。

关于中国棉纱进口之情形，1930 年出版的武堉幹《中国国际贸
易概论》一书指出：

> 进口棉纱，向分为粗细两种。粗纱从前以印度纱销场为最
> 大，在 1909 年以前，日纱进口之数仅及印纱之半额；自此以后，
> 日本纺织工业勃兴，因之我国进口棉纱，日、印两国之数几可相
> 埒，现时则日纱远过于印纱矣。至于细纱，向以英国最精，故进
> 口亦以英纱最多，惟自日本细纱加入竞争后，英纱销路亦逐渐为
> 日纱所夺。现时棉纱进口总值，日纱几于占总数三分之二，英、
> 印他国之货则合占三分之一已耳。[1]

根据历年海关贸易报告，1890—1919 年，蒙自进口之洋纱，以
印度纱占主要地位，其次则为日本纱、东京纱，英国纱则只有个别年
份的少量进口（见表 5 - 9）；1897—1919 年，思茅洋纱的进口仅见
于 1898 年的海关贸易统计，且数量极少，只有两担，系由印度而
来。[2] 腾越每年都有较大数量的洋纱输入，但进口来源单一，据海关
贸易报告的统计，1902—1919 年，所进口洋纱一概为印度纱，直至
"民国十二年后乃有日本棉纱输入，惟尚不足与印纱竞争耳"[3]。由此
可见，云南口岸洋纱的进口不仅迥异于全国洋纱进口的总体特征，而
且各口岸间也存在着不小的差异。

以云南所在地理位置度之，印度棉纱的输入自然相对便利，显然
这是云南洋纱进口以印度纱为主从而区别于全国洋纱进口总体特征的
主要原因。那么，云南不同口岸洋纱进口的显著差异又是如何形成
的，以及外部市场网络对这种差异形成所起的作用就成为在此必须予

---

① 武堉幹：《中国国际贸易概论》，商务印书馆 1932 年版，第 47—48 页。

② 《SZEMAO TRADE REPORT, FOR THE YEAR 1898》，中国第二历史档案馆、中国
海关总署办公厅编：《中国旧海关史料（1859—1948）》第 28 册，京华出版社 2001 年版，
第 153 页。

③ 武堉幹：《中国国际贸易概论》，商务印书馆 1932 年版，第 463 页。

以关注的问题。

表 5 - 9　　　　　　　1890—1919 年蒙自进口洋纱统计　　　　　单位：担

年份	印度棉纱	日本棉纱	东京棉纱	英国棉纱
1890	9708			23
1891	14262			
1892	27512			
1893	48964			
1894	28220			
1895	50580			
1896	46361		8	
1897	57144	2392		20
1898	63399	6349	58	
1899	97273	9172		25
1900	72561	4298		
1901	86547	3471	272	
1902	84498	2157	736	
1903	65629	2026	1595	
1904	98260	2300	4117	
1905	79211	442	5953	
1906	93699	1344	8035	
1907	81691	461	8087	
1908	81733		6423	
1909	45288		12372	
1910	61755	1944	21092	
1911	38714	2507	17843	
1912	106169	8199	24652	
1913	88901	12441	22220	
1914	76723	13419	36072	
1915	66849	10542	25456	
1916	76866	10107	17797	
1917	78972	10044	10451	
1918	77267	23715	5183	
1919	83199	6734	6596	

资料来源：据《中国旧海关史料（1859—1948）》历年统计数据整理。

随着越南棉纺业的发展，东京棉纱开始成为输入云南的商品之一。而越南是蒙自的直接贸易对象，以地理之便，东京棉纱自然从蒙自输入云南。日本纱、印度纱、英国纱均需经他处转运方得进入云南，蒙自必由香港转运而来，腾越则经仰光中转输入。以距离远近而言，印度纱从腾越关输入，日本纱从蒙自输入自在情理之中，然而从1903年到1919年之间，输入云南的印度棉纱却从蒙自进入的多，从腾越进入者少（见表5-10），这固然与蒙自和腾越各自腹地对棉纱的市场需求相关，但不能不说是受其各自外部市场网络的制约使然。由于中国市场对棉纱的需求，香港很早就成为印度棉纱进入中国的中转港，这就为蒙自经香港中转运入大量印度棉纱提供了条件。而仰光虽然与加尔各答、孟买等港联系，在运入印度货上具有优势，但受气候条件影响，缅甸人喜好丝绸衣料，对棉纱需求不旺，而仰光港的进口商品又以销于缅甸市场为主，仰光输入印度棉纱的数量也就因此相对有限，这也就在相当程度上使得须从仰光中转输入印度货物的腾越进口印度棉纱自然大受限制。

表5-10　1903—1919年蒙自、腾越占全省进口印度棉纱百分比（％）

年份	蒙自	腾越	年份	蒙自	腾越
1903	68.35	31.65	1912	76.84	23.16
1904	77.98	22.02	1913	70.67	29.33
1905	79.10	20.90	1914	71.55	28.45
1906	82.12	17.88	1915	63.87	36.13
1907	76.17	23.83	1916	70.28	29.72
1908	77.90	22.10	1917	68.14	31.86
1909	69.06	30.94	1918	69.66	30.34
1910	68.27	31.73	1919	68.00	32.00
1911	64.58	35.42	平均	71.91	28.09

资料来源：据《中国旧海关史料（1859—1948）》历年统计数据整理计算。

（二）外部市场网络与云南口岸国产土货的进口

海关贸易统计缺少关于蒙自从中国沿海口岸及其他地区进口情况

的统计数据，然而根据海关贸易报告记载，[①] 1890 年，"复进口之货即广东货，由香港东京运来者，按照条约可作为洋货，准其请领运入内地税单，本年内此货进口者约值十六万九千余两。其大宗系广东烟丝，五千九百余担，估价十三万三千余两，即占广东共来之货价十分之八。又有上等纸四百余担，估价七千九百余两。荔枝干二百余担，估价五千余两。平纸一百八十余担，估价四千余两"。1891 年，从广东进口"共值银二十万二千余两"，"较上年多一成九，其大宗仍系广东烟丝，六千余担，值银十五万余两，即占广东共来之货值银七成四，较上年多一成三"，其余则为零星杂货。1892 年，从广东进口"共值银二十六万一千余两"，比上年"多二成九，此大起色尚靠广东烟丝运来者多。本年进口八千七百余担，值银二十一万五千余两。其余货物均系零星杂物"。以上三年国产土货进口分别占该年蒙自进口总值的 26.61%、21.37% 和 22.75%，可见国产土货的进口虽不及洋货之多，但也不能忽视。

从 1893 年起，蒙自进口土货凡由香港运来者均视为洋货，因而在此之后，土货进口在海关贸易报告中缺乏具体统计，但蒙自进口烟丝"本系广东土产"，因而可以通过海关贸易报告对烟丝进口情况的描述获得一个大致的了解。1893 年，进口"烟丝不过五千八百余担，上年八千七百余担，因本省所出烟丝渐多，自然广东烟丝所用渐少"。1895 年，进口"烟丝本年一万三千余担，较上年多一千四百余担"。1896 年，进口烟丝"本年只八千余担"，其"入口之缺乏亦因云南丰收，本地烟丝甚属相宜，而广东又甚失收，价值昂贵，致令客商不敢多办"。1899 年，"进口各货比上年短少者则有烟丝，上年有八千一百余担，本年少至五千七百余担。此物本系广东土产，商人金云进口货中惟烟丝一项颇获厚利"。1903 年，进口"烟丝较上年多增三千担有奇，以之较二十六、七年，则增一万五百八十三担。将来此货恐必减色，因通海所出土烟渐次流销，利权为之所夺。" 1905 年，"本地所出烟丝品类最好，香味俱佳，以致本年烟丝进口更为减色。"

[①] 以下所述未作明确注明者均据《中国旧海关史料（1859—1948）》（京华出版社2001年版）所载蒙自海关相关年份贸易报告。

1911 年,"烟丝虽比上年价值略高,而进口格外短少,本年只得两千八百四十三担,上年五千六百三十五担。西历一千九百六年七千六百九十一担,一千九百一年一万一千六百九十三担。查其短少之故,系因本省附近地方及省、蒙适中之通海所出产之烟叶渐有起色,又因纸烟进口渐多,被其攘夺所致"。

由于其他各种土货被视为洋货,在海关贸易报告中难以看出其产地和来源,以上只是以烟丝为例说明中国土货尤其是广东货经香港转运进入蒙自的情况。1917 年,国内口岸不经香港,直达海防的轮船开始出现,"英美烟草公司及白礼氏蜡烛经理人,均利用直接轮船,由上海将货迳运海防",从而在海关贸易报告中又再次出现关于土货进口情况的记述。1918 年,"土货进口,本年共值关平银四十四万七千一百五十四两","其中以汉阳铁厂及扬子机器公司所制个壁铁路铁轨,即铁路材料占百分之九十五,此货由汉口直达海防"。从海关贸易统计蒙自历年直接对外贸易数量统计和进出口总贸易的比较可以看出,1917—1930 年,这种不经香港而由海防直接转运的蒙自与国内其他口岸间的贸易关系一直存在,占蒙自贸易额 0.11% —27.79%的份额。这就从一个侧面说明在 1917 年之前大量国产土货经香港转运而来的事实。1917 年之后,土货进口未必皆经香港,但也不可否认大多国产土货的进口仍需经香港再到海防转运而来的事实。

在蒙自关各大宗进口货物当中,烟丝的进口量和进口货值,长期居于第二的位置,这充分说明国产土货在蒙自进口贸易中扮演着十分重要的角色。

总之,国产土货的进口尽管可能在种类和数量上一年又一年无不变化,但这种贸易关系却始终未曾中断,并构成蒙自口岸贸易的重要内容。思茅、腾越与蒙自不同,由于没有将国内市场密切联系起来的中转地而缺乏国内土货的进口,因此,国产土货进口成为蒙自口岸贸易区别于思茅和腾越的显著特征之一。而香港与国内港口间的联系则是将蒙自与这些口岸联系起来的纽带。

二　外部市场网络与近代云南口岸出口贸易

以上从进口方面将外部市场与口岸贸易的关系作了一番简单的审

视,下面以大锡和茶叶为例,再从出口方面论述外部市场网络对云南口岸贸易的塑造。

(一)外部市场网络与蒙自大锡的出口

1. 云南锡业发展与国际市场需求

云南产锡之地,"有个旧、宣威、泸西等县,而以个旧独著盛名"[①],自战国时期开始进行开采以来,历经秦汉迄于元明清,均有人在这里从事生产。[②]但是,近代以前,锡的用途主要局限于制造锡箔和作为铸币辅料,使用范围不广,市场需求有限,因而产额也大受限制,根据陈征平的推算,清代个旧锡矿年产在 130 万—140 万斤。[③]进入近代以后,云南个旧锡业的开发获得快速发展,以国内而言,1929 年,云南产锡 6927.5 吨,占全国总产额 7528.2 吨的 92.02%;1931 年,全国产锡共 8598.7 吨,其中云南为 8197 吨,占 95.33%。[④]再以世界范围来看,在 1913 年、1925 年、1930 年、1935 年、1936 年的五年中,全世界产锡共 781155 吨,中国为 44039 吨,占 5.64%。中国是列于马来亚、荷属东印度、玻利维亚和暹罗之后的第五产锡大国。[⑤]总之,进入近代以后,个旧锡业发展迅速,不仅成为全国唯一重要的锡产地,而且还是当时世界上产锡的主要地区之一。

产额的增长是需求旺盛的表现。1923 年 2 月至 1925 年 12 月,云南炼锡公司共生产大锡 2513364 公斤,其中 14336 公斤为云南本省消费,仅占 0.57%。[⑥]可见,云南省内市场对锡的需求极其有限。国内市场方面,由于需要大锡作为原料的近代工业发展缓慢,锡的重要用途之一仍然是制造锡箔,因而需求增长也是相当有限。据表 5 - 11,1913 年,全国大锡消费 5400 吨,到 1922 年,却只消费 3500 吨,不仅没有增加,反而减少近 1000 吨。据统计,1890— 1935 年的 46 年

---

① 龙云、卢汉修,周钟岳、赵式铭等纂:《新纂云南通志》卷 146《矿业考二》,云南人民出版社 2007 年点校本,第 7 册,第 139 页。

② 杨寿川:《近代滇锡出口述略》,《思想战线》1990 年第 4 期。

③ 陈征平:《云南工业史》,云南大学出版社 2007 年版,第 250 页。

④ 苏汝江:《云南个旧锡业调查》,国立清华大学国情普查研究所,1942 年,第 3 页。

⑤ 同上书,第 10 页。

⑥ 同上书,第 48 页。

间，云南共产锡 251202 吨，同期出口 214534 吨，出口量占出产量的
85.4% 。① 这也正如时人调查所说，"个旧大锡，什之九为外销"②，
"当地及本省锡匠消费极少数量，用以制造花瓶、烛台、碟、盘等器
皿外，则几全部运出云南，其中少数转口至国内各港埠，大部销至国
外市场"③。由此看来，个旧大锡产额的快速增长显然不是国内，而
是国际市场需求旺盛使然。

表 5 - 11　　　　　　　　若干年份国内大锡消费量　　　　　　单位：吨

年份	1913	1917	1918	1919	1920	1921	1922
数量	5400	3500	3800	3200	3100	3800	3500

资料来源：苏汝江：《云南个旧锡业调查》，国立清华大学国情普查研究所，1942 年，
第 48 页。

2. 云南大锡出口中的香港贸易网络

锡以化学性质稳定、不易氧化，延展性好、易于加工，几乎可与
所有金属形成合金的特点，成为机械、船舶、汽车、金属合成以及化
工、食品包装等近代工业生产所需的重要原料。19 世纪中叶以来，
随着近代工业的飞速发展对原料的需求越来越迫切，欧美等资本主义
国家成为世界大锡需求的主要市场。

个旧大锡，在蒙自没有开埠以前，有经红河过越南输出者，也有
经西江等路由汉口、宜昌、北海等口岸出口者（见表 5 - 12）；蒙自
开埠后，几乎全部经蒙自报关出口。时人说道："我云锡年终约产五
千张，每张约两千五百斤，除四川可沽三五十张外，余之一概端望付
至香港沽销。"④ 表 5 - 13 则明确说明了这一情况，1889—1904 年，
蒙自关输出大锡共计 621402 担，直接出口至国外即越南者仅有 10

① 杨寿川：《近代滇锡出口述略》，《思想战线》1990 年第 4 期。
② 苏汝江：《云南个旧锡业调查》，国立清华大学国情普查研究所，1942 年，第 48
页。
③ 经济部资源委员会经济研究室编：《云南个旧之锡矿》，1940 年，第 88 页。
④ 《蒙自道商会呈英转香港分局取消禁止个旧锡进入香港》，云南省档案馆、云南省
经济研究所编：《云南近代矿业档案史料选编（1890—1949）》（上），1987 年，第 220 页。

担，其余全部出口至香港。这似乎说明香港是云南大锡出口的唯一目的地，但是，香港并非大锡出口的最终目的地。其实，云南大锡的出口与国际市场对大锡的需求相一致，也主要是输往欧美市场。1937年以前，出口的主要对象是英国，美国次之，越南、香港又次之。以云南炼锡公司为例，1923 年 4 月至 1938 年 5 月，生产大锡共7661.482 吨，其中销往英国伦敦和利物浦者计 4891.722 吨，占63.85%，销往美国纽约者 863.097 吨，占 11.27%，销往越南海防者978.766 吨，占 12.78%，销往其他地方者为数甚微。[①]

由此可见，由蒙自运出的大锡，除极少数在越南销售外，不论最终销往何处，均以香港为加工、中转之地。这是由于个旧锡矿开发的技术落后，锡块纯度不高，需要在香港与马来锡掺合提纯，但这只是原因之一，更重要的原因是，只有先运至香港才能利用香港贸易网络将大锡运售到终端市场。这也就是说，正是通过香港的中转和香港贸易网络最终实现了云南所产之锡与欧美锡市的联系，从而促进了云南锡块的出口和锡业的发展。据表 5 - 14，在 1889—1936 年的 48 年间，大锡出口占全省对外贸易总值平均为 79.30%，这说明由于国际市场对大锡需求的持续旺盛，使大锡不仅成为蒙自最主要的出口商品，而且成为对云南对外贸易贡献率最大的出口货物。而这正是造就蒙自出口贸易额在云南三个口岸中独一无二的地位的重要原因。

表 5 - 12　　　　　1885—1889 年云南大锡经汉口、宜昌、
北海三关转运出口情况

年份	汉口关		宜昌关		北海关	
	数量（担）	价值（海关两）	数量（担）	价值（关平两）	数量（担）	价值（关平两）
1885	773.17	6348	1187.4	29687	2996.49	53936
1886	4407.42	93668	4045.03	100633	7263.11	152524
1887	2462.72	54150	2210.97	55279	8337.64	166751
1888	3533.81	75792	2438.92	63971	12840.53	265374

① 经济部资源委员会经济研究室编：《云南个旧之锡矿》，1940 年，第 88、91—92 页。

年份	汉口关		宜昌关		北海关	
	数量（担）	价值（海关两）	数量（担）	价值（关平两）	数量（担）	价值（关平两）
1889	3609.20	83467	2428.41	60706	9684.45	203375

资料来源：据《中国旧海关史料（1859—1948）》历年统计数据整理。

表 5-13　　　　1889—1904 年蒙自关大锡出口统计　　　　单位：担

年份	出口至外国	出口至香港	年份	出口至外国	出口至香港
1889		4233	1897		41602
1890		22121	1898		45914
1891		29168	1899		43146
1892	3	34662	1900		48710
1893	1	32305	1901		50831
1894		39355	1902	6	63630
1895		40801	1903		41044
1896		33827	1904		50043

资料来源：据《中国旧海关史料（1859—1948）》历年统计数据整理。

表 5-14　1889—1936 年大锡出口值占云南全省对外贸易总值百分比（%）

年份	比值	年份	比值	年份	比值	年份	比值
1889	80.18	1901	80.13	1913	88.59	1925	77.70
1890	84.83	1902	89.96	1914	85.18	1926	73.99
1891	86.00	1903	80.32	1915	83.95	1927	68.24
1892	84.66	1904	68.05	1916	80.13	1928	74.72
1893	81.68	1905	71.52	1917	84.58	1929	71.48
1894	80.73	1906	66.67	1918	78.09	1930	70.48
1895	78.68	1907	90.84	1919	67.28	1931	74.66
1896	79.68	1908	82.36	1920	76.37	1932	79.24
1897	78.66	1909	92.77	1921	63.14	1933	79.59
1898	79.11	1910	93.81	1922	76.59	1934	75.92

年份	比值	年份	比值	年份	比值	年份	比值
1899	81.18	1911	92.14	1923	73.17	1935	78.41
1900	79.52	1912	90.59	1924	74.35	1936	76.37

资料来源：据《新纂云南通志》卷 144《商业考二》、钟崇敏《云南之贸易》相关数据整理。

(二) 外部市场网络与近代云南茶叶的出口

1. 近代云南茶叶的销售市场

近代云南茶叶销售分为国内贸易和国际贸易，而国内贸易又可分为省内贸易和省际贸易。张肖梅《云南经济》说："滇省所产之茶，除销本省外，以销四川、西藏为大宗。"① 石青阳《藏事纪要》载"自大白事件起，藏中川茶大缺，价格高涨，滇茶乃逐年增至二万包"，"直至民国十九年，滇茶由印到藏者，年达四万余包，合旧制三百万斤左右"②。中茶公司云南办事处郑鹤春 1930 年 8 月的一份电报所论云南茶叶贸易较为全面，他说："云南茶叶年产量约七万余担。本省饮用约在半数，此外运销西藏之茶约一万六七千担，运销四川之沱茶约为一万五千担，运销暹罗、缅甸、南洋、香港之侨销及国内各大都市大约数千担。而以侨销及藏销两路应注意。"③ 据表 5 - 15，1890—1937 年蒙自、思茅、腾越共出口茶叶 197789 担，年均出口 4121 担，其中 1930 年以前最多时 1925 年出口 6387 担，与郑鹤春所说"大约数千担"相符，可见此说反映了近代云南茶叶贸易的大致规模。

由此可见，近代云南茶叶贸易占第一位者为省内自销；运销外省者以川、藏为主，尤其以销于西藏者为最重要，至于其他地区则有销于广西、广东、上海者，但为数较少，据杨志玲的计算，大约分别只占云南茶叶省际贸易的 0.7%、4.1% 和 8.3%；国际贸易则主要限于

---

① 张肖梅：《云南经济》，中国国民经济研究所，1942 年，第十二章 L 五。
② 石青阳：《藏事纪要》，油印本，1933 年。
③ 云南省档案馆馆藏档案：全宗号 80，目录号 2，案卷号 88。转引自杨志玲《近代云南茶叶经济研究》，人民出版社 2009 年版，第 103 页。

东南亚和香港地区，且以销售与当地侨民为主。[①] 总之，近代云南茶叶以省内和国内贸易为主，国际贸易市场相对狭窄。

表 5 - 15　　　1890—1937 年蒙自、思茅、腾越茶叶出口数量　　　单位：担

年份	蒙自	思茅	腾越	合计	年份	蒙自	思茅	腾越	合计
1890	1425			1425	1914	1331	1019	88	2438
1891	1483			1483	1915	3099	175	48	3322
1892	2393			2393	1916	5136	390	21	5547
1893	2044			2044	1917	2558	681	55	3294
1894	1220			1220	1918	1516	808	69	2393
1895	2275			2275	1919	3328	1437	68	4833
1896	1033			1033	1920	1710	1521	56	3287
1897	898	7		905	1921	3037	1764	66	4867
1898	1219	38		1257	1922	2473	1883	35	4391
1899	1943	18		1961	1923	3360	2037	261	5658
1900	1111	46		1157	1924	2770	1162	74	4006
1901	1948	451		2399	1925	6098	198	91	6387
1902	2546	433	15	2994	1926	4235	321	60	4616
1903	3380	289	12	3681	1927	3623		142	3765
1904	2239		7	2246	1928	3672		203	3875
1905	1880	50	98	2028	1929	3975		195	4170
1906	2527	78	36	2641	1930	2900		147	3047
1907	1457	56	223	1736	1931	3229		60	3289
1908	2059	94	99	2252	1932	3727	599	41	4367
1909	1351	324	164	1839	1933	3310	9797	109	13216
1910	1809	655	31	2495	1934	2545	5749	188	8482
1911	1156	374	51	1581	1935	2232	11617	73	13922
1912	1591	766	51	2408	1936	1625	15746	68	17439
1913	2335	1392	141	3868	1937	2402	15351	104	17857

　　资料来源：据钟崇敏《云南之贸易》（中华民国资源委员会经济研究所，1939 年）表 70 整理。

---

① 杨志玲：《近代云南茶叶经济研究》，人民出版社 2009 年版，第 103 页。

2. 外部市场网络与蒙自、思茅、腾越的茶叶出口

近代云南茶叶出产地按照地理方位划分可分为四大区域，即滇东北产茶区，主要包括大关、彝良、绥江、镇雄、盐津等县；滇中茶叶产区，主要包括路南、宜良、昆明等地；滇南茶叶产区，主要包括澜沧、镇沅、墨江、元江、镇越、江城、佛海、车里、南峤等地；滇西产茶区，主要包括大理、保山、昌宁、顺宁、缅宁、云县等处，[①] 其范围之广，"几占全省四分之一"[②]。但其中仍以传统上形成的滇南产茶区为云南茶叶的主要产区，其产出和输出量均非其他产区可比，云南茶叶贸易中的主要部分即由滇南产区而来。因而，以地利之便，自清乾隆以来，思茅就成为云南茶叶内销川、藏，外销缅、越等地最主要的集散地和销售中心。可以说，不论是从地理位置，还是从业已形成的传统来看，近代云南茶叶的出口，三关之中当以思茅最具优势，其次是蒙自，再次为腾越。然事实却不尽如此，据表 5 - 15，将三关茶叶出口情形作一简单比较，可以发现：以 1933 年为界，在此之前，云南茶叶出口以蒙自最多，思茅次之，腾越又次之；在此之后，则思茅出口最多，蒙自其次，腾越最少。由此可见，造成云南茶叶出口之所以形成如此格局的原因，显然不是产地，而是外部市场在起主要作用。

据表 5 - 16，1933—1937 年，蒙自关出口茶叶以最终销往国内其他省区占绝大多数，思茅主要销往国外，腾越则尽数销到国外市场。出现这种情况的原因在于蒙自、思茅、腾越所处地理位置的不同，从而形成的周边交换市场有所区别。[③] 对此，万湘澄《云南对外贸易概观》则论到：蒙自口的交换市场为越南东京的河内和海防，以及香港、广州、上海、天津等港埠；思茅口为缅甸的景栋和仰光，暹罗的景迈，越南的莱州和老挝的琅勃喇邦等；腾越则为缅甸的瓦城和仰光。[④] 本书前面已经说到，近代云南各口岸的贸易对象有直接和间接区别，其实，所谓的交换市场也有直接与间接之分，但很显然，广州、上海、天津等地并非蒙自的直接贸易港埠，万湘澄此处并未将各

---

① 杨志玲：《近代云南茶叶经济研究》，人民出版社 2009 年版，第 100 页。
② 张肖梅：《云南经济》，中国国民经济研究所，1942 年，第十二章 L 一。
③ 杨志玲：《近代云南茶叶经济研究》，人民出版社 2009 年版，第 139 页。
④ 万湘澄：《云南对外贸易概观》，新云南丛书社 1946 年版，第 11 页。

口岸的直接的交换市场和间接的交换市场区别开来。据表 5 - 17，蒙自关出口茶叶有出口至香港和直接出口国外两种情况，所谓直接出口国外者以海关贸易报告"此种茶出口主要在东京销售"来看，[①] 即主要销售到越南，以河内为交换市场；出口香港者，除一部分在港销售外，其余则经香港转口到国内，以及东南亚各地供给"侨销"。思茅和腾越，海关贸易则一概统计为出口至外国，这并不是说思茅和腾越出口的货物不存在最终销售到国内的情形，但以云南茶叶贸易范围，并结合思茅、腾越的贸易对象来看，思茅所出口茶叶当以暹罗、缅甸、越南为主要销售区域，腾越出口的茶叶则主要在缅甸销售，并各以这些国家的重要贸易中心为交换市场。

　　综上，可以将近代云南茶叶出口的口岸市场特征概括为：蒙自茶叶出口市场，除越南外，经香港中转，取径香港贸易网络，不仅范围比思茅和腾越要大，而且以最终销往国内市场为主；思茅和腾越则主要销往国外市场，除缅甸、越南等地市场外，往往需经仰光中转，取径仰光贸易网络，将茶叶最终销售到东南亚其他地区。

表 5 - 16　1933—1937 年蒙自、思茅、腾越茶叶出口往外洋与往外省比较

单位：担

年份	外洋				外省				总计
	蒙自	思茅	腾越	合计	蒙自	思茅	腾越	合计	
1933	—	5595	46	5641	2002	330	—	2332	7973
1934	52	2973	114	3139	1487	504	—	1991	5130
1935	—	5873	44	5917	1350	1153	—	2503	8420
1936	23	8688	41	8752	960	865	—	1825	10577
1937	110	8884	63	9057	1343	400	—	1743	10800

　　资料来源：据钟崇敏《云南之贸易》（中华民国资源委员会经济研究所，1939 年）表69 整理。

---

　　① 《光绪十六年蒙自口华洋贸易情形论略》，中国第二历史档案馆、中国海关总署办公厅编：《中国旧海关史料（1859—1948）》第 16 册，京华出版社 2001 年版，第 229 页。

表 5-17　　　1890—1904 年蒙自出口茶叶至外国和至香港统计　　　单位：担

年份	出口至外国	比重	出口至香港	比重
1890	1195	83.86	230	16.14
1891	1065	71.81	418	28.19
1892	1691	70.66	702	29.34
1893	1670	81.70	374	18.30
1894	1070	87.70	150	12.30
1895	2203	96.84	72	3.16
1896	433	41.92	600	58.08
1897	388	43.21	510	56.79
1898	952	73.12	350	26.88
1899	620	31.91	1323	68.09
1900	366	32.94	745	67.06
1901	371	19.05	1577	80.95
1902	244	9.58	2303	90.42
1903	79	2.34	3301	97.66
1904	402	17.95	1837	82.05
平均	850	46.81	966	53.19

资料来源：《中国旧海关史料（1859—1948）》历年统计数据整理。

由于云南茶叶"未洽西人之口"，所以，从总体上看，销售与国外者数量不是很多。这也就不难理解为什么在 1933 年以前以蒙自出口茶叶最多了。那么，1933 年以后的情形又该如何理解呢？

正如前述，西藏是云南茶叶输出最重要的地区，西藏茶叶的需求直接涉及云南茶叶贸易的健康发展。但是，滇藏之间交通十分艰险，"自滇至藏，一路丛山峻岭，不能水运"[1]，气候又非常恶劣，每年约有半年大雪封山，难以通行，运输困难成为滇茶藏销贸易发展的最大制约。民国初年，由于当时的西藏上层受英帝国主义势力的挑拨和怂恿，汉藏关系趋于紧张，数度发生川藏战争，社会动乱、匪患严重，

---

① 杜昌丁：《藏行纪程》，转引自陈汎舟、陈一石《滇藏贸易历史初探》，《西藏研究》1988 年第 4 期。

更使滇藏茶叶贸易陷于疲滞。有鉴于此，云南商界开始积极谋求另辟他途入藏贸易，1918 年，滇商杨守其将其贩运的茶货从澜沧江之孟连土司地方运入缅甸之锡泊（今昔卜），然后转运火车经曼德勒至仰光，再转海运至印度加尔各答，复乘火车运至西里咕里，再改搭火车至噶伦堡，此后仍用驮运至西藏拉萨等地，从而打通了云南茶叶经缅印一线进入西藏的商道。① 后来缅甸境内公路有所发展，为便捷计，滇商改运新道，即"由佛海至缅甸景栋达仰光，转印度加尔各答至噶伦堡转入拉萨"，其具体行程为："从佛海骡马驮运至景栋 8 天，换汽车至洞已（东吁）2 天，洞已交火车至仰光 2 天，仰光换轮船至加尔各答 3—4 天，加尔各答装火车至西里咕里 2 天，再换汽车至噶伦堡半天，从噶伦堡用骡马驮至拉萨 20 天，全程共 40 天。"此路"虽然绕道国外，比起国内从下关至丽江，丽江至拉萨，每做一转，须时三四个月快捷得多，并且一年四季可做，不受气候制约，比较起来，不但缩短了时间，还大大节省了费用。"② 因此，后来经营滇藏贸易者多取道此路进行。

表 5 - 18　　　　　　　　1928—1937 年佛海茶叶销藏数额　　　　　　单位：担

年份	数额	年份	数额
1928	5000	1933	11000
1929	5600	1934	12000
1930	6000	1935	13000
1931	6500	1936	15000
1932	10000	1937	15500

资料来源：《佛海商会报告》，转自陈一石、陈泛舟《滇茶藏销考略》，《西藏研究》1989 年第 3 期。

从地理方位看，以上经缅、印入藏的商道，进入缅甸首站不论旧道抑或新道，均以经思茅报关出口为便利，经缅、印入藏之茶当大部

---

① 陈一石、陈泛舟：《滇茶藏销考略》，《西藏研究》1989 年第 3 期。
② 马家奎：《回忆先父马铸材经营中印贸易》，《云南文史资料选辑》第 42 辑，云南人民出版社 1993 年版，第 201 页。

分从思茅关出口。据 20 世纪 30 年代末的统计，滇茶直接由云南运入西藏者每年约 4000 担，[①] 又据李拂一的统计，1939 年由云南直接运入西藏者 4000 担，[②] 两份统计数据相符，应该可以看作 20 世纪 30 年代云南茶叶直接销售到西藏的大致规模。据表 5 - 15，1898—1924 年，思茅关出口茶叶年均不到 700 担，即使是最多的 1923 年也才 2037 担；1933—1937 年，思茅关年均出口茶叶则一下上升到 11652 担。据表 5 - 18，1928—1937 年，佛海茶业年均销藏约 10000 担，若据李拂一的统计，此处取其中约 4000 担为直接由云南进入西藏者，则每年约有 6000 担云南茶叶经缅、印进入西藏。姑以 1933—1937 年思茅关年均出口茶叶额约 10000 担，减去此运入西藏的约 6000 担后所剩 4000 担作为销于东南各地的数额，尚且与 1924 年以前的销售额存在很大的差距，由于云南茶叶在国际市场上的销路并不存在突然拓展的事实，因此，1933 年以后思茅关茶叶出口快速增长，替代蒙自成为云南茶叶出口的首要口岸，表面上看是茶业出口的增长，而实质上则是出口转内销，即经滇—缅—印—藏商道进入西藏销售数量快速增加这一事实的反映。而在云南茶叶出口转销西藏的这一过程中，就运输路线而言，正是通过仰光贸易网络，利用缅、印交通，将云南茶叶的输出与西藏市场联系在了一起。

第四节　小结

云南各口岸的商品结构，无论是进口商品结构，还是出口商品结构，存在垄断性地位的单一商品是其共同特征，但具体到不同口岸，这些垄断性商品又是不同的，棉纱、大锡是主导蒙自进出口贸易的垄断性商品；茶叶、棉花，尤其是棉花决定着思茅进出口贸易的起伏；棉纱、黄丝是腾越进出口最大宗的商品，左右着腾越贸易的盛衰。可以说，不从整体上把握口岸贸易发展的特征，就难以在宏观上对口岸

---

① 参见陈一石、陈泛舟《滇茶藏销考略》，《西藏研究》1989 年第 3 期。

② 李拂一：《西藏与东里的茶叶贸易》，《新亚细亚月刊》第 2 卷第 6 期。转引自陈一石、陈泛舟《滇茶藏销考略》，《西藏研究》1989 年第 3 期。

的时代特性有一个正确的认识，但如果因此而忽略了对不同口岸贸易差异性的考察，要想对其有一个全面而正确的认识显然又是难以做到的。

不同口岸商品结构的差异，是外部市场需求和腹地产业与供应结构共同作用的结果，同一口岸商品结构的变化在很大程度上是其外部市场和腹地区域经济社会变化的反映。有论者将清代至民国年间滇缅贸易概括为"丝棉之路"，认为："至迟从 18 世纪开始，以'丝'、'棉'为贸易特征形成了滇缅跨国互补区域经济，特点是其专业分工为丝的原料生产在中国的云南和四川，棉原料生产在缅甸。缅甸是中国生丝的主要消费地和部分织造地；棉则反之，原棉产自缅甸，但缅甸棉花的主要消费地在云南，云南甚至形成了发达的棉纺业，因而形成了两国或两地交叉且深度嵌入、相互补充的区域经济。在这个区域经济里，内部转移的媒介则是贸易，是丝棉之路形成的贸易体系将这个跨国区域经济连接起来。"① 正如该论者所指出的那样，"这个跨国区域经济结节区与中国近代其他区域经济有着很大的不同，是一个相当特殊的模式，极大地丰富了中国近代区域经济的类型"，应该说，这一概括是在宏观上对滇缅经济关系较为准确的认识。但是，在从清代一直到民国长达数百年的历史中，世界格局和滇缅社会发生了翻天覆地的变化。至迟在云南未开埠前，缅甸输入云南最主要的货物是棉花，开埠之后主要是棉纱，棉花退居其次，棉纱产自印度，此时的棉纱输滇，对缅甸而言，只是过境贸易。由棉花贸易向棉纱贸易的转变反映了缅甸经济在英国殖民统治之下所发生的变化，也是云南区域经济结构和经济地理格局变化的结果。如果将棉纱和棉花不加区别一概称之为"棉"的话，显然是难以揭示出滇缅经济关系在长时段中所发生的一系列变化及其背后所蕴含的意义的。

---

① 苏月秋：《丝棉之路：清代至民国年间滇缅跨国互补区域经济初探》，《思想战线》2010 年第 5 期。

结　语

一　主要结论

　　云南在开埠之前，接壤的缅甸、老挝、越南是其对外贸易的主要对象，印度、泰国也与云南有着较多的贸易往来，在这些国家和地区当中，以滇缅贸易的规模最大，商品种类也较多，并长期以丝（生丝和丝织品）、棉（棉花）为最大宗的商品。不仅如此，由于滇缅贸易是云南对外贸易的主要部分，丝、棉也是云南对外贸易中最为大宗的商品。由于同样的原因，云南对外贸易以滇缅为主要走向，这就使得地理之便的滇西和滇西南成为云南对外贸易的重心区。作为出缅门户，腾越不仅是滇缅贸易最为重要的商品集散地，也是云南对外贸易的重大商品集散中心，作为茶叶集散地，思茅是云南对外贸易仅次于腾越的门户城市。

　　鸦片战争后，直至云南开埠前，中国的对外贸易已经形成以上海、天津等少数东部沿海口岸为龙头，以其他沿海、沿江口岸为主要节点，以相关交通运输线为连接，以埠际贸易为主要展开形式的口岸贸易网络。由于没有开埠，云南处于这一口岸贸易网络的边缘位置，使得云南对外贸易的发展不仅远远落后于沿海、沿江（长江）地区，而且也比不上不少的内地区域。

　　通过战争和条约，英、法迫使蒙自、思茅、腾越等口岸相继开放；在全国自开商埠大潮中，在滇越铁路通达在即的情况下，为了避免利权为外人所夺，昆明自行开放。

　　近代云南的海关，一般都设有正关、分关和查卡，它们的关系是：正关设于对外交通的枢纽，为进出口货物的集散重镇；分关置于对外交通要道的要塞和重要站口处，负责交通要道的控制；查卡分置于各对外交通支线上，具有查漏拾遗的作用。在1937年以前，蒙自、思茅、腾越各设有正关一处（蒙自关税务司从1932年起移驻昆明办公），又有分关和查卡若干隶属于相应正关，从而形成了三个独立的海关体系，海关贸易报告和贸易统计是以正关为单位进行的。

开埠使云南对外贸易以原来的滇缅为主要走向改变为以滇港为主要走向，云南对外贸易的重心也由开埠前的西部地区转移到了东部地区，最大对外贸易商品集散地由腾越转移到了蒙自和昆明；开埠也使得云南由全国口岸贸易体系的边缘转变为前沿。可以说，开埠改变了云南对外贸易的地理格局。

与此同时，从总体上看，开埠促进了云南对外贸易的发展，云南对外贸易实现了以邻国为主要对象的地区贸易向全球贸易的转变，云南开始越来越多地融入了世界市场当中。与开埠之前相比，云南对外贸易的商品空前增多，贸易规模也空前扩大。在肯定开埠促进了云南对外贸易发展的同时，也还应该看到，云南对外贸易在全国对外贸易中的地位又是相当低下的，云南对外贸易是以资源输出为主导的，是一种畸形发展的对外贸易。

就贸易量而言，在整个云南进出口贸易中，蒙自口岸不论进口、出口，还是总贸易，都不是腾越、更不是思茅所能比拟的。近代云南口岸贸易，蒙自关具有无可比拟的优势，次则腾越，最次为思茅。需要说明的是，对各关贸易地位的考察不论是贸易量还是腹地范围都应将其置于一个连续的、变动的过程中，要定量结合定性，通过时空二维尺度的考察，才有可能得出最接近客观事实的结论。

通过对云南口岸贸易增长趋势的勾画，可以清楚地看出，其快速增长是在一个波动不居的过程中实现的。三关对云南口岸贸易增长的贡献是不一样的，通过对三关贸易增长趋势的比较就会发现，蒙自、腾越贸易不论是进口、出口还是总贸易，增长都比较快，但以蒙自增长为最快，而思茅贸易的增长则显得极为缓慢，甚至逐渐呈现出一种负增长的趋势。而且就各关分别来看，进口和出口的增长也都相差较大，这说明，进口和出口对各关总贸易增长的贡献也是不相同的。

以最大宗货物来看，蒙自进口为棉纱，出口为大锡；思茅进口为棉花，出口为茶叶；腾越进口为棉纱（棉花数量也不少），出口为黄丝。三关进出口商品结构的巨大差异是显而易见的。

近代云南三个口岸贸易所辐射的地区，主要集中在云南省内，各自的腹地自然存在一些共同的自然生态和经济社会面相，口岸贸易的发展自然也就呈现共同的一面。与此同时，各自腹地区域特征又显然是各不相同的，如地形与气候的差异、交通与腹地供需的差异等，也正是这种种差异，才使不同口岸呈现出不同的贸易景象来，不同口岸的贸易地位实际上也是其腹地区域优势的另一种体现。

口岸贸易的外部市场分为直接市场和间接市场。在云南口岸开埠以前，分别以香港和仰光为中心形成了区域性的贸易网络；蒙自是香港贸易网络的一个节点，腾越是仰光贸易网络的一个节点，思茅虽然对仰光网络有一定的依赖，但联系不是非常紧密。香港是将中国内地和南亚、东南亚、日本以及欧美连接起来的一个中心节点；而在亚洲到欧洲的海洋航线上并不是一个必经港口的仰光，只是构成印度港口体系和贸易网络的一环。受此影响，作为香港网络节点之一的蒙自，外部市场相对广阔，并对其间接市场有着较强的依赖；相对而言，腾越作为仰光网络的一个节点，外部市场就不如蒙自广阔，并主要依赖于直接市场。云南不同口岸与香港、仰光贸易网络的联系以及如何取得联系在很大程度上影响了口岸不同的贸易特征和发展趋势，以及商品构成的差异。

总之，从贸易功能上讲，口岸实际上起着连接内（腹地）外（外部市场）两个扇面的节点的作用，口岸贸易特征的形成和演进恰恰是内外扇面共同塑造的结果。

二　讨论与反思

（一）口岸贸易研究的空间视角

平面的空间是由点、线、面这三个基本要素构成的，特定的空间是特定的点、线、面相互作用的结果。大致说来，发现何为构成特定空间的点、线、面，其相互间关系如何，是学术界从空间视角对相关问题进行研究的惯用手法。

如果我们将口岸看作一个点的话，那么，该口岸的外部市场和它的腹地就是以该点为节点而连接在一起的内、外两个面。以此认识为前提，目前，学术界从空间的视角对近代中国的口岸贸易进行考察，存在如下几种研究范式：

一是"点⟷点"研究范式，也就是考察口岸与口岸的相互关系，往往着重考察口岸与口岸在贸易上的相互竞争过程及这种竞争产生的结果，并揭示之所以形成这种结果的原因。王列辉的《驶向枢纽港：上海、宁波两港空间关系研究（1843—1941）》①一书全面、系统地阐述了近代沪、甬两港空间关系演变的历史进程，并从自然条件、陆向海向腹地、临港集聚和港口制度等四个方面分析了两港空间关系演变的动力机制，是"点⟷点"研究范式的代表性成果之一。

二是"点→面"研究范式，也就是考察口岸（口岸贸易）对腹地区域经济变迁的影响。采用该范式对口岸贸易进行考察应该说首先发端于20世纪70年代台湾学术界。1976—1983年间，台湾学术界先后发表多部和口岸贸易有关的作品，涉及淡水、打狗、九江、大连、汕头、烟台、天津、重庆等多个口岸。这些研究其具体内容虽然不同，侧重点也有差异，但在强调口岸开放与贸易对区域经济变迁的影响，却是其共同的特征。②20世纪90年代大陆学术界兴起的"港口—腹地"与中国现代化的空间进程的研究，理论上虽然强调现代化因素从港口登陆沿交通线向腹地的推进过程，即强调口岸对腹地的作用，但也没有忽视腹地对口岸的反作用，认为二者是双向互动的，③但

① 王列辉：《驶向枢纽港：上海、宁波两港空间关系研究（1843—1941）》，浙江大学出版社2009年版。

② 林满红：《口岸贸易与近代中国——台湾最近有关研究之回顾》，《近代中国区域史研讨会论文集》，（台北）"中研院"近代史研究所，1986年。

③ 吴松弟：《港口—腹地：现代化进程研究的地理视角》，《学术月刊》2007年第1期。

是，在实践层面，做的主要还是前一个方面的工作，这也属于
"点→面"范式的研究。

三是"面→点"研究范式，主要考察腹地因素与区域特征对口
岸（口岸贸易）的影响。代表性成果有马学强的《近代上海成长中
的"江南因素"》①和佳宏伟的《大灾荒与贸易（1867—1931
年）——以天津口岸为中心》②等。前一文主要探讨了作为上海核心
腹地的"江南"对近代上海港成长为我国第一大港、上海成为中国
现代化程度最高的城市所起的作用；后一文通过对腹地区域灾害与天
津口岸贸易波动的相关性分析，认为区域灾害与天津口岸贸易之间的
联系紧密，腹地的每一次大灾荒都会不同程度地影响天津口岸贸易结
构和趋势的变动。

从已有成果的数量、研究的深度、广度和影响来看，以上三种研
究范式，以第二种最为成熟，特别是"港口—腹地"的研究已经开
始从探讨中国现代化进程的"港口—腹地"机制进入到全面描述中
国近代经济地理的全新阶段，③第一种和第三种研究范式尚待有更多
的研究成果来使其进一步得到充实和完善。

以上研究范式，对于从空间的角度考察近代的口岸贸易，应该说
都是比较有效的分析工具。但是，我们认为这三种研究范式显然无法
将所有的对口岸贸易的空间研究路径涵括在内。从贸易的层面看，口
岸的功能主要在于：进口商品从外部市场流入，须首先汇集于口岸，
然后再以此为起点流向其辐射的各个地方，这是一个从"面"到
"点"，再从"点"到"面"的空间过程；腹地的商品要出口到外部
市场，同样也要经过这样的一个空间过程，只不过方向恰好是倒过来
的。口岸贸易的持续进行也就是这样的两个在方向上恰好相反的空间
过程的周而复始。由于不同口岸连接的外部市场和腹地区域往往是不
同的，使得不同口岸的贸易也就有了其各自的内涵，因此，将口岸贸

---

① 马学强：《近代上海成长中的"江南因素"》，《史林》2003年第3期。

② 佳宏伟：《大灾荒与贸易（1867—1931年）——以天津口岸为中心》《近代史研
究》2008年第4期。

③ 吴松弟主编：《中国近代经济地理》（全九卷），华东师范大学出版社2014—2017
年版。

易特征的形成作为外部市场与腹地区域共同作用的结果，考察外部市场与腹地区域对口岸（口岸贸易）的塑造作用，是研究口岸贸易不应该被忽视的一种空间视角。我们不妨将这一视角概括为"面→点←面"研究范式，采用这一研究范式对口岸贸易进行研究，本书是一次初步的尝试，希望有更多的人运用这一研究范式进行相关问题的研究，丰富、发展、完善这一研究范式。

研究范式，归根结底，都只是一种分析工具，我们就不应限于任何一种分析工具，而应从问题出发，采用最恰当、有效的分析工具，只有这样，也才能真正推进和提升我们的研究。

（二）区域与国家的关系

传统的观点认为，鸦片战争之前，中国闭关锁国，到了鸦片战争之后，因为西方力量的介入，中国才被动地开始了经济全球化的进程。而近年来的研究表明，早在鸦片战争之前，中国经济就已经不可避免地卷入了全球化。[①] 不论中国曾经是多么的封闭，但它从未完全中断与世界的联系，却是不争的事实，从这个意义上讲，在世界开始进入经济全球化时代的那一刻，中国经济全球化的进程也就开始了。

然而，不可否认的是，中国经济全球化的进程在鸦片战争之前与之后，显然是不能等同视之的。中国经济全球化的进程在更大的空间范围上展开，在程度上进一步深入，应该说，主要还是鸦片战争以后

[①]　比如，弗兰克通过对 1400—1800 年间世界经济的结构与发展的描述和分析，指出：1800 年以前，缘于中国经济和中国人民在世界市场上所具有的异乎寻常的巨大的和不断增长的生产能力、技术、生产效率、竞争力和出口能力，中国吸引和吞噬了大约世界生产的白银货币的一半，由于巨大出口，中国在整个世界经济中居于支配地位（贡德·弗兰克：《白银资本：重视经济全球化中的东方》，刘北成译，中央编译出版社 2001 年版）。仲伟民认为"自大航海时代以来，经济全球化时代就开始了，但那时尚未波及中国；到了 18 世纪，经济全球化浪潮不仅波及中国，而且中国已经不自觉地成为经济全球化链条中非常重要的甚至是关键的一环"。他从茶叶与鸦片切入，通过对 19 世纪世界经济中的茶叶经济和鸦片经济的系统论述，分析了中国在 19 世纪而不仅仅是 1840 年以后的经济全球化中扮演的角色及其影响（仲伟民：《茶叶与鸦片：十九世纪经济全球化中的中国》，生活·读书·新知三联书店 2010 年版）。

的事。近年来，以"港口—腹地"为视角的一大批研究成果，[①] 通过对 1840 年以后在对外贸易的驱动下，港口腹地经济区域形成与演变进程的勾勒，从而描绘出经济全球化的背景下，中国经济区域化发展的一幅幅图景。但是，我们要问的是，经济区域化过程中的"区域"一定是以国家为界限的吗？

地处内陆边疆的云南，在蒙自开埠以前，其对外贸易主要取道四川、湖北等地，通过汉口、上海等地以实现商品的进出，从而扮演着作为中国南方沿海、沿江口岸的腹地的角色。[②] 蒙自、思茅、腾越等口岸开放后，云南的对外贸易就基本上通过这几个口岸进行了，[③] 云南对外经济的走向发生了根本性的变化。随之而来的则是通过越、缅等国，云南与香港、仰光建立起密切的贸易往来，云南口岸成为香港、仰光贸易网络的一环。云南成为香港、仰光贸易网络这两个跨国性经济区域的组成部分。

蒙自开埠前，云南"作为从东部沿海与国外贸易最偏远的西南省份"，因为路途的遥远和交通的落后，"已经丧失在商业上的价值"[④]，云南与世界经济的联系非常有限，严重制约着云南对外经济的发展。蒙自、思茅、腾越等地开放之后，云南与世界经济的联系大

---

① 代表性成果主要有戴鞍钢：《港口·城市·腹地——上海与长江流域经济关系的历史考察（1843—1913）》，复旦大学出版社 1998 年版；复旦大学历史地理研究中心编：《港口—腹地和中国现代化进程》，齐鲁书社 2005 年版；吴松弟主编：《中国百年经济拼图——港口城市及其腹地与中国现代化》，山东画报出版社 2006 年版；樊如森：《天津与北方经济现代化》，东方出版中心 2007 年版；王列辉：《驶向枢纽港：上海、宁波两港空间关系研究（1843—1941）》，浙江大学出版社 2009 年版；姚永超：《国家、企业、商人与东北港口空间的构建研究（1861—1931）》，中国海关出版社 2010 年版；吴松弟、樊如森等：《港口—腹地与北方的经济变迁（1840—1949）》，浙江大学出版社 2011 年版；樊如森：《近代西北经济地理格局的变迁（1850—1950）》，花木兰文化出版社 2012 年版。

② 戴鞍钢：《港口·城市·腹地——上海与长江流域经济关系的历史考察》，《中国城市经济》2004 年第 1 期。

③ 郭亚非：《近代云南与周边国家区域性贸易圈》，《云南师范大学学报》2001 年第 2 期。

④ 《MENGTZU TRADE REPORT, FOR THE YEAR 1889》，中国第二历史档案馆、中国海关总署办公厅合编：《中国旧海关史料（1859—1948）》第 15 册，第 573 页。

为拓展，"以贸易之国别言，本省贸易范围遍及英、美、日、法等国"①。近代云南对外经济的此种变化得益于云南被纳入香港、仰光贸易网络这两个跨国性经济区域，是全球化进程中因空间关系与区域重构使云南地缘关系发生重大变化的表现。

经济区域化是经济全球化的产物，经济区域形成与划分的标准是共同的经济联系以及这种联系的紧密程度。因此，经济区域化的"区域"既存在以国家为界限的情形，也存在跨国界的情形。以上云南对外经济在空间上的变化就很好地说明这一点。

19 世纪以来，以国家作为基本单元成为历史书写的主流，② 受此影响，但凡谈到"区域"时，论者往往习惯性地将其限定在"国家"这一特定的空间范围内，从而忽视对跨国性"区域"的关注。笔者以为，在全球化背景下，重视对跨国性"区域"的研究，从逻辑与事实出发，描述跨国性区域经济网络的形成过程，探寻组成跨国性区域经济网络的点、线、面在该网络中扮演的角色，分析网络对网络各组成部分特征形成的影响作用，不仅可以发现以往没有发现，或很少注意到的历史，而且也应该是以全球视野重新审视、写作历史的应有之义。

三　从历史到现实

口岸与腹地，口岸与外部市场，只有在良性互动的情况下，其贸易的发展才有可能是可持续的，从而也才有可能真正促进区域经济的质的发展。近代云南对外贸易，尽管发展速度惊人，但贸易结构相对单一，并在一定程度上是以环境的破坏为代价的。因此，在肯定开埠后云南对外贸易快速发展的同时，也应该看到其发展的局限。

历史是一面镜子，本书的研究或许可为当前云南对外贸易和区域经济的发展提供些许借鉴。在思考云南对外经济的现实发展问题时，

---

① 龙云、卢汉修，周钟岳纂：《新纂云南通志》卷 144《商业考二》，云南人民出版社 2007 年点校本，第 7 册，第 111 页。

② 王晴佳：《新史学讲演录》，中国人民大学出版社 2010 年版，第 74 页。

也应该从空间的角度出发，同时重视"内"和"外"两个面，并使其形成聚合效应。

（一）"桥头堡"战略与云南对外经济发展的空间定位

在经济全球化和区域经济一体化发展的大潮中，一个地区的发展在很大程度上取决于其在这一大潮中所扮演的角色。而要对自身有一个准确的定位，认清其区域优势是非常关键的一环。云南地处边疆内陆，没有自己的出海口，因此，如何走向大海就成为影响云南对外开放和对外经济发展的重大战略问题。近些年来，有云南参与或主导进行的"澜沧江—湄公河次区域合作""中国—东盟自由贸易区"，以及泛珠江三角洲经济圈建设等，对云南而言，或多或少都与如何走向大海这一战略相关。2009 年 7 月，国家主席胡锦涛在云南视察时指出："云南要统筹对内对外开放，一方面要加强同国内其他地区的横向经济联合和协作，积极引进省外资金、技术、人才，主动承接东部产业转移；另一方面要拓展对外开放的广度和深度，推动对外贸易、利用外资企业'走出去'，上水平，尤其要充分发挥云南作为我国通往东南亚、南亚重要陆上通道的优势，深化同东南亚、南亚和大湄公河次区域的交流合作，不断提升沿边开放的质量和水平，使云南成为我国向西南开放的重要桥头堡。"云南省政府指出：将进一步加强基础设施建设，形成内联西南、西北和中原腹地等国内经济区，外接东南亚、南亚，进入印度洋的战略通道，要把将云南建设成我国面向西南开放的重要战略通道作为桥头堡建设的重要内容。[①] 从而将取向西南走向印度洋从国家发展战略的角度，明确地提上了云南走向大海、走向世界的议事日程。这可以说是云南在以北部湾港口为主要出口走向大海，参与泛珠江三角洲经济圈建设以来，走向海洋战略的一大调整。

从近代的历史看，蒙自口岸贸易的发展即取向东南，以海防为主要出海口，利用香港在推动云南对外经济发展中的作用，腾越口岸贸易的发展即取向西南，利用仰光在云南对外经济发展中的作用，两者并行不悖共同促进了云南对外经济的发展。因此，我们认为，现阶段

---

① 白恩培：《加快建设桥头堡　推动云南新跨越》，《求是》2010 年第 22 期。

云南对外经济的发展，在关于如何走向大海的认识上，不应在取向东南还是取向西南上权衡，而是应该在如何使二者有机协调，实现使之共同促进云南对外经济发展方面下功夫。

对外经济的发展，外部市场的构建和拓展非常关键，但若没有内部区域即腹地作为依托，对外经济的发展也就无从谈起。腹地的广度、腹地经济发展水平、投资环境等无不是地区对外经济发展的制约因素。就目前看，关于桥头堡建设，其内容在很大程度上还只是立足于云南省范围内。① 如果不改变这一状况，则使桥头堡建设缺乏广阔的腹地，而云南经济发展水平的相对低下和投资环境建设的滞后等，必然影响到这一战略实施的效果。要争取政策，加强地方协调，拓展桥头堡的辐射面，区域间联动，共同行动起来，以桥头堡建设为契机，改善内部区域发展环境。只有这样才不至于使桥头堡因没有腹地的强有力支撑而成为孤堡。通过区域建设促进桥头堡的建设，从而使桥头堡作用得到真正的发挥，反过来带动区域经济的快速发展。

（二）机遇、挑战与对策："一带一路"与云南对外经济的发展

2013 年 9 月中国国家主席习近平在访问中亚国家时提出共同建设"丝绸之路经济带"的倡议，同年 10 月，习主席在访问东盟国家时提出共同建设"21 世纪海上丝绸之路"的倡议，二者合称"一带一路"。2013 年 11 月和 2014 年 3 月，"一带一路"被写入十八届三中全会决议和政府工作报告，"一带一路"由此正式成为国家战略。2015 年 3 月，中国政府公开发布《推动共建丝绸之路经济带和 21 世纪海上丝绸之路的愿景与行动》，就"一带一路"建设的意义、机制、目标等进行了系统说明，"一带一路"建设开始进入实施阶段。

从"一带一路"提出到实施，从政府到学界，但凡关心云南发展的人，无不在追问的是："一带一路"与云南有怎样的关系？如何彰显云南地位，发挥云南优势，既借助"一带一路"推动云南大发展，又使云南为国家的"一带一路"建设做出自己独特的贡献？"一带一路"是新时期中国对外开放的一个大战略，直接关乎云南的对外开放与地方发展。为此，在已有研究的基础上，以下通过对云南与

---

① 白恩培：《加快建设桥头堡　推动云南新跨越》，《求是》2010 年第 22 期。

"一带一路"关系的深入剖析，旨在探讨云南如何抓住"一带一路"建设这一重大机遇，借以促进云南对外经济发展。

1. 从文件到现实：云南参与"一带一路"建设的定位、优势与不足

《推动共建丝绸之路经济带和 21 世纪海上丝绸之路的愿景与行动》指出：推进"一带一路"建设，中国将充分发挥国内各地区比较优势，实行更加积极主动的开放战略，加强东中西互动合作，全面提升开放型经济水平。对此，国家对云南的定位是："发挥云南区位优势，推进与周边国家的国际运输通道建设，打造大湄公河次区域经济合作新高地，建设成为面向南亚、东南亚的辐射中心。"[1] 这一定位非常准确，不仅考虑到了云南在"一带一路"建设中所具有的地缘优势、历史基础、现实条件，也对近年来云南在国家对外战略中所取得的成绩给予了充分的肯定。

从地缘格局看，云南内接贵州、四川、广西、西藏等省区，外连越南、老挝、缅甸等国，是我国唯一能从陆路通过东南亚直接沟通印度洋沿岸国家的省份，在连接中国、东南亚、南亚三大市场，沟通太平洋、印度洋两大洋方面具有独特的区位优势。这样的区位优势使云南成为我国沟通太平洋、印度洋，连接东亚、南亚、东南亚的重要节点，为我国面向西南开放的前沿阵地。

因此，云南对外经济交往的历史不仅悠久，而且地位突出。张骞出使西域，在大夏国见蜀布、邛竹杖，"从东南身毒国，可数千里，得蜀贾人市"[2]。由此可见，早在北方丝绸之路开辟之前，云南就与南亚地区有着直接的经济交往，云南就已经扮演着我国与南亚交往的节点的作用。1889 年、1897 年、1902 年，蒙自、思茅、腾冲根据中国与法国、英国签订的条约先后开放，1910 年昆明自行开埠。"云南自开关以后，对外贸易为划时代之转变，贸易日趋发达，而国际贸易亦于此后日趋繁荣。"开关以后，除越南、缅甸、泰国、老挝、柬埔

---

① 《推动共建丝绸之路经济带和 21 世纪海上丝绸之路的愿景与行动》，《人民日报》2015 年 3 月 29 日，第 4 版。

② 《史记》卷一一六《西南夷列传》，中华书局 1982 年版，第 2995—2996 页。

寨等邻国外，"本省贸易范围遍及英、美、日、法等国"，四川的黄丝、西藏的麝香等纷纷经云南口岸出口，云南口岸进口的大量商品销售到四川、贵州、西藏，在我国西南地区的对外经济交往中，云南起着举足轻重的作用。[①] 抗战期间，由于东部沿海大片国土沦丧，云南作为国际大通道的地位凸显，滇缅公路的修筑，史迪威公路、驼峰航线的开辟，中印输油管道的铺设，成为中国获取国际援助的生命线，大量的国际援华物资经云南运入内地，有力地支持了中国人民的抗日战争，为取得抗战的最终胜利起到了极为重要的作用。

改革开放以来，云南对外经济交往在原有的基础上实现了多次飞跃，为云南在"一带一路"建设中实现经济的跨越式发展奠定了坚实的基础。

1998 年，国家开始实施西部大开发战略。西部开发，云南如何发展，需要考虑诸多因素，但正如时任总理朱镕基在视察云南时所指出的那样："基础设施薄弱是制约西部地区发展的因素。加快打通西部地区与中部和东部地区、西南地区与西北地区、通江达海，连接周边的运输通道，是实施西部大开发的基础。"交通的落后是制约云南经济发展的障碍，"通道"建设是加快云南经济发展的基石，为此，在 1999 年，云南省委将"建设中国连接东南亚、南亚的国际大通道"作为云南实施西部大开发的主要目标之一。其基本构想是：大力实施以高速公路、铁路、水运、航空为主要内容的交通建设，经过5—10 年时间，建成以昆明为中心，"东连黔桂通沿海，北经川渝进中原，南下越老达泰柬，西接缅甸连印巴"的立体交通运输网络，使云南成为中国连接东南亚、南亚的枢纽与核心地区。以"大通道"建设为契机，云南交通建设加速推进，截至 2015 年年底，云南全省高速公路通车里程达到 4000 多公里，在建高速公路 1551 公里，实现了所有州市府所在地通高速公路或在建，已建成或开工建设的通县市区高速公路达到了 62%；[②] 铁路运营里程 3000 公里，泛亚铁路西线

① 张永帅：《云南对外贸易百年历程》，《云南经济日报》2014 年 4 月 3 日，B02 版。

② 马铱潞、郭雪艺：《"一带一路"助云南交通飞跃（一路向南·云南国际大通道建设特别报道）——对话云南省交通厅厅长刘一平》，《人民日报（海外版）》2015 年 10 月 20 日，第 6 版。

国内段昆明至瑞丽段即将建成，东线昆明至河口段已全线贯通，中线国内、国外段均已开始建设，沪昆高铁正在加紧建设，将在2016年内通车，云南铁路将迎来高铁时代；^①全省拥有机场数量13个，航线数量392条，其中国内航线322条，国际航线60条，地区航线10条；水运通航总里程达4200公里，澜沧江—湄公河国际航运通道、金沙江—长江航运通道已启动实施，中越红河航运也将开启。^②

2009年7月，时任国家主席胡锦涛在云南视察时，对将云南建设成为我国向西南开放的重要桥头堡作了重要指示。2011年5月，国务院批准并正式出台《国务院关于支持云南省加快建设面向西南开放重要桥头堡的意见》，标志着桥头堡建设正式上升为国家战略。2012年10月，《云南省加快建设面向我国西南开放重要桥头堡总体规划（2011—2020）》获得国务院的批准，桥头堡建设加速进行。桥头堡建设对于充分发挥云南区位优势，扩大云南对内对外开放，促进云南经济跨越式发展，意义重大。

2013年5月，李克强总理访问印度，中、印双方发表了《中印联合声明：边界问题解决前维护边境安宁》，其中第十八条对孟中印缅地区合作论坛框架下的次区域合作进展表示赞赏与肯定，指出："双方同意与其他各方协商，成立联合工作组，研究加强该地区互联互通，促进经贸合作和人文交流，并倡议建设孟中印缅经济走廊。"^③从而将云南多年试图推进的孟中印缅地区经济合作上升为国家战略。为进一步加强中国与南亚国家互利合作，2012年10月，中国国务院批准将南亚国家商品展升格为中国—南亚博览会，从2013年起每年在中国昆明举办一届。2013年6月6日至10日，首届中国—南亚博览会在昆明如期举行，标志着又一个新的对外开放与地区合作的平台正式在云南落户。

---

① 胡晓蓉：《聚焦云南五网建设大会战：迎高铁时代，促跨越发展》，人民铁道网，2016年3月9日（http://www.peoplerail.com/rail/show-475-259459-1.html）。

② 胡晓蓉：《航空为区域经济发展插上翅膀》，《云南日报》2015年12月23日，第11版。

③ 《中印联合声明：边界问题解决前维护边境安宁》，央视网，2013年5月20日（http://news.cntv.cn/2013/05/20/ARTI1369058682746507.shtml）。

以上种种利好政策极大地提升了云南对外开放的水平，促进了云南对外经济的快速发展。在贸易领域，据统计，2012 年，云南省对外贸易突破 200 亿美元大关，全年实现进出口 210 亿美元，同比增长 31%，增幅列全国第 5 位，较全国高出 24.8 个百分点；2013 年，全省外贸进出口总额 258.3 亿美元，在 2012 年的基础上扣除汇率因素较 2012 年增长 22.9%，全年全省外贸额再次刷新年度最高纪录，出口增幅更是位居全国第一。其中，东盟和南亚是云南最为重要的贸易伙伴。2001 年云南与东盟贸易总额为 7.09 亿美元，东盟是云南的第一大贸易伙伴，2013 年云南与东盟双边贸易额达 109 亿美元，是 2001 年的 14 倍。2013 年，云南与南亚国家贸易额达 7.8 亿美元，增长 35.6%，为云南第二大贸易伙伴。在经济合作方面，东盟国家是云南重要的海外承包工程市场和劳务合作市场。双方在基础设施建设、农业、加工业、制造业、服务业等诸多领域开展了广泛合作。目前，云南接待的海外游客中，一半以上来自东盟国家，东盟已成为云南省最主要的游客来源地之一。

中央确定："一带一路"不搞新机制，要充分依靠中国与有关国家现有的双边机制，借助既有的行之有效的区域合作平台，构建更加开放、更加广阔的国际合作平台。因此，西部大开发、"大通道"建设、"桥头堡"建设、孟中印缅经济走廊建设等政策与战略的实施，为云南融入"一带一路"建设创造了极为有利的机制和平台；在这些战略和政策的带动下，近年来云南对外贸易和经济合作的快速发展，也为云南在"一带一路"建设中发挥重大作用奠定了坚实的基础。

但是，在看到优势的同时，我们也应该清楚地认识到：云南要深度融入"一带一路"建设，还面临以下诸项困难：

第一，"大通道"建设进展缓慢。"要想富，先修路"，交通是一方经济发展的保障条件之一，特别是对于地理环境复杂、交通历来相对落后的云南而言，交通建设就显得尤为重要了。近年来，尽管云南一直在努力推进交通建设，试图建立起以云南为节点的连接国内与国外的国际大通道，但是进展缓慢，大通道建设的预期目标未能如期实现。公路方面，截至 2015 年年底，"国际间的通道中，云南境内段还有腾冲至猴桥、景洪至打洛、文山至天保、昆明至清水河等高速公路还未开工建设，与邻国的'互联互通'尚未形成；省际通道中，还有昭通至金阳、江底至石林、泸沽至香格里拉、华坪至攀枝花、香格里拉至隔界河、大理至攀枝花、昆明至宁南等高速公路尚未开工建设，与省际间'互联互通'问题也没有解决；三是云南省内的大理至临沧、云县至保山、大理至攀枝花、大理至普洱等省内通道大量高速公路也尚未开工建设，省内的互通也未形成。"① 铁路方面，一是云南是目前国内仅有的三个未通高铁的省区之一；二是泛亚铁路建设进展缓慢；三是"云南一大怪，火车没有汽车跑得快"的局面没有发生根本性的变化，铁路作为运输大动脉的优势没有得到真正发挥，"云南目前的铁路运输只能满足出省物资需求运力的20%左右，80%要靠公路运输"②。"连接中国云南瑞丽至缅甸木姐、腊戍、曼德勒的滇缅公路承载着缅甸与邻国边境贸易总额60%的货品运输"③，铁路的缺位使公路不堪重负。航空方面，昆明长水机场的辐射带动作用还有较大的提升空间，以昆明机场门户枢纽为核心的云南口岸机场通关便利化建设亟待提速，航空网络优化与机场布局的完善工作尚待进一步展开。水运方面，水陆联运机制缺乏，澜沧江—湄公河、伊洛瓦底江、红河等国际航道利用不充分，水运的低成本优势没有得到发挥。交通是云南对外经济发展的重要支撑和基础保障，大通道建设进展缓慢势必会对云南深度参与"一带一路"建设形成严重的制约。

第二，沿边开放优势发挥不足。云南30多年来的沿边开放尽管取得令人瞩目的成就，"完成了从封闭半封闭经济向开放型经济的转变"④，但是，就目前来看，云南外向型经济竞争力并不是很强，在

---

① 马铱潞、郭雪艺：《"一带一路"助云南交通飞跃（一路向南·云南国际大通道建设特别报道）——对话云南省交通厅厅长刘一平》，《人民日报（海外版）》2015年10月20日，第6版。
② 何颖、张晓霞：《云南融入"一带一路"建设研究》，《学术探索》2016年第1期。
③ 汤正仁：《借助"一带一路"打造西南地区对外开放新高地》，《区域经济评论》2015年第3期。
④ 陈铁军：《云南30年的沿边开放历程、成就和经验》，社会科学文献出版社2015年版，第56页。

全国各省区中，云南的外向型经济竞争力，2012 年排在前 10 名之外，为第 16 名，2013 年排位有较大幅度的上升，进入前 10 名，但也还只是排在第 8 位。[①] 从地缘的角度看，与云南接壤或邻近的周边国家，其与中国的贸易显然应该主要经云南进行，但事实并非如此，"2010 年，中国与泰国的贸易额达 529.5 亿美元，而云南与泰国的贸易额仅为 4.63 亿美元，仅占中泰贸易的 0.87%；2010 年，中国与老挝的贸易额为 10.5 亿美元，云南与老挝的贸易额为 2.03 亿美元，占中老贸易的 20%"[②]，这说明云南的对外开放尚未真正实现由"边缘"向"前沿"的转变。影响云南沿边开放的主要障碍，一是口岸联检机制不完善，不能满足便利通关的要求；二是物流成本高；三是跨境金融合作不顺畅；四是政策支持力度不够，执行力不足，使得边境经济合作区、跨境经济合作区、综合保税区的建设进程缓慢。

第三，产业支撑不足，对外投资层次较低。首先，云南产业大多处于产业链底端，优势特色产业发展不足，并且存在与周边国家产业同质化严重的情况，使得云南对外经济到目前为止依然没有摆脱"通道式经济"的窠臼，进出口商品以过境为主，"进口商品的 90% 以上销往外地，出口商品的 90% 以上来自外地"，因此，云南尽管是全国口岸、通道数量最多的省份，但又是全国口岸平均贸易额、货物吞吐量最低的省份。[③] 其次，境外直接投资增速较快，但投资方式单一，投资范围有限。近年来，云南境外投资增速较快，投资额连续多年位居西部前列，但是，新设企业绿地投资几乎是云南境外投资唯一的方式，跨国并购、重组联合、挂牌上市的方式很少；投资对象主要为周边国家和地区，投资市场不够广泛，以 2015 年为例，该年"云南企业在老挝、缅甸、泰国新设投资企业 67 家，占同期新设境外企业数的 65%；在'次区域五国'（即老挝、缅甸、泰国、柬埔寨、越

————————

①　李建平、李闽榕、高燕京主编：《中国省域经济综合竞争力发展报告（2013—2014）——新常态下中国省域经济结构分析》，社会科学文献出版社 2015 年版，第 12 页。

②　陈铁军：《云南 30 年的沿边开放历程、成就和经验》，社会科学文献出版社 2015 年版，第 221 页。

③　同上书，第 220、221 页。

南5个国家）实际投资共计7.93亿美元，占同期实际投资的59.4%"[1]；以劳动密集型、资源开发投资为主，农业、矿业、电力等传统投资领域仍占据主导地位，投资行业、领域分布不平衡，结构不合理情况较为明显。最后，对外劳务合作层次低，劳务派出以工程项下派出为主，中高端劳务派出比例很低，以2015年为例，"我省累计派出各类劳务人员10398人，比去年同期增加12.7%。其中，工程项下累计派出7348人，占70.67%；劳务合作项下775人，占7.45%；境外投资项下派出2275人，占21.88%。中高端劳务人员比例为6.8%"[2]。

第四，地缘政治环境复杂多变。东南亚、南亚国家是"一带一路"的主要组成部分，战略地位重要，但是由于民族、宗教复杂多样，又受到大国利益争夺的影响，政治多变，社会不稳定，从而造成了有些国家对外政策的不稳定、不确定。因此，云南对外经济往往要经受较大的风险考验。

2. 抓住关键、重点突破：云南参与"一带一路"建设的主要对策

云南是南方陆上丝绸之路的重要节点，作为国家战略的"一带一路"建设将云南纳入其中，有利于进一步发挥云南区位优势，这对正在全力以赴推进桥头堡建设、加大沿边开放力度的云南而言，无疑是一次重大的发展机遇。抓住机遇，借力打力，深度参与"一带一路建设"是推动云南对外开放与地方经济社会发展的不二之选。云南参与"一带一路"建设，千头万绪，要做的工作还很多，但就目前面临的主要困难与问题看，首先应该着力做好以下工作。

（1）争取国家对沿边开放更大的政策支持

云南最大的区位优势是"沿边"以及由此而来的在中国沟通东南亚、南亚中所起的节点作用，因此，在"一带一路"建设中，云南能否发挥重要作用，取决于其沿边开放的质量和水平。而要推进和

---

① 《我省对外投资保持高速增长》，《云南日报》2016年2月17日，头版。

② 《2015年云南对外投资合作业务简况》，云南对外劳务合作网，2016年1月25日（http://www.ynlabor.gov.cn/htmlys/labor/2016/0125/news_5_85998.html）。

提升沿边开放，无论是从历史经验还是从现实状况看，除了云南自身的不懈努力外，国家的重视与支持必不可少，而且更为重要。笔者以为，就当前形势看，当务之急乃是首先在以下几个方面努力争取国家的重视与支持。

①赋予云南更大的沿边开放权

云南沿边开放的推进，管理复杂，牵涉部门较多，既有省内直管部门，又有中央驻滇机构，由于各部门隶属关系不同，很容易出现政出多门而又相互掣肘局面，大大限制地方政府的权限，使得很多问题难以在省级层面得到解决。为此，云南应努力向国家争取适当下放权力，进一步扩大云南沿边开放自主权，让云南地方政府在沿边开放中发挥主体作用。

②支持云南沿边开放基地与平台建设

提升云南参与大湄公河次区域合作的水平，加速推进孟中印缅经济走廊建设，加快沿边金融改革综合试验区、滇中产业新区的建设步伐。加大对瑞丽国家重点开发开放试验区的支持力度；对云南建设中越跨境经济合作区给予政策和资金支持，推动越方加快双边谈判步伐；争取尽快与老挝政府就中老跨境经济合作区建设达成共识并签署有关文件。支持云南建设跨境旅游合作区、边境旅游试验区，打造云南旅游品牌，提升云南旅游水平。

③加大对云南沿边开放资金投入

云南经济基础薄弱，投资能力有限，而"一带一路"建设又需要大量的资金投入，这不仅需要云南地方政府多方筹措资金，在引入社会投资、国际投资方面多做工作外，更需要中央财政的大力支持。中央财政对西部欠发达省份参与"一带一路"建设在资金投入上应该给予一定的倾斜，特别是在所需资金量大、投资周期长、收益慢的基础设施建设领域，中央财政应该发挥更大的作用。

④对提升云南国际化水平给予一定的政策倾斜

在云南多举办有关"一带一路"建设的国际、国内会议及相关活动，积极吸引国际组织常设机构进驻昆明。协调推动东南亚、南亚相关国家在昆明设立领事机构。支持昆明长水机场等国际机场加大开辟国际航线力度，支持将更多的云南支线机场升格为国际机场。增加云南对外开放平台数量，提高南博会、昆交会、边交会的规格与层次，进一步提升云南沿边开放的层次与水平。

（2）加大、加快国际"大通道"建设的力度与速度

尽管经过多年努力和建设，云南通往东南亚、南亚国家的公路、铁路、水运、航空交通运输网络骨架已基本形成，但与周边国家邻而不通、通而不畅的问题依然存在。因此，要把云南"建设成为面向南亚、东南亚的辐射中心"，国际"大通道"建设既是基础，也是其关键的一环。

①完善境内交通网络，提升交通运输能力

一是要加速推进境内交通网络建设步伐，完善"八出省四出境"铁路网、"七出省四出境"公路网、"两出省三出境"水路网建设：加快推进云桂铁路、沪昆高铁、大保铁路、大瑞铁路、保腾高速公路等在建项目；扎实做好玉磨铁路前期工作，争取尽快开工建设；积极推进文山至天保、景洪至打洛、临沧至孟定、小勐养至磨憨、腾冲至猴桥等口岸公路通道的高速化；充分发挥中国西南门户国际枢纽机场的作用，进一步完善机场布局和航线网络，构建以昆明长水机场为中心、各地州、县市机场有机联系的航空网络；全面落实澜沧江—湄公河国际航道的二期整治工作，积极推进中越红河水运通道建设，提升云南水运能力。二是要从长远着眼，未雨绸缪，积极开展沿边铁路和沿边公路的前期研究工作，并将增强路网密度作为云南交通建设的长远目标。三是要下大力气做好省内铁路提速工作，加大城际列车的开行力度，加快高铁建设的步伐，做好铁路、公路、航空的对接，以切实提高云南客、货运输的能力与水平。

②将推动境外线路建设作为国际"大通道"建设的重点工作

"大通道"建设进展缓慢，除了境内交通建设不尽如人意外，更重要是由于"大通道"境外线路的建设涉及较多的国家与地区，区域内、外干扰因素较多，严重制约着"大通道"建设的顺利推进。因此，要真正实现"大通道"对云南融入"一带一路"建设起基础和支撑作用，就必须着力推动境外交通线路的建设，将其作为国际"大通道"建设的重点工作来做。在境外交通线路建设中，一是要采取切实措施，让沿线国家和地区感受到我国合作的诚意，享受到

"大通道"建设带来的实惠，以使其能够以积极主动的态度和我们一起推进"大通道"建设。二是要立足长远，循序渐进，优先推进中缅依洛瓦底江陆水联运、缅甸密支那至班哨公路、磨憨至万象铁路等具有良好合作基础的通道项目建设，然后逐步有序推进其他相关后续项目。三要以我为主，重点突破，以泛亚铁路修建为抓手，争取在中缅铁路修筑上与缅方达成一致，推进瑞丽至皎漂铁路和公路、皎漂深水港等关切我国重大现实利益的重要项目。四是要坚持公路、铁路、航空、水运、通信齐头并进，国际大通道建设的目标就是要构建以昆明为中心，辐射东南亚、南亚的立体交通网络，最终实现云南与东南亚、南亚国家的互联互通。

（3）调整、完善产业结构，提升对外贸易与经济合作的水平

①调整、完善产业结构，提高供给能力与水平

云南产业，总量虽不大，但结构性问题突出，供给总量不足与产能过剩问题并存，因此，从产业入手促进云南对外经济的发展，就必须大力推进供给侧改革，提高供给能力与水平，在提高供给总量的同时，更重要的是要以市场为导向，做大有效供给的总量；供给不单单是为了满足当下的市场需求，供给本身还要挖掘潜在的市场需求，创造和发现新的需求。一方面要有效化解过剩产能，对水泥、煤炭、钢铁等行业加大去库存、去产能的力度，由政府引导，出台相关政策，鼓励重组兼并，有序解决部分合法合规企业退出市场，进一步提高行业集中度、提高企业供给效能；另一方面在做大做强如烟草、有色金属、电力等传统行业的同时，实施创新驱动，出台优惠政策，大力支持新能源、新材料、生物工程等行业、企业的发展，在新兴、优势、品牌上做增量文章，形成有云南地域特色与优势的产业集群；除此之外，更重要的是要大力发展外向型产业，建设以东南亚、南亚为主要对象的外向型产业基地，真正发挥外向型产业对外向型经济的支撑作用。

②释放消费新需求，解决市场供需矛盾

在对外经济中，生产性需求和生活性需求构成进口总需求；进、出口基本平衡是对外经济健康发展的重要表现。在目前经济发展增速放缓，传统需求不旺的情况下，就应该释放消费新需求，扩大消费总

量，改变消费结构，大力推动服务性消费的发展。通过不断改善市场供需结构，投资、出口、消费三者有机协调，共同促进云南对外贸易与经济合作的健康、持续发展。

③推进通关便捷化，消除限制对外经济发展的技术性、制度性障碍

一是将上海自贸区"简化无纸化通关随附单证""简化统一进出境备案清单""企业自律管理""企业信用信息公开"四项制度在云南省内海关特殊监管区域——昆明进出口加工区推广实行，并且推广到全省；二是深化长江经济带通关一体化建设；三是加强与周边国家的沟通与协调，实施对等的通关政策；四是加大口岸基础设施的建设力度，加大口岸信息化、现代化建设。从而通过制度创新与技术提升真正把海关——口岸建设成为深化同周边国家经济合作的桥梁。

④改善投资环境，提高利用外资的质量和水平

将引进、利用外资与转变发展方式相结合，将引进、利用外资与建设绿色云南、生态云南、和谐云南相结合，重点引进科技含量高、资源消耗低、市场前景好、综合效益突出的大项目；改善投资环境，转变政府职能，提高办事效率，创造良好的投资氛围与投资条件，引导外资向高新技术产业、高原生态农业、环境综合治理等领域重点投入；改善利用外资的投入与产出比，在大力引进外资的同时，将重心放在外资的实际利用效率上，真正提高外资利用的质量与水平。

（4）深化沿边金融开放与跨境金融合作

①引进来与走出去相结合，完善沿边金融组织体系

目前，云南在金融引进方面，已有汇丰银行、恒生银行、香港东亚银行开始试营业，马来西亚银行、渣打银行、香港永明银行也设立在滇机构，下一步应该进一步加大引进力度，扩大外资金融机构引进范围，行业上从银行业扩大到包括银行业、保险业、证券业等在内的整个金融体系，地域上从港、澳、东南亚、南亚，扩大到欧美、日本，乃至全球金融网络；支持云南地方法人金融机构到境外特别是东南亚、南亚国家设立机构，开展业务；推动外资和中外合资金融机构向民间开放，建立多样化的金融市场结构。

②加强跨境金融合作

积极利用大湄公河次区域合作（GMS）和孟中印缅地区经济合作（BCIM）平台，加强与东南亚、南亚国家的双边和多边金融合作，推进金融基础设施建设合作和信息共享；建立稳定的区域金融服务机制，建立跨境金融监管协作机制，建立、完善金融执法地区合作机制；放宽人民币现钞的出入境限额，提高人民币跨境使用额度，促进人民币国际化，推动贸易和投资变便利化。

③建立以昆明为中心的国际区域性金融网络

大力引进国际金融机构在昆明设立办事处或分支机构，推动境外金融企业在昆明设立工作机构，开展业务；推动亚洲开发银行在昆明设立办事机构，深化亚行与云南的互动交流；争取国家支持在云南设立泛亚沿边开发银行，在昆明设立 GMS 发展银行、BCIM 发展银行；推动亚投行在昆明设立机构，推动亚投行相关活动在昆明举行。从而建立以昆明为中心，辐射东南亚、南亚的区域性金融网络，以更好地服务于中国与东南亚、南亚国家的经济合作。

（5）加强国际旅游合作

①深化与东南亚、南亚国家的旅游合作

长期以来，旅游合作是云南参与中国与东南亚、南亚区域合作的主要领域之一，为推动云南对外经济的发展做出了重要贡献。在"一带一路"建设中，东南亚、南亚国家依然是云南对外旅游合作的主要对象。为进一步扩大、加深与东南亚、南亚国家的旅游合作，应简化游客出入境手续，推动实施第三国人员口岸签证和异地出入境、东南亚国家游客办理 72 小时限时免签手续、相邻国家公民持边境通行证到云南旅游、扩大边境旅游出入境通行证使用范围、对 GMS 和 BCIM 各国游客实施免签证或落地签证等出入境便利政策；加强与 GMS 和 BCIM 各国旅游管理部门的合作，建立跨区旅游保障机制，建立跨境、跨区旅游发展联动机制；加强与 GMS 和 BCIM 各国旅游企业的合作，围绕旅游产品开发、线路开辟、市场开拓，联合开发旅游项目、旅游产品。

②建设跨境旅游合作区、边境旅游试验区

2016 年 1 月 7 日，国务院印发《关于支持沿边重点地区开发开放若干政策措施的意见》，提出"按照提高层级、打造平台、完善机制的原则，深化与周边国家的旅游合作，支持满洲里、绥芬河、二连浩特、黑河、延边、丹东、西双版纳、瑞丽、东兴、崇左、阿勒泰等有条件的地区研究设立跨境旅游合作区"，"依托边境城市，强化政策集成和制度创新，研究设立边境旅游试验区"，将建设跨境旅游合作区、边境旅游试验区真正提上了议事日程。① 云南应抓住这一机遇，构建"资源互享、客源互送、引资引智、市场无障碍、企业受益"的区域合作机制，尽快落实在西双版纳、瑞丽建设跨境旅游合作区，并逐步扩展到在中老、中缅、中越三个方向上建立若干旅游合作区，与周边国家联合开发旅游资源，开发旅游项目与旅游产品，"合作设立免税购物场所，共同举办一系列跨境民族节庆、文娱和民族体育赛事活动，着力打造不同资源特色的精品跨国旅游区"。以瑞丽、腾冲、河口等旅游业发展基础良好的边疆城市为依托，设立若干边境旅游试验区，在试验区积极探索"全域旅游"发展模式，出台相关政策支持边境旅游重大项目建设，对符合条件的试验区实施口岸签证政策，为游客出入境提供便利。

③加强旅游软、硬环境的治理与建设

良好的旅游环境是加强旅游国际合作的基础与保障，就目前云南旅游环境存在的问题看，重点应该注意：加强旅游景区道路、标识标牌、应急救援等旅游基础设施和服务设施建设；以打造精品、创立品牌、持续发展的理念为游客提供更多高品质的旅游产品，提高云南旅游竞争力；加强对旅游企业的监管，支持旅游职业教育发展，培养旅游人才，提高旅游从业人员素质，真正提高游客对云南旅游的认知度与认可度，切实改善云南旅游形象。如此，则必然有助于夯实云南对外旅游合作的基础，提升云南旅游国际化水平。

（6）推进区域协同，以省域经济合作推动对外经济发展

在"一带一路"建设中，国内各省区间不应是简单的竞争关系，

---

① 《国务院关于支持沿边重点地区开发开放若干政策措施的意见》，中华人民共和国中央人民政府网，2016 年 1 月 7 日（http：//www.gov.cn/zhengce/content/2016 – 01/07/content_ 10561. htm）。

而是发挥各自优势，区域协同，相互促进，共同发展的关系。因此，推进区域协同，加强省域经济合作，是云南参与"一带一路"建设的重要内容。

首先，在"一带一路"建设中，国家对云南与广西定位有很强的互补性，云南应充分利用好各种双/多边合作机制和平台，并不断创新合作机制，加强联动与协作，利用广西作为"21世纪海上丝绸之路与丝绸之路经济带有机衔接的重要门户"的区位优势，使云南在一定程度上参与到"21世纪海上丝绸之路"建设中来，拓展云南对外开放空间。

其次，云南应充分发挥"桥头堡"优势，牵引四川、重庆面向东南亚、南亚方向上的经济交往经云南进行；并充分利用四川、重庆作为长江经济带重要省市的优势地位，积极参与长江经济带建设，进而通过滇川、滇渝经济合作、长江经济带建设，深化滇沪经济交流与合作，进一步推动云南"东向大海"开放的规模、层次与水平。

最后，不断深化泛珠江三角洲地区合作，提高滇藏经济合作的规模与水平，促进省际合作，共同构建昆明—南宁、昆明—贵阳、昆明—拉萨经济带，着力加强滇粤、滇港、滇桂、滇黔经济合作，努力创建相互合作、优势互补、互利共赢的区域经济发展新格局。

（7）建设睦邻友好的周边关系，为对外经济发展创设良好的外部环境

睦邻友好的周边关系是云南对外经济发展的重要保障。与周边国家关系的改善与提升，除了国家在外交层面的努力外，云南地方政府与企业也应有所作为。

第一，政府应积极构建与周边国家交流与对话的机制与平台，扩大与周边国家邦省、城市间的交流与合作，畅通合作渠道，拓宽合作领域，化解误解、增进互信，提高周边国家各级政府与我合作的意愿。

第二，让周边国家民众获得更为真实、全面的有关中国的信息，注重在民众中宣传中国形象，努力化解和消除周边国家民众的猜忌心理，提高民众对中国与其他国合作的认知度和认可度。

第三，在对外投资与对外合作实施过程中，各级各类机构、企业

必须立足长远，要以实现互利共赢为目标，要以带动当地经济社会发展为己任，要以促进和改善当地人民生活水平为根本宗旨，要做到为他人着想，让利于民，要做到充分尊重当地人民的信仰、情感与意愿，不破坏当地生态环境，始终坚持和谐发展、持续发展的理念，与当地政府和民众形成"利益共同体"，从而减少和化解中国企业"走出去"面临的各种风险，提高企业"走出去"的实际效益。

总之，"一带一路"建设，对云南而言，既是机遇，也是挑战。云南的区位优势、历史基础与现实条件，为云南参与"一带一路"建设打下了坚实的基础，在"一带一路"建设中，云南完全可以有较大作为，云南自然应该紧紧抓住这一空前的机遇，深化对外开放，全面推进对外经济的发展。但是，云南要想在"一带一路"建设中有更大作为，就必须清楚自身的短板和不足之所在，抓住关键，重点突破，及时解决问题与矛盾，努力消除制约云南对外经济发展的一切因素。云南只有发挥自身优势，积极、深入地参与到"一带一路"建设中来，才可以为国家的"一带一路"建设做出自己独特的贡献；而随着"一带一路"建设的深入，云南对外经济必将迎来更加辉煌灿烂的明天。

主要参考文献

一　史料

（一）档案、调查/考察资料

[英] 戴维斯：《云南：连接印度和扬子江的锁链——19 世纪一个英国人眼中的云南社会状况及民族风情》，李安泰等译，云南教育出版社 2000 年版。

丁文江：《漫游散记》，云南人民出版社 2008 年版。

[日] 东亚同文会编：《支那省别全志》，第 3 卷《云南省》（1917年）、第 5 卷《四川省》（1917 年）、第 16 卷《贵州省》（1920年）。

[日] 东亚同文书院：《第四回支那调查报告书》（1910 年）、《第十一回支那调查报告书》（1917 年）、《第十六回支那调查报告书》(1922 年)、《第二十一回支那经济调查报告书》（1928 年）、《第二十三回支那调查报告书》(1929 年)。

[日] 东亚同文书院编：《东亚同文书院大旅行志》，第 4 卷（1911年）、第 8 卷（1915 年）、第 11 卷（1918 年）、第 13 卷（1921年）、第 15 卷（1923 年）、第 16 卷（1924 年）、第 17 卷（1926年）、第 19 卷（1928 年）、第 20 卷（1929 年）、第 21 卷（1930年）、第 23 卷（1932 年）、第 27 卷（1936 年）、第 28 卷（1937年）。

法国里昂商会编著：《晚清余辉下的西南一隅——法国里昂商会中国

西南考察纪实（1895—1897）》，徐枫、张伟译注，云南美术出版
社 2008 年版。

［法］亨利·奥尔良：《云南游记——从东京湾到印度》，龙云译，云
南人民出版社 2001 年版。

经济部资源委员会经济研究室编：《云南个旧之锡矿》，1940 年。

李文林：《到思普沿边去》，张研、孙燕京主编《民国史料丛刊》第
714 册，大象出版社 2009 年版。

马子华：《滇南散记》，云南人民出版社 2002 年版。

蒙自关监督署辑：《蒙自海关志料》，1932 年。

《民族问题五种丛书》云南省编辑委员会编：《白族社会历史调查》，
云南人民出版社 1983 年版。

《民族问题五种丛书》云南省编辑委员会编：《云南回族社会历史调
查》，民族出版社 2009 年版。

《全国都会商埠旅行指南》，张研、孙燕京主编《民国史料丛刊》第
870 册，大象出版社 2009 年版。

苏汝江：《云南个旧锡业调查》，国立清华大学国情普查研究所，
1942 年。

王铁崖编：《中外旧约章汇编》，生活·读书·新知三联书店 1957
年版。

王钟麒：《全国商埠考察记》，世界书局 1926 年版。

行政院农村复兴委员会编：《云南省农村调查》，商务印书馆 1935
年版。

云南省档案馆、云南省经济研究所编：《云南近代矿业档案史料选编
（1890—1949）》，1987 年。

云南省档案馆编：《清末民初的云南社会》，云南人民出版社 2005
年版。

云南省公署枢要处第四课编：《云南对外贸易近况》，1926 年。

云南省建设厅公路管理局编：《云南省公路建设三年计划》，1946 年。

云南省历史研究所编：《〈清实录〉越南缅甸泰国老挝史料摘编》，云
南人民出版社 1986 年版。

云南省通志馆汇辑：《云南省通志馆征集云南省各县商务资料》，

1931—1934 年。

云南省政府秘书处统计室编印：《四十七年来云南省出口锡统计册》，
    1936 年。

张印堂：《滇西经济地理》，张研、孙燕京主编《民国史料丛刊》第
    863 册，大象出版社 2009 年版。

张肖梅：《云南经济》，中国国民经济研究所，1942 年。

郑子健：《滇游一月记》，张研、孙燕京主编《民国史料丛刊》第
    862 册，大象出版社 2009 年版。

中国第二历史档案馆、中国海关总署办公厅编：《中国旧海关史料
    （1859—1948）》，京华出版社 2001 年版。

（二）资料汇编

蔡谦、郑友揆：《中国各通商口岸对各国进出口贸易统计》，商务印
    书馆 1936 年版。

陈真、姚洛：《中国近代工业史资料》，生活·读书·新知三联书店
    1957、1958、1961 年版。

方国瑜主编：《云南史料丛刊》，云南大学出版社 2001 年版。

李文治：《中国近代农业史资料》第 1 辑，生活·读书·新知三联书
    店 1957 年版。

宓汝成：《中国近代铁路史资料 1863—1911》，中华书局 1963 年版。

宓汝成：《中华民国铁路史资料：1912—1949》，社会科学文献出版
    社 2002 年版。

聂宝璋：《中国近代航运史资料》第 1 辑，上海人民出版社 1983
    年版。

聂宝璋、朱荫贵：《中国近代航运史资料》第 2 辑，中国社会科学出
    版社 2002 年版。

彭泽益：《中国近代手工业史资料》，生活·读书·新知三联书店
    1957 年版。

许道夫：《中国农业生产及贸易统计资料》，上海人民出版社 1983
    年版。

姚贤镐：《中国近代对外贸易史资料》，中华书局 1962 年版。

云南省档案馆、云南省经济研究所编:《云南近代矿业档案史料选编（1890—1949）》，1987年。

中国科学院历史研究所第三所:《云南杂志选辑》，科学出版社1958年版。

（三）地方志、文史资料

陈宗海修、赵端礼纂:《腾越厅志》，光绪十三年刊，成文出版社1967年影印本。

崇谦等修:《楚雄县志》，宣统二年抄本，成文出版社1967年影印本。

建水县志编纂委员会编:《建水县志》，中华书局1994年版。

林则徐等修、李希玲纂:《广南府志》，清光绪三十一年重抄，成文出版社影印1967年本。

刘毓珂等纂修:《永昌府志》，光绪十一年刊，成文出版社1967年影印本。

龙云、卢汉修，周钟岳纂:《新纂云南通志》，云南人民出版社2007年版。

宋文熙、李东平:《滇海虞衡志校注》，云南人民出版社1990年版。

屠书濂纂修:《腾越州志》，光绪二十三年重刊，成文出版社1967年影印本。

《宣威县志稿》，民国二十三年铅印，成文出版社1967年影印本。

云南省志编纂委员会办公室整理:《续云南通志长编》，1985年、1986年。

云南省地方志编纂委员会:《云南省志》卷32《海关志》，云南人民出版社1996年版。

云南省地方志编纂委员会:《云南省志》卷1《地理志》，云南人民出版社1998年版。

张鑑安修、寸晓廷等纂:《龙陵县志》，民国六年刊，成文出版社1975年影印本。

张培爵修、周宗麟纂:《大理县志稿》，民国五年铅字重印，成文出版社1974年影印本。

张维翰修、童振藻纂修：《昆明市志》，民国十三年铅印，成文出版社 1967 年影印本。

马家奎：《回忆先父马铸材经营中印贸易》，载《云南文史资料选辑》第 42 辑，云南人民出版社 1993 年版。

刘瑞斋：《思茅商务盛衰概况》，载《云南文史资料选辑》第 16 辑，云南人民出版社 1980 年版。

解乐三：《云南马帮运输概况》，载《云南文史资料选辑》第 9 辑，内部印行，1965 年。

施次鲁：《福春恒的兴起发展及其没落》，载《云南文史资料选辑》第 9 辑，内部印行，1965 年。

张竹邦：《滇缅交通与腾冲商业》，载《云南文史资料选辑》第 29 辑，云南人民出版社 1986 年版。

二　著作与学位论文

［英］阿兰·R. H. 贝克：《地理学与历史学——跨越楚河汉界》，阙维民译，商务印书馆 2008 年版。

［美］埃德加·M. 胡佛：《区域经济学导论》，王翼龙译，商务印书馆 1990 年版。

［美］埃里克·谢泼德、［加］特雷弗·J. 巴恩斯主编：《经济地理学指南》，汤茂林等译，商务印书馆 2008 年版。

［俄］B. H. 米罗诺夫、3. B. 斯捷潘诺夫：《历史学家与数学》，黄立弗、夏安平、苏戎安译，华夏出版社 1990 年版。

［日］滨下武志：《近代中国的国际契机——朝贡贸易体系与近代亚洲经济圈》，朱荫贵、欧阳菲译，中国社会科学出版社 1999 年版。

［日］滨下武志：《亚洲价值、秩序与中国的未来——后国家时代之亚洲研究》，"中央研究院"东北亚区域研究所，2000 年。

［日］滨下武志：《中国近代经济史研究——清末海关财政与通商口岸市场圈》，高淑娟、孙彬译，江苏人民出版社 2006 年版。

［日］滨下武志：《中国、东亚与全球经济——区域和历史的视角》，王玉茹等译，社会科学文献出版社 2009 年版。

［美］班思德：《最近百年中国对外贸易史》，海关总税务司署统计科，1932年。

［日］薄井由：《东亚同文书院大旅行研究》，上海书店2001年版。

［日］薄井由：《清末民初云南商业地理初探——以东亚同文书院大旅行调查报告为中心的研究》，博士学位论文，复旦大学，2003年。

陈铁军：《云南30年的沿边开放历程、成就和经验》，社会科学文献出版社2015年版。

陈旭麓：《近代中国社会的新陈代谢》，上海社会科学院出版社2006年版。

陈永孝主编：《贵州省经济地理》，新华出版社1993年版。

陈征平：《云南早期工业化进程研究》，民族出版社2002年版。

陈征平：《云南工业史》，云南大学出版社2007年版。

成崇德主编：《清代西部开发》，山西古籍出版社2002年版。

程厚恩：《云南外向型经济发展问题研究》，云南大学出版社1995年版。

戴鞍钢：《港口·城市·腹地——上海与长江流域经济关系的历史考察（1843—1913）》，复旦大学出版社1998年版。

戴鞍钢：《发展与落差——近代中国东西部经济发展进程比较研究》，复旦大学出版社2006年版。

戴逸等主编：《中国西部开发与近代化》，广东教育出版社2006年版。

董孟雄：《云南近代地方经济史研究》，云南人民出版社1991年版。

董孟雄、郭亚非：《云南地区对外贸易史》，云南人民出版社1998年版。

樊如森：《天津与北方经济现代化》，东方出版中心2007年版。

樊卫国：《激活与生长——上海现代经济兴起之若干分析（1870—1941）》，上海人民出版社2002年版。

方书生：《近代经济区的形成与运作——长三角与珠三角的口岸与腹地（1842—1937）》，博士学位论文，复旦大学，2007年。

费孝通、张之毅：《云南三村》，社会科学文献出版社2006年版。

伏润民等：《中国—东盟自由贸易区建设与西部外向型经济发展研究——云南案例》，中国社会科学出版社 2007 年版。

复旦大学历史地理研究中心主编：《港口—腹地和中国学代化进程》，齐鲁书社 2005 年版。

傅林祥、郑宝恒：《中国行政区划通史·中华民国卷》，复旦大学出版社 2007 年版。

［英］G. L. 克拉克、［美］M. P. 费尔德曼、［加］M. S. 格特勒主编：《牛津经济地理学手册》，刘卫东等译，商务印书馆 2005 年版。

［英］格兰特（W. J. Grant）：《新缅甸》，沈錡译述，正中书局 1942 年版。

［美］葛勒石：《中国区域地理》，谌亚达译，正中书局 1947 年版。

［日］古田和子：《上海网络与近代东亚——19 世纪后半期东亚的贸易与交流》，王小嘉译，中国社会科学出版社 2009 年版。

郭廷以：《近代中国史纲》，格致出版社 2009 年版。

郭庠林：《近代中国市场经济研究》，上海财经大学出版 1999 年版。

郭垣：《云南省经济问题》，正中书局 1940 年版。

［英］哈麦德金：《历史的地理枢纽》，林尔蔚、陈江译，商务印书馆 2008 年版。

［英］哈威：《缅甸史》，姚梓良译，商务印书馆 1973 年版。

韩渊丰等主编：《区域地理理论与方法》，陕西师范大学出版社 1993 年版。

贺圣达：《缅甸史》，人民出版社 1992 年版。

贺圣达等主编：《中国—东盟自由贸易区建设与云南面向东南亚开放》，云南人民出版社 2003 年版。

胡大泽编著：《美国的中国近现代史研究》，中国社会科学出版社 2004 年版。

胡阳全：《云南马帮》，福建人民出版社 1999 年版。

华林甫编：《中国历史地理学五十年（1949—1999）》，学苑出版社 2000 年版。

黄恒蛟主编：《云南公路运输史》，人民交通出版社 1995 年版。

［美］吉尔伯特·罗兹曼主编：《中国的现代化》，国家社会科学基金"比较现代化"课题组译，江苏人民出版社 2005 年版。

佳宏伟：《区域分析与口岸贸易——以天津为中心（1867—1931）》，博士学位论文，厦门大学，2007 年。

贾植芳：《近代中国经济社会》，辽宁教育出版社 2003 年版。

［美］柯文：《在中国发现历史》，林同奇译，中华书局 2002 年版。

李珪主编：《云南近代经济史》，云南民族出版社 1995 年版。

李建平、李闽榕、高燕京主编：《中国省域经济综合竞争力发展报告（2013—2014）——新常态下中国省域经济结构分析》，社会科学文献出版社 2015 年版。

李小建主编：《经济地理学》，高等教育出版社 2006 年版。

李小兵、田宪生主编：《西方史学前沿研究评析》，上海辞书出版社 2008 年版。

梁双陆：《边疆经济学：国际区域经济一体化与中国边疆经济发展》，人民出版社 2009 年版。

［美］林达·约翰逊主编：《帝国晚期的江南城市》，成一农译，上海人民出版社 2005 年版。

林满红：《茶、糖、樟脑与晚清台湾之经济社会变迁》，硕士学位论文，台湾大学，1976 年。

刘佛丁主编：《中国近代经济发展史》，高等教育出版社 1999 年版。

刘清泉主编：《四川省经济地理》，新华出版社 1997 年版。

刘云明：《清代云南市场研究》，云南大学出版社 1996 年版。

龙登高：《中国传统市场发展史》，人民出版社 1997 年版。

陆韧：《云南对外交通史》，云南民族出版社 1997 年版。

陆韧主编：《现代西方学术视野中的中国西南边疆史》，云南大学出版社 2007 年版。

陆玉麒：《区域发展中的空间结构研究》，南京师范大学出版社 1998 年版。

罗群：《近代云南商人与商人资本》，云南大学出版社 2004 年版。

罗荣渠：《现代化新论——世界与中国的现代化进程》，商务印书馆 2004 年版。

罗荣渠主编：《中国现代化历程的探索》，北京大学出版社 1992
　　年版。

［美］罗威廉：《汉口：一个中国城市的商业和社会（1796—1889）》，
　　江溶、鲁西奇译，中国人民大学出版社 2005 年版。

［美］罗威廉：《汉口：一个中国城市的冲突和社区（1796—1895）》，
　　鲁西奇、罗杜芳译，中国人民大学出版社 2008 年版。

［美］罗兹·墨非：《上海：现代中国的钥匙》，章克生等译，上海人
　　民出版社 1986 年版。

［美］马士：《中华帝国对外关系史》，张汇文等译，上海书店 2000
　　年版。

马曜：《云南简史》，云南人民出版社 2009 年版。

毛立坤：《晚清时期香港对中国的转口贸易（1869—1911）》，博士学
　　位论文，复旦大学，2006 年。

宓汝成：《帝国主义与中国铁路 1847—1949》，经济管理出版社 2007
　　年版。

［美］彭慕兰：《大分流：欧洲、中国及现代世界经济的发展》，史建
　　云译，江苏人民出版社 2004 年版。

［美］彭慕兰：《腹地的构建：华北内地的国家、社会和经济
　　（1853—1937）》，马俊亚译，社会科学文献出版社 2005 年版。

彭南生：《半工业化：近代中国乡村手工业的发展与社会变迁》，中
　　华书局 2007 年版。

彭泽益主编：《中国社会经济变迁》，中国财政经济出版社 1990
　　年版。

秦和平：《云南鸦片问题与禁烟运动》，四川民族出版社 1998 年版。

［英］R. J. 约翰斯顿主编：《人文地理学词典》，柴彦威等译，商务
　　印书馆 2005 年版。

邵循正：《中法越南关系始末》，河南教育出版社 2000 年版。

沈己尧：《东南亚——海外故乡》，中国友谊出版公司 1985 年版。

［美］施坚雅：《中国农村的市场和社会结构》，史建云、徐秀丽译，
　　中国社会科学出版社 1998 年版。

［美］施坚雅：《中华帝国晚期的城市》，陈桥驿等译校，中华书局

2000 年版。

石俊杰：《近代云南红河区域经济地理研究（1889—1949）》，硕士学位论文，云南大学，2010 年。

束世澂：《中法外交史》，商务印书馆 1929 年版。

孙敬之：《西南地区经济地理》，科学出版社 1960 年版。

谭其骧主编：《中国历史地图集》，中国地图出版社 1987 年版。

唐力行：《商人与中国近世社会》，商务印书馆 2003 年版。

唐凌：《自开商埠与中国近代经济变迁》，广西人民出版社 2002 年版。

唐巧天：《上海外贸埠际转运研究（1864—1930）》，博士学位论文，复旦大学，2006 年。

［美］托马斯·莱昂斯：《中国海关与贸易统计（1859—1948）》，毛立坤等译，浙江大学出版社 2009 年版。

万湘澄：《云南对外贸易概观》，新云南丛书社 1946 年版。

汪敬虞：《中国近代经济史（1895—1927）》，人民出版社 2000 年版。

王笛：《跨出封闭的世界——长江上游区域社会研究》，中华书局 2001 年版。

王列辉：《驶向枢纽港：上海、宁波两港空间关系研究（1843—1941）》，浙江大学出版社 2009 年版。

王明达、张锡禄：《马帮文化》，云南人民出版社 2008 年版。

王声跃主编：《云南地理》，云南民族出版社 2002 年版。

王哲：《晚清民国对外和埠际贸易的空间分析》，博士学位论文，复旦大学，2010 年。

王铮等：《理论经济地理学》，科学出版社 2002 年版。

吴承明：《中国的现代化：市场与社会》，生活·读书·新知三联书店 2001 年版。

吴松弟主编：《中国百年经济拼图——港口城市及其腹地与中国现代化》，山东画报出版社 2006 年版。

吴兴南：《云南对外贸易——从传统到近代化的历程》，云南民族出版社 1997 年版。

吴兴南：《近代西南对外贸易》，云南民族出版社 1998 年版。

吴兴南:《云南对外贸易史》,云南大学出版社 2002 年版。

武堉幹:《中国国际贸易概论》,商务印书馆 1932 年版。

肖良武:《云贵区域市场研究 1889—1945》,中国时代经济出版社 2007 年版。

谢本书、李江主编:《近代昆明城市史》,云南大学出版社 1997 年版。

谢本书主编:《云南近代史》,云南人民出版社 1993 年版。

熊月之:《上海通史》第 1 卷,上海人民出版社 1999 年版。

[英] 亚当·斯密:《国民财富的性质和原因的研究》,郭大力、王亚南译,商务印书馆 2004 年版。

杨斌:《近代个旧锡矿地理研究(1884—1949)》,硕士学位论文,复旦大学,2009 年。

杨聪:《大理经济发展史稿》,云南民族出版社 1986 年版。

杨寿川:《云南经济史研究》,云南民族出版社 1999 年版。

杨天宏:《口岸开放与社会变革——近代中国自开商埠研究》,中华书局 2002 年版。

杨伟兵:《云贵高原的土地利用与生态变迁(1659—1912)》,上海人民出版社 2008 年版。

杨伟兵主编,杨伟兵、张永帅、马琦著:《中国近代经济地理·西南近代经济地理》,华东师范大学出版社 2015 年版。

杨毓才:《云南各民族经济发展史》,云南民族出版社 1989 年版。

杨志玲:《近代云南茶叶经济研究》,人民出版社 2009 年版。

姚永超:《国家、企业、商人与东北港口空间的构建研究(1861—1931)》,中国海关出版社 2010 年版。

以沛:《缅甸》,生活·读书·新知三联书店 1949 年版。

袁国友:《近代滇港贸易研究》,博士学位论文,云南大学,2002 年。

云南经济研究所编:《云南近代经济史文集》,经济问题探索杂志社,1988 年。

云南日报理论部编:《云南百年》,云南教育出版社 2004 年版。

云南省情编委会编:《云南省情》,云南人民出版社 2009 年版。

张洪祥:《近代中国通商口岸与租界》,天津人民出版社 1993 年版。

张怀渝主编:《云南省经济地理》,新华出版社 1988 年版。

张萍:《地域环境与市场空间——明清陕西区域市场的历史地理学研究》,商务印书馆 2006 年版。

张其昀:《中国地理大纲》,商务印书馆 1930 年版。

张其昀:《中国经济地理》,商务印书馆 1930 年版。

张姗姗:《近代汉口港与其腹地经济关系变迁 (1862—1936)》,博士学位论文,复旦大学,2007 年。

张淑芬:《近代四川盆地对外贸易与工商业变迁》,硕士学位论文,台湾师范大学,1982 年。

张秀山、张可云:《区域经济理论》,商务印书馆 2005 年版。

张仲礼等主编:《长江沿岸城市与中国近代化》,上海人民出版社 2002 年版。

赵济主编:《中国自然地理》,高等教育出版社 2005 年版。

赵松乔:《缅甸地理》,科学出版社 1958 年版。

赵松乔:《缅甸地理概述》,中国青年出版社 1958 年版。

郑起东、史建云主编:《晚清以降的经济与社会》,社会科学文献出版社 2008 年版。

郑友揆:《1840—1948 中国的对外贸易和工业发展》,上海社会科学院出版社 1984 年版。

钟崇敏:《云南之贸易》,中华民国资源委员会经济研究所,1939 年。

钟崇敏、朱寿仁:《四川蚕丝产销调查报告》,中国农民银行经济研究处,1944 年。

周琼:《清代云南瘴气与生态环境变迁研究》,中国社会科学出版社 2007 年版。

周一星:《城市地理学》,商务印书馆 1995 年版。

周智生:《商人与近代中国西南边疆社会:以滇西北为中心》,中国社会科学出版社 2006 年版。

朱寿朋编:《光绪朝东华录》,中华书局 1958 年版。

邹逸麟主编:《中国历史人文地理》,科学出版社 2001 年版。

Henry Yule, *A narrative of the mission to the court of Ava in* 1855, New York: Oxford University Press, 1968.

J. K. Fairbank, *Trade and Diplomacy on the China Coast*: *The Opening of the Treaty Parts*, Cambridge: Harvard University Press, 1953.

三　论文

白恩培：《加快假设桥头堡 推动云南新跨越》，《求是》2010 年第 22 期。

［日］滨下武志：《中国近代经济史研究中一些问题的再思考》，《中国经济史研究》1991 年第 4 期。

蔡云辉：《城乡关系与近代中国的城市化问题》，《西南师范大学学报》2003 年第 5 期。

蔡云辉：《战争对近代中国城市发展要素的影响》，《社会科学辑刊》2005 年第 5 期。

蔡泽京：《云南近代工业特点述论》，《云南教育学院学报》1990 年第 1 期。

车辚：《近代云南地缘战略地位形成的基本要素》，《曲靖师范学院学报》2007 年第 4 期。

车辚：《滇越铁路与近代云南社会观念变迁》，《云南师范大学学报》2007 年第 3 期。

车辚：《近代云南经济史中的若干计量经济模型——以滇越铁路经济走廊为例》，《云南财经大学学报》2007 年第 2 期。

车辚：《晚清昆明自开商埠的地缘政治经济意义》，《红河学院学报》2007 年第 1 期。

陈春声：《历史的内在脉络与区域社会经济史研究》，《史学月刊》2004 年第 1 期。

陈岗：《近代四川猪鬃产业开发史述略》，《重庆师范大学学报》2007 年第 3 期。

陈继东：《近代西藏经亚东口岸与印度的贸易结构》，《南亚研究季刊》2004 年第 1 期。

陈联、蔡小峰：《城市腹地理论及腹地划分方法研究》，《经济地理》2005 年第 5 期。

陈茜:《试论近现代云南的外资利用和技术引进》,《云南社会科学》1989 年第 5 期。

陈茜:《云南对外贸易的历史概述》,《思想战线》1980 年第 3 期。

陈炜、杨辉:《近代珠江流域上下游地区之间的经济交往》,《学术论坛》2007 年第 11 期。

陈一石:《清末印茶与边茶在西藏市场的竞争》,《思想战线》1984 年第 12 期。

陈一石、陈泛舟:《滇茶藏销考略》,《西藏研究》1989 年第 3 期。

陈征平:《滇越铁路与云南早期工业化的起步》,《云南财贸学院学报》2000 年第 5 期。

陈征平:《二战时期云南近代工业的发展水平及特点》,《思想战线》2001 年第 2 期。

陈征平:《近代云南的矿业工业化与社会扩散效应》,《云南社会科学》2002 年第 2 期。

戴鞍钢:《近代中国西部内陆边疆通商口岸论析》,《复旦学报》2005 年第 4 期。

戴鞍钢:《清末新政与新疆、西藏、川边地区经济的演变——兼与东部地区的比较》,《云南大学学报》2008 年第 6 期。

戴时清:《关于云南省建设我国面向西南开放主要桥头堡发展现代物流的思考》,《经济问题探索》2010 年第 11 期。

[美]戴维·纽金特:《封闭的体系和矛盾:历史记载中和记载外的克钦人》,载云南民族研究所编印《民族研究译丛》,1983 年。

樊如森:《西北近代经济外向化中的天津因素》,《复旦学报》2001 年 6 期。

樊如森:《近代天津外向型经济体系的架构》,《历史地理》第 18 辑,上海人民出版社 2002 年版。

樊如森:《论近代中国北方外向型经济的兴起》,《史学月刊》2003 年第 6 期。

樊如森:《开埠通商与西北畜牧业的外向化》,《云南大学学报》2006 年第 6 期。

樊卫国:《近代中国口岸中心市场与统一市场》,《社会科学》2001

年第 10 期。

范同寿：《清末贵州交通的发展》，《贵州文史丛刊》1997 年第 3 期。

方书生：《近代岭南商埠格局的变迁（1843—1939）》，《中国历史地理论丛》2004 年第 2 期。

方书生：《口岸开放与晚清经济区的形成——岭南经验以及全国尺度》，《云南大学学报》2006 年第 4 期。

方素梅：《抗日战争时期沿海沿江经济向西部民族地区的迁移及其影响》，《广西民族研究》2000 年第 4 期。

傅建成：《近代中国鸦片种植与农村经济的危机》，《西北大学学报》1995 年第 4 期。

高言弘：《西南军阀与鸦片贸易》，《学术论坛》1982 年第 2 期。

龚荫：《清代滇西南边区的银矿业》，《思想战线》1982 年第 8 期。

顾继国、杨金江：《滇越铁路与云南近代进出口贸易》，《云南民族学院学报》2001 年第 5 期。

郭亚非：《近代云南开放与少数民族经济》，《云南师范大学学报》1998 年第 3 期。

郭亚非：《近代云南三关贸易地位分析》，《云南师范大学学报》1996 年第 5 期。

郭亚非：《云南近代转口贸易分析》，《云南师范大学学报》1998 年第 6 期。

郭亚非、张敏：《试论云南近代海关》，《云南师范大学学报》1995 年第 2 期。

郭亚非：《再论云南近代海关》，《云南师范大学学报》1996 年第 2 期。

郭亚非、王菊映：《近代云南对外贸易经营中的特点》，《云南师范大学学报》1997 年第 6 期。

郭亚非：《近代云南与周边国家区域性贸易圈》，《云南师范大学学报》2001 年第 2 期。

何廉：《中国进出口物量指数物价指数及物物交易率指数编制之说明（1867—1930）》，《经济统计季刊》1932 年第 1 期。

何一民：《开埠通商与中国近代城市发展及早期现代化的启动》，《四川大学学报》2006 年第 5 期。

贺圣达：《近代云南与中南半岛地区经济交往研究三题》，《思想战
　　线》1990 年第 1 期。

何颖、张晓霞：《云南融入"一带一路"建设研究》，《学术探索》
　　2016 年第 1 期。

黄娟：《"崇奢黜俭"思想与近代消费观的重构》，《西南大学学报》
　　2007 年第 5 期。

佳宏伟：《近 20 年来近代中国海关史研究述评》，《近代史研究》
　　2005 年第 6 期。

佳宏伟：《大灾荒与贸易（1867—1931 年）——以天津口岸为中
　　心》，《近代史研究》2008 年第 4 期。

贾学政：《鸦片贸易在华泛滥的经济视角思考》，《理论月刊》2005
　　年第 7 期。

姜修宪：《开埠通商与腹地商业——以闽江流域墟市的考察为例》，
　　《历史教学》（高校版）2008 年第 14 期。

蒋枝偶：《论近代变革中的昆明城市居民婚嫁消费》，《保山师专学
　　报》2005 年第 6 期。

况浩林：《鸦片战争前云南铜矿生产性质再探》，《中央民族学院学
　　报》1989 年第 4 期。

蓝勇：《明清时期西南地区城镇分布的地理演变》，《中国历史地理论
　　丛》1995 年第 1 辑。

李伯重：《回顾与展望：中国社会经济史学百年沧桑》，《文史哲》
　　2008 年第 1 期。

李珪：《云南陆系地方官僚资本的原始积累》，《昆明师院学报》1982
　　年第 2 期。

李培林：《近代西藏茶叶市场之争与云南茶叶的地位》，《云南社会科
　　学》1981 年第 4 期。

李培林：《云南近代小城镇发展略论》，《云南民族学院学报》1985
　　年第 2 期。

李埏：《重视云南经济史的研究》，《云南日报》1979 年 7 月 27 日第
　　3 版。

李英铨、严鹏：《近代中国对外贸易地理方向的变动及其原因》，《安徽史学》2007 年第 4 期。

［美］李中清：《明清时期中国西南的经济发展与人口增长》，《清史论丛》第 5 辑，中华书局 1984 年版。

连心豪：《近代中国通商口岸与内地》，《民国档案》2005 年第 4 期。

梁宏志：《蒙自开关与近代云南市场结构变迁》，《云南师范大学学报》2005 年第 4 期。

梁家贵：《抗战时期西南地区民营工业起落原因探析》，《贵州社会科学》2000 年第 6 期。

梁民愫：《区域社会经济发展的动力因素——兼论近代中国自开商埠体系的历史地位与历史效用》，《中国社会经济史研究》2002 年第 3 期。

林刚：《中国国情与早期现代化》，《中国经济史研究》1999 年第 4 期。

林满红：《口岸贸易与近代中国——台湾最近有关研究之回顾》，《近代中国区域史研讨会论文集》，台北"中研院"近代史研究所，1986 年。

林文勋：《从历史看云南大市场的构建》，《云南社会科学》2001 年第 1 期。

林文勋：《再论云南国际大市场的构建》，《思想战线》2010 年第 4 期。

刘方健：《抗日战争时期我国沿海厂矿的大规模内迁》，《重庆社会科学》1985 年第 4 期。

鲁克亮、陈炜：《略论近代中国区域城市发展不平衡的原因》，《重庆师范大学学报》2005 年第 3 期。

陆韧：《抗日战争中的云南马帮运输》，《抗日战争研究》1995 年第 1 期。

罗群：《略论近代云南旧式金融业的发展状况及趋向》，《学术探索》2007 年第 1 期。

罗守贵：《中心地—腹地系统研究中的若干问题》，《地域研究与开发》2009 年第 6 期。

马丽娟:《近代云南回民对外贸易活动研究》,《思想战线》2000 年第 1 期。

马世雯:《清末以来云南蒙自与蔓耗口岸的兴衰》,《云南民族学院学报》1998 年第 2 期。

马小军:《云南近代工业经济发展概述》,《经济问题探索》1981 年第 6 期。

马学强:《近代上海成长中的"江南因素"》,《史林》2003 年第 3 期。

毛磊、项晨光:《抗战时期西南农村经济的矛盾发展》,《档案史料与研究》1998 年第 1 期。

毛立坤:《晚清时期香港与两广的贸易关系》,《安徽史学》2006 年第 4 期。

毛立坤:《晚清时期中外贸易的个案分析——以香港转口贸易为例》,《中国历史地理论丛》2006 年第 1 期。

毛立坤:《试析晚清时期(1869—1911)香港与内地的贸易关系》,《中国历史地理论丛》2006 年第 3 期。

牛鸿宾、彭晓星:《1884—1949 年的云南近代工业》,载云南省社会科学院历史研究所《研究集刊》,1981 年。

牛鸿斌:《中国云南与印度经济关系的历史》,《东南亚南亚研究》2009 年第 2 期。

潘先林:《"沿边型"近代化模式与近代化视野下的少数民族社会变迁》,《贵州民族研究》2008 年第 1 期。

潘先林:《近代化历程中的滇川黔边彝族社会——对中国近代民族史研究理论问题的思考》,《民族研究》1998 年第 3 期。

潘洵、杨光彦:《近代西南地区经济开发述论》,《西南师范大学学报》1998 年第 1 期。

彭南生:《关于新世纪中国近代史研究如何深入的思考》,《史学月刊》2004 年第 6 期。

彭南生:《中国早期工业化进程中的二元模式——以近代民族棉纺织业为例》,《史学月刊》2001 年第 1 期。

任放:《论印度茶的崛起对晚清汉口茶叶市场的冲击》,《武汉大学学报》2001 年第 4 期。

任放：《施坚雅模式与中国近代史研究》,《近代史研究》2004 年第
　　4 期。

［日］石岛纪之：《近代云南的地域史》,《读书》2006 年第 4 期。

石崧、宁越敏：《人文地理学"空间"内涵的演进》,《地理科学》
　　2005 年第 3 期。

苏月秋：《丝棉之路：清代至民国年间滇缅跨国互补区域经济初探》,
　　《思想战线》2010 年第 5 期。

孙大江：《试论近代昆明的城市化》,载云南省历史研究所《研究集
　　刊》第 36 辑, 1995 年。

孙来臣：《明清时期中缅两国贸易关系及其特点》,《东南亚研究》
　　1989 年第 4 期。

谭刚：《个旧锡业开发与生态环境变迁（1890—1949）》,《中国历史
　　地理论丛》2010 年第 1 辑。

谭刚：《滇越铁路与云南矿业开发（1910—1940）》,《中国边疆史地
　　研究》2010 年第 1 期。

唐巧天：《近代北方口岸与上海间外贸埠际转运变迁》,《史学月刊》
　　2008 年第 10 期。

唐巧天：《上海与宁波的外贸埠际转运变迁（1866—1930）》,《史林》
　　2008 年第 4 期。

唐巧天：《上海与汉口的外贸埠际转运》,《社会科学》2008 年第
　　9 期。

汤正仁：《借助"一带一路"打造西南地区对外开放新高地》,《区域
　　经济评论》2015 年第 3 期。

田东林：《关于云南建设桥头堡认识误区的思考》,《中国集体经济》
　　2011 年第 4 期。

汪良平：《滇越铁路对云南近代社会和经济的影响》,《大理学院学
　　报》2007 年第 1 期。

汪戎：《近代云南对外经济关系》,《思想战线》1987 年第 5 期。

王福明：《近代云南区域市场初探（1875—1911）》,《中国经济史研
　　究》1990 年第 2 期。

王文成：《约开商埠与清末云南对外经济关系的变迁》，《云南社会科学》2008 年第 3 期。

王玉芝、王红晓：《滇越铁路与云南边疆少数民族的发展与进步》，《红河学院学报》2007 年第 6 期。

王志芬：《普洱茶的兴盛与近代云南马帮》，《农业考古》2003 年第 4 期。

韦安福：《近代法国的"环北部湾"战略布局探析》，《学术论坛》2008 年第 1 期。

韦国友、陈炜：《近代南部边疆地区省际间的经贸交往——以珠江流域为考察中心》，《中央民族大学学报》2008 年第 5 期。

吴松弟、樊如森：《天津开埠对腹地经济变迁的影响》，《史学月刊》2004 年第 1 期。

吴松弟、方书生：《起源与趋向：中国近代经济地理研究论略》，《天津社会科学》2011 年第 1 期。

吴松弟、方书生：《中国旧海关统计的认知与利用》，《史学月刊》2007 年第 7 期。

吴松弟、方书生：《一座尚未充分利用的近代史资料宝库——中国旧海关系列出版物评述》，《史学月刊》2005 年第 3 期。

吴松弟：《港口—腹地与中国现代化的空间进程》，《河北学刊》2004 年第 3 期。

吴松弟：《港口—腹地：现代化进程研究的地理视角》，《学术月刊》2007 年第 1 期。

吴松弟：《市的兴起与近代中国区域经济的不平衡发展》，《云南大学学报》2006 年第 5 期。

吴松弟：《中国近代经济地理形成的机制与表现》，《史学月刊》2009 年第 8 期。

武晓芬：《清代及民国云南盐政变化与地方经济的关系》，《中国经济史研究》2004 年第 3 期。

夏光辅：《近代云南经济概述》，载云南省历史研究所《研究集刊》1986 年第 2 期。

肖良武：《近代云贵区域棉纱市场分析》，《贵阳学院学报》2007 年第 2 期。

肖艳:《近代化进程中的云南地方财团企业经营活动与地区发展研究》,《学术探索》2002 年第 4 期。

肖艳:《云南经济近代化进程中地方财团实业投资分析》,《云南民族学院学报》2001 年第 5 期。

谢本书:《近代时期西南地区近代化问题的历史考察》,《云南学术探索》1997 年第 1 期。

杨家文、周一星:《虚拟腹地:中国大陆口岸地位的度量与解释》,《人文地理》2001 年第 6 期。

杨寿川:《近代云南商品经济述论》,《经济问题探索》1989 年第 3 期。

杨寿川:《近代滇锡出口述略》,《思想战线》1990 年第 4 期。

杨寿川:《抗战时期的云南矿业》,《云南社会科学》1995 年第 6 期。

杨永明:《民国时期的滇缅边境贸易》,《云南档案》2002 年第 4 期。

杨煜达:《滇西民族商业资本的转化与近代云南社会》,《云南社会科学》2001 年第 4 期。

杨煜达:《试析腾越海关与近代滇缅贸易》,《云南地理环境研究》1990 年第 2 期。

杨煜达:《试析近代滇西商品经济的发展和影响》,《保山师专学报》2000 年第 2 期。

杨煜达:《清代中期(公元 1726—1855 年)滇东北的铜业开发与环境变迁》,《中国史研究》2004 年第 3 期。

姚永超:《开港贸易、腹地纵深与新"东北"区域的塑造(1861—1931)》,《浙江学刊》2006 年第 5 期。

袁国友:《论近代前期的滇港经贸关系》,《云南社会科学》2002 年第 4 期。

张锦鹏、韦永宣:《对云南区位的再认识与实施走向大海战略的思考》,载《西南边疆民族研究》第 4 辑,云南大学出版社 2006 年版。

张轲风:《从"障"到"瘴":"瘴气"说生成的地理空间基础》,《中国历史地理论丛》2009 年第 2 期。

张利民：《市场发展与中国经济的现代化——以近代城市为例》，《理论与现代化》2006 年第 2 期。

张文：《地域偏见与种族歧视：中国古代瘴气与瘴病的文化学解读》，《民族研究》2005 年第 3 期。

张笑川：《本土环境与西方冲击互动中的中国通商口岸——〈局外人：西方在印度和中国的经历〉述评》，《史林》2006 年第 1 期。

张笑春：《抗日战争时期云南交通的开发》，《云南文史丛刊》1992 年第 1 期。

张笑春：《试论滇越铁路在近代云南经济中的地位》，《经济问题探索》1987 年第 7 期。

张笑春：《云南的近代纺织工业》，《云南日报》1987 年 6 月 26 日。

张旭东：《试论英国在缅甸的早期殖民政策》，《南洋问题研究》2003 年第 2 期。

张永帅：《近代的通商口岸与东西部经济现代化》，《兰州学刊》2010 年第 8 期。

张竹邦：《腾冲对外贸易今昔》，载云南省历史研究所《研究集刊》1985 年第 1 期。

赵德馨：《市场化与工业化：经济现代化的两个主要层次》，《中国经济史研究》2001 年第 1 期。

赵铨：《外国资本在近代云南的投资》，《云南财贸学院学报》1998 年第 4 期。

赵仁平：《近代云南外资的输入及其对产业结构的影响》，《云南财贸学院学报》2002 年第 1 期。

赵仁平：《论近代云南金融业的变迁与产业结构》，《学术探索》1999 年第 2 期。

赵世林：《东方汇理银行对云南的经济侵略》，《云南民族学院学报》1984 年第 2 期。

赵旭峰：《滇越铁路与滇东南民族地区的近代化进程》，《云南农业大学学报》2009 年第 3 期。

赵小平：《明清云南边疆对外贸易与国际区域市场的拓展》，《历史教学》（高校版）2009 年第 2 期。

赵育红:《论近代云南地区的城市化发展》,《现代商贸工业》2008 年第 12 期。

郑忠:《长江下游非条约口岸城市近代化动力分析》,《南京师大学报》2001 年第 1 期。

郑正伟:《中法越南问题交涉与英国"中国通"的居间作用研究》,《天水师范学院学报》2006 年第 1 期。

周琼:《清代云南瘴气环境初论》,《西南大学学报》2007 年第 3 期。

周琼、李梅:《清代云南生态环境与瘴气区域变迁初探》,《史学集刊》2008 年第 3 期。

周一星、张莉:《中国大陆口岸城市外向型腹地研究》,《地理科学》2001 年第 6 期。

周智生:《云南商人与近代滇藏商贸交流》,《西藏研究》2003 年第 1 期。

周智生:《族际商贸交流与近代西南边疆民族的经济生活》,《中南民族大学学报》2007 年第 3 期。

周子峰:《二十世纪中西学界的中国近代通商口岸研究述评》,《岭南学报》2006 年第 3 期。

朱英:《网络结构:探讨中国经济史的新视野——第三届中国商业史国际学术研讨会述评》,《历史研究》2000 年第 5 期。

庄维民:《贸易依存度与间接腹地:近代上海与华北腹地市场》,《中国经济史研究》2008 年第 1 期。

s'ui-jung Liu, *Trade on the Han River and Its Impact on Economic Development*, *C. 1800 – 1900*, Monograph Series, No. 16, The Institute of Economics, Academia, 1980.

后　记

　　本书是在我于 2011 年完成的博士学位论文《近代云南的开埠与口岸贸易研究（1889—1937）》的基础上修改而成的。

　　我在硕士毕业工作两年后，容吴松弟师不弃，成为吴门弟子中的一员，于 2008 年 8 月进入我国历史地理学研究的最高学术殿堂——复旦大学历史地理研究所攻读博士学位。在进入复旦后，吴师考虑到他带领的学术团队多年致力于港口—腹地与中国现代化的空间进程的研究，虽然已经积累了相当丰厚的成果，但考察地域主要集中于沿海、沿江口岸和东部地区，对广大西部和边疆地区的研究基本上还没有展开，为此，他建议我以云南为具体的研究对象考察边疆口岸的开放及其由此而来的腹地经济变迁问题。只有通过对中国不同地区港口（口岸）—腹地关系的全面研究才能对中国现代化的空间进程形成一个整体性的认识，因此，对云南这样一个西部的、边疆的代表地区之一进行"港口—腹地"的研究自然有着非常重要的学术意义。而且，经过多年的研究，从"港口—腹地"的角度研究口岸开放引起的腹地经济变迁已经形成了一套非常成熟的研究框架，具有很强的可操作性。所以，我本应该接受吴师的建议。但是，一方面，此前我对云南没有做过任何研究，缺乏必要的积累，在不到三年的时间内要想对口岸开放后云南经济变迁作全面的考察，我不敢保证我能做得到；另一方面，我当时更感兴趣的课题是对不同口岸贸易差异性的形成进行空间视角的考察，我想以云南为个案对此作一个尝试性的研究。因此，我并没有完全接受吴师的建议，而是在与吴师多次交流后，在吴师的指导下，围绕外部市场和腹地区域对近代云南三关贸易的塑造问题，进行我的博士学位论文的写作。

由于积累不足，写作时间不是非常充分，再加上没有一个成熟的框架可供直接借鉴，论文虽然在 2011 年 6 月顺利地通过了答辩，但其粗糙与不足显而易见。因此，除非进行较大程度的修改，我不打算将论文公开出版。但令人没有想到的是，毕业两年后在某核心期刊上看到一篇研究近代滇缅经济交往的论文，该论文共分三部分，其中第一部分涉嫌抄袭我的博士学位论文。但抄袭者很聪明，文中的表格均注明来自我的博士学位论文，但对据这些表格所作的表述，却改头换面，做了一番技术性的处理后，全当自己研究所得了。这时，我才意识到如果不对论文尽快修改找机会公开出版，若再遇如此聪明的抄袭者，因其发表在先，自己的博士论文或许就没有出版的那一天了。

2013 年，我以"空间视角下的近代云南口岸贸易研究（1889—1937）"为题申报了 2013 年度的云南省哲学社会科学研究项目，并获得通过，为论文的修改创造了便利条件。与大多数人不同，我对论文的修改不是去做篇幅上的充实，而是对框架进行调整，对文字进行删改，以使"空间"这一视角更加突出，关注的问题更加集中。修改断断续续进行了两年多时间，于 2015 年年底大致完成，并将修改后的论文提交云南省社科规划办结项，鉴定获得"优秀"等级。尽管如此，修改后的论文还是存在诸多问题与不足，作为一种分析视角与研究框架，还不成熟；在相关细节问题上还没有展开深入的研究；在文字表述上还显得有些生涩；等等。所以，我深知，如果说论文要有什么学术贡献的话，也就只是提出了一种"面（外部市场）→点（口岸）←面（腹地区域）"的研究视角罢了。

2016 年年初，我在对论文稍稍进行了文字上修改后，提交申请云南省哲学社会科学优秀成果资助，进而获得通过。由此，论文的出版真正提上了议事日程。

作为一篇博士学位论文，尽管存在诸多的不足，但它是我学术生涯的一个重要起点，而这些不足恰恰是我进一步努力的方向，深望各位师友、同仁宽容我将一部不成熟的"书稿"拿来出版。

自己一路走来，虽无成就可言，但若没有各位师友的关心与帮助、家人的理解与支持，我也很难走到如今的这一步。

此时此刻，特别感谢我的博士生指导老师吴松弟教授对我的指导、关心与帮助，感谢吴老师在百忙之中为本书惠赐序言。

感谢我的硕士生指导老师唐亦工教授，是她带我走上历史地理学的学术研究之路。

我曾先后在陕西师范大学历史系、历史地理研究所和复旦大学历史地理研究所求学，感谢这两所学校所有曾授我以"渔"的老师。

感谢曾评审我的学位论文或出席我学位论文答辩会的苏智良教授、马学强研究员、朱荫贵教授、戴鞍钢教授、安介生教授、陆韧教授、李令福研究员等专家、学者对我提出了富有建设性的批评意见。

感谢在论文写作过程中为我提供到日本关西大学访学机会并担任指导教师的松浦章教授，松浦先生是当代日本史学界研究中国海洋史的领军人物，这次访学极大地开拓了我的视野；感谢在访学期间提供细心、周到帮助的杨蕾博士。

感谢友人中国社科院世界史所张炜博士、云南民族大学段金生教授的砥砺与帮助。感谢友人张健博士在论文写作过程中给予的帮助。感谢云南师范大学历史与行政学院的各位同仁平日对我的帮助与批评。

最后，我要特别感谢我的家人。感谢父亲尽自己所能为我创造求学的条件；感谢爱人李碧艳事事为我考虑，让我安心求学、安心工作；感谢我的两个女儿，她们的健康成长是我努力工作的动力，她们的欢声笑语是我最大的安慰。

本书能够顺利出版，还应感谢云南省哲学社会科学规划办公室提供资助，感谢中国社会科学出版社刘芳编辑的辛勤劳动。

张永帅

2016 年 6 月 26 日于昆明